POLARIS

NICOLE JÄGER

Nicht direkt perfekt

Die nackte Wahrheit übers Frausein

Rowohlt Polaris

Veröffentlicht im Rowohlt Taschenbuch Verlag,
Reinbek bei Hamburg, Januar 2018
Copyright © 2018 by Rowohlt Verlag GmbH,
Reinbek bei Hamburg
Umschlaggestaltung und Motiv Hauptmann & Kompanie
Werbeagentur, Zürich
Foto Antonina Gern
Satz aus der TheAntiqua PostScript, InDesign
Gesamtherstellung CPI books GmbH, Leck, Germany
ISBN 978 3 499 63283 9

I've made a lot mistakes in my life,
but if every single one had to happen
to make sure I was right here,
right now, to meet you,
then I forgive myself for them all.

K. Towne Jr.

Für meine Muse.
Sie ist mein Grund für alles.

Inhalt

Prolog - Es fickt sich schlecht mit eingezogenem Bauch

Er ist größer als ich. Das sind sie meistens, die Männer, mit denen ich aktuell etwas habe. «Etwas haben.» Ein toller Ausdruck; klingt auch irgendwie netter als «eine dieser Fickbeziehungen». Anständiger. Gehaltvoller.

Er ist Ende 30. Glaube ich zumindest. Ich habe nicht so ganz genau zugehört – musste ich auch nicht, denn es ist eine dieser typischen Geschichten.

Ein Club, ein Abend, ein angekratztes Ego, ein paar Gin, und plötzlich war er da. Mr. «Hey, ganz alleine hier?»

Das, was an mir bei klarem Verstand ist, verdreht schon die Augen, als er nur zum Sprechen ansetzt. Aber was soll's.

«Hey! Ja, in der Tat bin ich allein hier, du auch, wie ich sehe!»

Wenn das mal nicht schlagfertig war, Nicole. Wahnsinn.

Ich hasse Smalltalk. Vermutlich, weil ich es einfach nicht kann. Aber diese Gespräche sind immer so vorhersehbar! Ein Austausch von Belanglosigkeiten, die einem bestimmten Schema folgen.

Also halte ich mich an meinem Glas fest und lehne mich an den Tresen der viel zu überfüllten und viel zu lauten Bar. Ich könnte mich auch setzen, aber ich sitze grundsätzlich nicht auf Barhockern. Mein Hintern ist dafür viel zu breit, und ich mache mir Gedanken darüber, wie das wohl von hinten aussieht. Bei meinem Gewicht.

Ich mache mir immer Gedanken darüber, wie ich wohl gerade aussehe.

Immer.

Jetzt stellt er sich gleich vor, denke ich. Sagt mir seinen Namen, den ich, noch während er ihn ausspricht, sofort wieder vergessen werde. Das ist eines meiner nutzlosesten Talente: Ich kann alles, was mich langweilt, vergessen, noch während ich es höre. Und ich bin schnell gelangweilt.

Er heißt «Irgendein Männername». Er wird ihn im Laufe des Abends noch zwei- bis dreimal wiederholen, bis es mir zu peinlich wird, nachzufragen.

Zwei Finger zum Gruß an den Barmann. Er schenkt Gin nach. Mit Schweppes anstatt irgendeines anständigen Tonicwater. Belangloses Tonic zu belanglosem Typen. Passt.

Gleich erzählt er mir, dass er neu ist in Hamburg oder schon ewig nicht mehr in diesem Club war. Ich werde nicken und lächeln. Das kann ich gut. Interessiert wirken und dabei freundlich gucken. Nicht, dass mein Lächeln meine Augen erreichen würde, aber das sieht man bei diesem schummrigen Licht ohnehin nicht. Ich mag schummriges Licht, das lässt mich irgendwie weichgezeichneter wirken und schmaler. Jedenfalls bilde ich mir das ein. Nicht schmal genug für einen Barhocker, aber doch etwas weniger von allem.

Er arbeitet irgendwo. Es interessiert mich nicht, und als er fragt, was ich so mache, lüge ich. Irgendwas, das keine lange Erklärung braucht. Keine Nachfrage.

Er brüllt mich an. Warum er gerade hier ist und was seine Freunde so machen. Er kann nicht anders, es ist zu laut für eine Unterhaltung in normaler Lautstärke, was ihm zupasskommt, so kann er näher rücken. Also rückt er. Er trinkt Guinness. Ich mag kein Bier, aber Guinness ist schon okay. Wenigstens kein Becks.

Er studierte Informatik. Aha, sage ich. Guinness riecht im Atem übrigens auch nicht viel besser als Becks, denke ich, während er Anstalten macht, mit mir irgendwohin zu gehen, wo es ruhiger ist. Nach draußen. Eine wahnsinnig gute Idee, möchte man meinen. Allerdings meint man das auch nur, wenn man den Kiez nicht kennt. Die Reeperbahn. Oder den Hamburger Berg, der auch mitten auf dem Kiez liegt. Dieser Club hier liegt inmitten anderer Clubs; einer heißt origineller als der andere. Hip. Ein bisschen fancy. All das, was ich noch nie war und hoffentlich auch nie werde. Fancy. Ein Wort wie «Boy» oder «Body».

Der Body von dem Boy auf der anderen Straßenseite ist voll nice. Ich möchte in meinen Gin kotzen, wenn ich so etwas höre, und muss doch grinsen, als ich es denke. Der Boy neben mir ist auch nice, das muss ich ihm lassen, und so wie er guckt, werde ich schon bald herausfinden, wie sein Body aussieht. Er ist schlank, ganz im Gegensatz zu mir. Und er gibt sich Mühe. Das tut er wirklich, und bestimmt ist er auch ganz nett und sogar sehr charmant.

Die Nacht ist lau, die Straße voll und dreckig, und ich mag das irgendwie. An uns zieht eine Horde Kerle vorbei, ich glaube, es ist der 23. Junggesellenabschied, den ich heute Abend zähle. Ein Typ in einem Plüsch-Peniskostüm, der Kondome gegen Geld und «Kurze» gegen «Küsschen» tauscht. So zumindest steht es auf dem Schild, das um seinen Hals hängt.

Ich will das blöd finden. Ich will heute Abend alles blöd finden, aber es amüsiert mich irgendwie. Schlechter Humor und ich – uns verbindet eine lange Beziehung.

Ich erkaufe mir einen Kurzen, mein Begleiter ein Kondom. Subtil wie ein Vorschlaghammer, der Gute. Wenn er mir jetzt noch zuzwinkert, muss ich wieder reingehen und durchs Klofenster verschwinden. Er zwinkert nicht. Dafür holt er mir «noch einmal das da?» und zeigt auf meinen halbvollen Plastikbecher. Ich trinke nicht gern aus Plastikbechern, aber auf dem Kiez herrscht seit einiger Zeit Flaschenverbot, und so füllt man jedes Getränk um, wenn man einen Laden verlässt.

Er fragt kurz, ob er mich eben allein lassen kann. Ich nicke und lächle und sage irgendwas wie «Aber nur, wenn du auch gleich zurückkommst!», woraufhin er mit einem Strahlen in die Menschenmenge im Club eintaucht.

Die Anmerkung war nur halb scherzhaft gemeint, denn tatsächlich frage ich mich, ob er zurückkommen wird. Gar nicht mal, weil er so nett oder vielleicht sogar ein klein wenig sexy ist, das ist er ohne Zweifel, sondern vielmehr, weil es da etwas in mir gibt, das im Gegensatz zu meinem Auftreten gar nicht so selbstbewusst, tough und divenhaft ist. Und dieser Teil von mir fragt sich, warum er mich angräbt und nicht eine der anderen Frauen hier. Eine jüngere, schönere oder vor allem – natürlich – schlankere.

Ich drehe mich zur Seite und betrachte verstohlen mein Spiegelbild in der dunklen Scheibe des Clubs. Eine Hand auf den Bauch. Haltung korrigieren. Ich bilde mir ein, ein wenig schlanker auszusehen als noch heute Morgen vor dem Spiegel zu Hause, und natürlich ist mir klar, dass das Unfug ist.

Ich sehe gut aus. Das finde ich zumindest. Tatsächlich finde ich mich hübsch und an den meisten Tagen sogar attraktiv. Trotz meiner breiten Hüften. Manchmal sogar gerade wegen dieser. Ich bin eine dicke Frau. Unbestritten. Und das ist meistens okay. Heute Abend aber irgendwie nicht. Heute Abend ist nichts okay. Außerdem habe ich dicke Beine, und dieses Kleid, es trägt bestimmt auf, und Hunger habe ich auch, und Bad Hair Day, und der Typ, er steckt vermutlich im Klofenster fest, während ich mich hier zum Affen mache.

Es dauert keine fünf Minuten, dann ist er zurück, mit zwei Bechern und einem Grinsen, das breit und hell ist und «Du bist ja noch da» zu sagen scheint. Natürlich bin ich noch da. Ich warte auf den Alkohol, mit dem ich versuche, diese Mischung aus angeknackstem Selbstwertgefühl und Minderwertigkeitskomplex zu ertränken, die mich heute Abend überhaupt erst hat losziehen lassen. Bisher mit mäßigem Erfolg, Gefühle sind ziemlich gute Schwimmer.

Es war eigentlich gar keine große Sache, das mit dem anderen und mir. Und am Ende war ich es, die ging, aber es fühlt sich trotzdem nicht gut an. Irgendwie war ich wohl doch verknallter, als ich es habe sein wollen.

Ich bin verletzt. Weniger von der Trennung selbst, als von dem Grund dafür.

Wir standen in seiner Wohnung, ich mit einem Glas Wein in der Hand, er mit Rum Cola. Ich sollte das mit dem Wein lassen, davon bekomme ich Wadenkrämpfe, aber es steht mir, und ich wollte hübsch, anziehend und sexy sein. Für ihn. Klar.

Wir gingen schon eine Weile miteinander. Klassisches Miteinander-Ausgehen, tatsächlich. Restaurants, Clubs, Kinos, Küsse, Händchenhalten. Ein bisschen mehr.

Kein Sex.

Nun denk bitte nicht, dass ich immer so anständig bin. Irgendwo zwischen Bienchen, Blümchen und meinem 30. Lebensjahr ging mir mein Sinn für Anstand und Moral in Sachen Sex verloren, und so warte ich selten eine Ewigkeit auf Sex, nur weil es schicklich wäre, das zu tun.

Nein, es ging von ihm aus, und da ich nur selten aufdringlich sein möchte, ließ ich ihm Zeit. Keine Ahnung, an wie vielen Abenden ich irgendwo stand und mir vorkam wie in einem verschissenen Highschool-Musical – gemeinsam zum Abschlussball, aber bloß nie weiter, denn unsere Eltern lungern zu Hause herum! Nur dass ich noch nie auf einer Highschool war und schon vor über 15 Jahren daheim ausgezogen bin.

An diesem Abend war es anders. Wir knutschten rum. Eines kam zum anderen, wir landeten im Bett, und er landete in meinem Mund. Das ist okay, ich stehe auf Oralsex, und ich stand auf ihn, also fand ich das ziemlich sexy. Er auch.

Mehr aber auch nicht.

«Weißt du ...», begann er, als ich ein wenig näher rückte, «... es ist nicht so, dass ich dich nicht mögen würde ...»

Autsch. Kennst du diesen Moment, wenn du dir am liebsten deine Finger durch die Ohren direkt ins Hirn bohren möchtest, weil du genau weißt, dass du auf keinen Fall hören willst, was jetzt kommt?

Ich heiße ich dich herzlich willkommen in meinem beschämendsten Herzschmerzmoment aller Zeiten.

«... Ich möchte nicht mit dir schlafen. Ich habe da lange drüber nachgedacht und auch überlegt, ob ich mich da irgendwie doch fügen kann. Wir verstehen uns toll, du bist smart, hübsch und meine Traumfrau, und ich bin auch total traurig, dass das so ist, wie es ist, aber ...»

Ich setzte mich aufrecht hin, legte die Beine über die Bettkante, schloss kurz die Augen, bevor ich aufstand, und atmete noch einmal tief durch. Den Schlag, mit dem er mich gleich auf die Matte schicken würde, konnte ich nicht gut parieren. Er hatte darüber nachgedacht, ob er sich irgendwie fügen könne. So als überlegte er, ob und wie er seinen Ekel vergessen könnte während der Zeit, in der er mich nackt sehen müsste. Was im Übrigen noch nie der Fall gewesen war.

«… Ich meine das nicht böse, du bist mir nur einfach zu dick.»

Ich stand auf, stellte mich neben das Bett und schaute ihn an. Mir fehlen nur sehr selten die Worte, aber in diesem Moment bekam ich nicht viel anderes heraus als: «Und das fällt dir jetzt auf …?!»

Er erklärte sich, als würde er über ein Kuchenrezept sprechen: «Du musst das verstehen …»

Einen Scheiß muss ich, dachte ein Teil von mir, während der andere Teil in Gedanken schon eine Liste mit all den Dingen erstellte, die an mir nicht perfekt genug sind. Und diese Liste ist lang. Das war sie schon immer.

«… Ich habe eine lange Beziehung hinter mir und danach beschlossen, bei Frauen keine Kompromisse mehr zu machen.»

Cellulite. Dünnes Haar. Brüchige Nägel. Tatsächlich um die 80 Kilo zu viel Gewicht. Noch immer. Nach all den Jahren und all den verlorenen Kilos. Hängende Haut.

«… das ist echt alles toll mit dir …»

Meine Brüste könnten größer sein. Ich bin zu blass. Ich müsste größer sein bei meinem Gewicht. Mein linkes Bein ist dicker als das rechte und nicht so beweglich. Fettschürze. Knubbelige kleine Zehen. Zu viel von allem.

Plötzlich fühlte ich mich klein. Hässlich und gedemütigt.

«… und du bist total süß, und ich mag es, wie du dich um uns kümmerst und so …»

Und so.

«Aber ich will keinen Geschlechtsverkehr mit dir. Also, blasen ist okay, aber mehr auch nicht …»

Oh! OH! Das war natürlich sehr großzügig von ihm.

Ich hatte sofort einen Ohrwurm im Kopf: «I am to fat to fuck, all I can do is suck.» Eigentlich wäre das lustig gewesen. In einem Film oder so. Hier, an der Bettkante, die uns für alle Zeiten voneinander trennen würde, war es alles andere als lustig.

«Aber hey, lass uns doch einfach erst mal so weitermachen! Wir verstehen uns doch toll ...»

Wenn er jetzt gesagt hätte, dass wir doch Freunde bleiben können, hätte ich ihm den Kopf abgebissen. Wie viel Kalorien hat wohl ein Kopf?

«Du willst doch noch weiter abnehmen, oder? Mach das doch. 60 Kilo oder wie viel trennen dich von einer guten Figur? 100? Etwa? Du hast doch schon so viel geschafft. Und wenn du dann schlank bist ...»

Ich atmete tief ein, um den Kloß im Hals zu unterdrücken und um zu verhindern, dass sich die Schleusen meiner Augen öffneten. Hier würde ich keine einzige Träne vergießen.

«... und dich hast operieren lassen, wegen der vielen Haut, das ist ja auch irgendwie nicht so schön, das musst du einsehen, aber das kannst du ja auch selbst nicht schön finden oder? Na, jedenfalls nach der Operation ...»

Ich hielt den Atem an. Den Blick starr auf ihn gerichtet. Ich blinzelte nicht. Ich sagte kein Wort, während mein Herz mir bis zum Hals schlug und sich mit jedem Schlag einen Kratzer holte an den scharfen Kanten seiner Worte.

«... da würde ich mir dann überlegen, ob wir es mal miteinander probieren.»

Mir entglitt meine Mimik, ich konnte es spüren, mich aber kaum bewegen.

Vor Scham, und vor Wut über ihn und über mich und noch mehr Scham.

Ich fühlte mich nackt, obwohl ich, im Gegensatz zu ihm, angezogen war. Ich fühlte mich vorgeführt, dumm, fett und wertlos, und sagte ich schon dumm?

Es war ja nicht so, dass ich es nicht bereits geahnt hätte; seine Körpersprache und sein Handeln hatten mir längst verraten, dass er irgendwie nicht so recht auf mich stand, auch wenn er sich durchaus gerne bedienen ließ. Ich bin übergewichtig, nicht bescheuert oder ohne jedes Gespür.

Ich atmete aus.

«... Okay für dich?»

Okay für mich? In meinem Kopf begannen Sirenen zu heulen. Wild und durcheinander. Wüste Beschimpfungen, miesester Art. Nicht unter der Gürtellinie, sondern unter der Erdoberfläche. Was bildete sich dieser hässliche Kackvogel ein? Denn attraktiv war er tatsächlich nicht. War mir egal, ich mochte ihn, scheiß drauf, dass er nicht mein Typ war. Man sieht nur mit dem Herzen gut und all diesen Quatsch.

Alter, du bist selbst zu dick, hast du jemals in den Spiegel geguckt?! Zu klein, du UND dein bester Freund! Beschissen gekleidet übrigens auch! Wer zieht dich eigentlich an? Deine blinde Großmutter? Warum wechselst du so selten dein Shirt? Und diese bekackte Sonnenbrille, mit der du aussiehst wie ein dekorierter Blumenkohl! Mann. Nein, du bist NICHT interessant, und dein Beruf ist es erst recht nicht. Meine Freunde hassen dich übrigens, wusstest du das? Ist echt wahr. Die lachen dich aus, ich verteidige dich mit den Worten, man müsse dich erst einmal richtig kennenlernen, dann wisse man dich besser zu schätzen. Ich Idiotin, denn das Einzige, was man dann von dir erfährt, ist, dass du noch langweiliger bist als deine Inneneinrichtung. Wer zeigt denn bitte meinen Freundinnen, die mit mir bei dir zu Besuch sind, wie schön leise die Schubladen in der Küche zugehen?! Du tust das! Und bist dann auch noch mächtig stolz darauf, dass du weder Freunde noch ein Hobby hast oder gar ein richtiges Leben. Du stehst schief, und du gehst, als hättest du Magenkrämpfe, und deine Hose sitzt nie. Einfach nie. Du bist nicht einmal richtig witzig, und vor allem bist du nicht sonderlich schlau und ...

«... Hey, alles gut?»

Ich sagte nichts von alldem. Aus Tausenden Gründen. Weil ich Angst hatte, nicht mehr aufhören zu können, gemein zu sein, weil ich mir selbst kindisch und albern vorkäme und mir nicht die Blöße geben wollte, aus meiner Verletzung heraus zu reagieren. Ich wollte ihm diesen Moment nicht gönnen. Diesen intimen, schmerzlichen Augenblick, in dem ich mich wie ein Wegwerfprodukt fühlte. Wenn ich losgeschrien hätte, hätte ich angefangen zu heulen, weil ich immer heule, wenn ich wütend bin. Und das wirkt dann allenfalls verzweifelt, aber sicher nicht mehr würdevoll. Ich fühlte mich komplett bescheuert, aber das musste er ja nicht wissen. Rosarote Brillen können einem also tatsächlich aus dem Gesicht geschlagen werden. Fühlt sich an wie Pflaster abreißen. Ein sehr großes Pflaster, das aus Versehen direkt auf der Wunde klebt.

Ich atmete noch einmal tief ein und lächelte, während ich meine Schuhe aufhob. Langsam und mit Bedacht. Zum einen, weil das Adrenalin in meinem Blut mich schwindelig machte, zum anderen, weil ich so gleichgültig wie möglich wirken wollte. The Queen is not amused, aber sie trägt es mit Fassung.

Irgendwo hier unten muss sich auch meine Würde aufhalten, dachte ich, denn die ist mir irgendwo zwischen dem Lutschen seines Schwanzes und seiner Ansprache aus dem Bett gefallen. Was soll's. Sie ist anhänglich, die findet schon den Weg nach Hause.

Ohne ein Wort drehte ich mich um und ging. Raus aus dem Schlafzimmer. Ich musste hier weg. Weg von diesem Ort, weg von diesem Mann, am liebsten weg von mir und nur raus, raus aus dieser so entsetzlich stickigen Situation. Im Flur nahm ich meine Tasche, griff meinen Mantel vom Haken, ging zur Tür, öffnete sie und warf sie hinter mir ins Schloss.

Ich konnte hören, wie er mir hinterherlief in einer dieser schlabberigen Shorts, die er immer trägt. Liebevoll spleenig nannte ich seinen schlechten Geschmack und sein ungepflegtes Erscheinen. Das Geräusch meiner nackten Füße auf den Treppenstufen passte zum Rhythmus meiner Gedanken: Idiotin, patsch, Idiotin, patsch, Idiotin ...

«Hey, nun bleib doch. Lass uns doch reden. Wo willst du denn jetzt noch hin? Es ist mitten in der ...»

In dem Moment übertönte das Quietschen der Haustür seine Worte.

Ich stand im Freien, barfuß. War vielleicht auch besser so, auf den elend hohen Absätzen läuft es sich eh nicht so gut. Aber ich wollte ja sexy sein für ihn. Atemberaubend in diesem Kleid, hatte ich noch am frühen Abend gedacht. Ein Elefant auf Stelzen, dachte ich jetzt. Idiotin.

Ich eilte zum Wagen, warf alles wie immer auf den Beifahrersitz, kramte meinen Schlüssel aus der Tasche, startete den Motor und setzte rückwärts aus der Parklücke.

Wenn du dir an dieser Stelle wünschen solltest, dass ich ihn dabei aus Versehen über den Haufen gefahren habe, während er halb nackt und mit einem Bouquet an Entschuldigungen hinter mir herlief, dann mag ich die Art, wie du denkst – aber leider war das Drama mehr in meinem Kopf und weniger auf der Straße.

Es wurden keine heiseren Liebesschwüre in die sternenklare Nacht gerufen, niemand hielt mich auf, keine Geigen spielten «unser Lied».

Ein paar Kilometer weiter bog ich in einen Feldweg ein, blieb stehen, zog die Handbremse an und schrie mir laut und obszön schimpfend die Seele aus dem Leib, während ich mir die Fäuste am Lenkrad wund schlug. Und dann, dort, allein und weit genug weg von allem, heulte ich wie ein Baby.

Egal. Oder auch nicht egal, aber jetzt ist es vorbei. Schon seit einigen Wochen, und ich bin es leid, das alles in mich hineinzufressen. Das genau tue ich nämlich, ich esse Gefühle weg, ich tröste mich über gescheiterte Beziehungen mit Sex hinweg, und ich schiele auf alle reflektierenden Oberflächen, um zu kontrollieren, wie ich gerade aussehe. Er hingegen erzählt mir gerade von seiner Ex, einer frischen Trennung und wie hart das alles war. Das beste Thema für ein Kennenlernen, aber es klärt die Fronten. Er will Ablenkung von ihr, ich will Ablenkung von mir. Ja, schon klar, dass das kein schönes Ende nehmen kann. One-Night-Stands sind nur selten gut, und ich bin noch nicht einmal der Typ dafür. Aber er sieht gut aus, ich will mich begehrt fühlen, und jetzt sag mir nicht, du hättest das noch nie gemacht!

Wir landen bei mir. Wir landen im Bett. Er reißt sich und mir die Kleider vom Leib, und wir treiben es wie zwei Verliebte in einem Hollywoodstreifen, während er mich dabei die geschwungene Wendeltreppe hinauf in den Westflügel des Anwesens trägt.

Nicht.

Durchaus werden wir an diesem Abend noch miteinander im Bett landen. Er wird vögeln, wie er ist, nett, bemüht, lauwarm und angetrunken, während ich mir Gedanken darüber mache, wie ich wohl gerade aussehe. Beim Sex? Aber natürlich, gerade dabei! Denn das ist die beste Gelegenheit, um sich zu fragen: Habe ich eigentlich ein Doppelkinn, wenn ich auf dem Rücken liege und die Beine anziehe, und wenn ja, sieht er das? Also strecke ich den Kopf etwas nach hinten. Vermutlich sehe ich dadurch nun aus wie eine dicke Schildkröte, nur ohne Panzer und in Rosa.

Er wird sich übrigens als Showficker erweisen. Einer dieser Kerle, die sich selbst enorm unwiderstehlich finden, wenn gerade reichlich Blut in die Lendengegend schießt. Es würde für einen Hochglanzporno reichen, und hätte ich einen Spiegel an der Decke, würde er unten liegen und sich selbst dabei zusehen. Ich sitze übrigens nie oben, aber dazu kommen wir später.

Er kompensiert den fehlenden Spiegel durch Akrobatik. Als Kunstturner bekäme er vermutlich Bestnoten, ich hingegen habe gleich einen Knoten in den Beinen und frage mich, ob er eigentlich weiß, dass ihm zwei Haare aus der Nase sprießen. Vermutlich ist es gerade nicht der günstigste Augenblick, ihn darauf anzusprechen, oder?

Er wechselt die Stellung. Mal wieder. Dieses Mal in eine für mich sehr günstige. «Hündchenstellung», wie er es eben nannte. Oh Mann, echt jetzt, Hündchen? Wer hat den denn aufgeklärt, die Bravo? Ein Gedanke, der mich zum Kichern bringt, denn mich klärte tatsächlich die Bravo auf. Von der weiß ich auch, dass man als Frau niedlich, schmal, zurückhaltend und begehrenswert sein soll. Okay. Okay! Ich versuch's ja, ich versuche es wirklich, und während er beherzt meine Hüften umklammert, ziehe ich reflexhaft den Bauch ein. Für den Bruchteil eines Augenblicks denke ich tatsächlich, es würde mich schmaler aussehen lassen, schlanker, zierlicher, wenn weder Bauch noch Brüste nach unten hängen, während er sich hinter mir abrackert. Brüste kann man übrigens nicht einziehen, und wenn ich auf dem Rücken liege, dann stehen die auch nicht so hübsch ab, sondern machen irgendwie, was sie wollen. «Megaheiß aussehen» wollen sie anscheinend nicht.

Das sind die Gedanken, die ich mir mache. Ob es unansehnlich ist, wenn ich auf allen vieren in der Matratze versinke, und ob eigentlich mein Hintern beim Vögeln im Weg ist, oder meine Oberschenkel, und überhaupt und sowieso kenne ich mein Spiegelbild. Sieht er mich gerade genauso, wie ich mich heute sehe? Na, dann gute Nacht.

Am Ende werde ich mir die Decke vorhalten, während ich kurz ins Bad entschwinde. Oder ein Handtuch. Egal, Hauptsache, irgendwas. Mir wird klar sein, wie albern es ist, sich verstecken zu wollen, obwohl man es gerade eben noch getrieben hat. Meine guten, alten Freunde, die Körperkomplexe, sind einfach ein wenig lichtscheu.

Ich könnte mich natürlich auch galant in seinem Herrenhemd im fahlen Schein des Mondes an den Türrahmen lehnen und verführerische Dinge sagen, aber die Wahrheit ist viel banaler: Ich muss Pipi, meine Mascara brennt in den Augen, er hat kein Hemd, und in seinem Shirt würde ich aussehen wie eine Presswurst mit Brüsten.

Die Nacht endet still. Er möchte zum Frühstück bleiben. Ich möchte vor dem ersten Kaffee des Tages nicht reden, also komplimentiere ich ihn aus dem Haus. Wir tauschen Nummern. Sinnlos, denn niemand wird die des anderen wählen. Wir werden uns nie wiedersehen. Das ist okay so.

Nicht sonderlich rühmlich, dieses Kapitel meines Lebens, aber dennoch ein sehr wichtiges, denn es markiert einen Wendepunkt. Ich war jahrelang schwer damit beschäftigt, mich um mein Gewicht zu kümmern, bis ich irgendwann feststellte, dass ich noch ein wenig mehr bin als irgendeine Zahl auf irgendeiner Waage. Ich bin nämlich auch ein Mädchen, eine Frau, eine Geliebte, eine Schwester, eine Drama Queen, ein Desastermagnet, ein Beziehungsmonk und ein Date-Verpatzer. Ich bin die, die in Umkleidekabinen ausrastet und vom Badewannenrand kippt, wenn sie versucht, sich so zu rasieren, wie die Tanten in der Werbung es tun. Mal im Ernst, kann das irgendjemand, der nicht zehn Jahre auf einer Akrobatenschule war?

Was heißt es denn nun, eine Frau zu sein? Eine dicke Frau in meinem Fall, aber das ist nur ein Detail. Und was bleibt von mir übrig, wenn ich nicht den ganzen Tag darüber nachdenke, wie ich wohl aussehe – und denke ich eigentlich mal einen Tag lang nicht darüber nach?

Mein Name ist Nicole Jäger, ich bin Mitte 30, übergewichtig, katastrophenerprobt, führe eine eigenartige Beziehung mit meinem Selbstwertgefühl, die man auf Facebook wohl mit «Es ist kompliziert» umschreiben würde, und auch wenn ich ein Weib aus Leidenschaft bin, so habe ich mir das mit dem Frausein irgendwie einfacher vorgestellt.

Was ich gern mit Anfang 20 über das Leben gewusst hätte

Einen Spätzünder. So nannte man Mädchen wie mich damals. Hochgewachsen, schon recht früh Brüste, sehr introvertiert und keine Ahnung, was die ganze Aufregung um das Erwachsenwerden eigentlich soll. Außer, dass plötzlich alles komplizierter wurde mit dem Einsetzen dessen, was meine Eltern immer recht abfällig als «die rebellische Phase» bezeichneten. «Die Phase» bezeichnete den Zeitraum vom 12. bis zum 19. Lebensjahr, und «rebellisch» war an mir alles, was nicht in den Erziehungskodex oder das Weltbild meiner Altvorderen passte.

Die Pubertät. Eine schreckliche Zeit, in der Väter und Mütter mit aller Macht anfangen, ihren Kindern auf den Keks zu gehen, und man felsenfest davon überzeugt ist, dass alle anderen plötzlich durchdrehen, nur man selbst nicht. Der eigene Körper schlägt merkwürdige Kapriolen, überall wachsen Haare, alles schwillt an, man ist den ganzen Tag müde und könnte nachts Bäume ausreißen, Jungs sind nicht mehr bäh, sondern irgendwie spannend, und nichts funktioniert mehr so, wie es eigentlich sollte. Kurzum, es ist fürchterlich.

Ich war da keine Ausnahme. Ich war immer verliebt, und ich hatte immer Liebeskummer. Beides meistens zeitgleich. Ich fühlte mich gänzlich unverstanden von ausnahmslos jedem, außer von meinen Freunden natürlich, und alles, was mich interessierte, war nicht länger nur spannend, sondern absolut überlebensnotwendig.

Ich ließ mich piercen, ich ließ mich tätowieren, ich färbte mir die Haare in allen erdenklichen Farben, ich schnitt mir beinahe die Beine ab beim ersten Versuch, mich zu rasieren, und das Thema Jungs war in meinen jungen Jahren ein wahres Elend. Und in den nicht mehr ganz so jungen auch.

Meinen ersten Kuss erlebte ich im Alter von 14. Beim Flaschendrehen. Ich hatte nicht gewonnen – ein Junge hatte verloren und musste alle anwesenden Mädchen küssen. Ich war eine von vieren und würde gern behaupten, an diesem Kuss sei nichts Besonderes gewesen. Aber warum kann ich mich dann bis heute so gut daran erinnern?

Er hieß Johannes, war groß, dunkelhaarig und der Schwarm aller Mädchen.

Kennt ihr diese entzückenden Jugendfilme, in denen das hässliche Entlein mit dem sehr süßen, aber auch zurückhaltenden Jungen im Kleiderschrank eingesperrt wird, weil beide eine Wette verloren haben? Anfangs schüchtern, später forscher, küssen sie sich, und nur wenige Tage später nimmt sie die Brille ab, löst ihr Zopfgummi, und schon sieht sie aus wie der feuchte Traum aller Jungs unter 17.

Eine Brille hatte ich damals auch. Eine lilafarbene Brille mit dünnem Rand, die eigentlich zu klein war für mein Gesicht. Generell war mein Stil damals atemberaubend gruselig. Aber hey, was erwartest du? Ich bin in den frühen 80ern geboren – auszusehen, als sei man von einem Betrunkenen gestylt worden, war damals Pflicht, und Pflichten nehme ich sehr ernst, weswegen meine 80er-Phase anhielt, bis ich Ende 20 war. Aber dazu später mehr.

Ich war genauso groß wie mein damaliger Kusspartner, was Jungs schon immer ganz besonders anziehend fanden, hatte mittellanges, straßenköterfarbenes Haar und trug stets und ständig einen grünen Haarreif aus Plastik, dessen Farbe an den Rändern schon ein wenig abgeschabt war.

Meine Pullover waren meist lang und weiß, meine Leggings lila oder gerne auch mal schwarz-weiß kariert, sodass ich aussah wie die dicke Cousine eines Harlekins. Meine Turnschuhe wirkten selbst in neuem Zustand abgetragen und müffelten, wenn ich sie auszog, was an den dicken, weißen Socken gelegen haben könnte, die ich unabhängig von Wind und Wetter trug. Angeblich, so der elterliche Rat, verhinderte das «Stinkefüße». Joah, hat hervorragend funktioniert.

Zum krönenden Abschluss trug ich um meinen Bauch – weil das damals alle taten – einen breiten Gürtel mit einer pizzatellergroßen Gürtelschnalle. Irgendwas in Gold.

Ich war groß für mein Alter, ich war schwer für mein Alter, ich war ein modisches Desaster auf zwei Beinen, und ich hatte ein Rückgrat von der Stabilität eines Gummiwurms.

Am Kuss-Tag trug ich einen grünen Pullover, der ein wenig zu kurz war, besonders an den Ärmeln, und dazu eine Thermojeans mit Bündchen. Thermojeans, das sind Kleidungsstücke, die nur Eltern aussuchen, und ich bin überzeugt, dass sie das aus zwei Gründen tun: entweder aus Angst vor dem drohenden Kältetod des Kükens. Besonders im Frühling.

Oder – und das halte ich für weitaus wahrscheinlicher – um sich den ganzen Tag darüber totzulachen, dass ihr Sprössling wirklich auf jeden Scheiß hereinfällt. In die gleiche Kategorie gehören übrigens auch Feinripp-Unterhemden, «damit die Nieren nicht frieren, Kind», diese enorm warmen Ganzkopf-Mützen, bei denen nur das Gesicht herausguckt, in meinem Fall selbst gestrickt von Oma in «Vor 10 Jahren war das noch modern»-Braun-Orange, sowie alle Kleidungsstücke, die mit den Worten «Das ist doch noch gut», «Die Kinder in Afrika wären froh, wenn sie so was anziehen könnten», «Ich habe da einen Flicken draufgenäht» oder «Das ist eigentlich Papas, aber ...» angepriesen werden.

An diesem Tag dort im Hinterhof einer Klassenkameradin hatte ich also zum ersten Mal die Chance, einen Jungen zu küssen. Hätte ich gewusst, dass es auch für lange Zeit die letzte bleiben würde, hätte ich mich vielleicht ein wenig mehr ins Zeug gelegt. Oder mir zumindest die Haare gekämmt.

«Wahrheit oder Pflicht» hieß das Spiel, und die Regeln waren einfach. Zeigt die Flasche auf dich, kannst du dir überlegen, ob du eine peinliche Geschichte preisgibst, über die dann alle lästern, oder ob du dich vor versammelter Mannschaft bei irgendeiner blödsinnigen Aufgabe zum Vollhorst machst, worüber dann ebenfalls alle lästern. Es gab durchaus die Regel, dass kein Geheimnis die Runde verlassen würde. Alles, was in Vegas passiert, bleibt auch in Vegas. Eine gute Regel, eine wichtige Regel – eine, an die sich selbstverständlich niemand hält.

Ich war aufgeregt, als die Flasche auf Johannes zeigte, denn insgeheim war ich ein bisschen verknallt in diesen Jungen. Kunststück, ich war in jeden dritten Jungen verknallt, bis ich Abitur machte, und ich glaube, es hat nie zurückgeknallt.

Wir mussten uns in einer Reihe aufstellen. Anna, Sarah,

Marie und ich, und dann löste Johannes seine Flaschen-dreh-Schulden ein, indem er uns der Reihe nach küsste.

Mit Zunge.

«Mit Zunge» war als Begriff für uns damals in etwa so pornoesk wie heute das Wort Analsex. Man hört es, und alle kichern.

Ich war die Letzte in der Reihe und malte mir noch aus, wie spannend das alles sein würde, als es auch schon vorbei war. Johannes kam nah an mich heran, kräuselte die Nase und schob mir seine Zunge so tief in den Mund, dass es sich anfühlte, als würde eine sehr hektische Scholle versuchen, in meinen Hals zu gucken. Dann rührte er einmal großzügig speichelnd um, und schon war es vorbei. Mein erster Kuss. Mit Zunge.

Wie alle Mädchen beschwerte auch ich mich danach lautstark darüber, wie eklig und peinlich das gewesen sei. In Wirklichkeit fand ich es toll. Irgendwie. Immerhin war es mein erster Kuss! Erst einige Jahre später fand ich heraus, dass man beim Küssen nicht zwangsläufig ertrinkt, dass die Scholle nach Schmetterling schmecken kann und dass auch dicke Mädchen gern geküsst werden. Sehr gern sogar. Aber an diesem Tag hatte ich davon noch keine Ahnung. Ist vielleicht auch besser so, denn sonst hätte ich es wirklich eklig finden müssen.

Wir trafen uns übrigens Jahre später wieder, Johannes und ich. Auf einem Balkon, auf irgendeiner Party, aber er hatte die Flasche dieses Mal in der Hand und sah noch genauso aus wie einst, nur ein paar Jahre älter. Dieses Mal fragte er mich und musste nicht erst ein Spiel verlieren, um mich zu küssen. Aus der Scholle war ein Guppy geworden, und nach Schmetterling schmeckte er nicht.

Hätten wir dieses Spiel nie gespielt, hätte Johannes

mich vermutlich das erste Mal auf dem Abschlussball wahrgenommen – vorausgesetzt, ich hätte ihn mit Bowle übergossen.

Ich verfüge über eine ganze Reihe unnützer Talente, und über viele Jahre war eines davon, unsichtbar zu sein. Unfreiwillig trug ich eine Tarnkappe, die dafür sorgte, dass ich für Jungs schlicht nicht sichtbar wurde.

Diese Tarnkappe nannte sich Übergewicht.

Nun war ich natürlich auch sonst in diesen Jahren eine echte Augenweide.

Ganz besonders in der Zeit, in der eines meiner Augen mit einem hautfarbenen Pflaster verklebt wurde; das wirkte auf Jungs wie der Lichtkegel einer Taschenlampe auf einen Schwarm Kakerlaken, und ich vermute, dass meine «Doppeldecker-Zahnspange», dieses miese Teil, auch nicht sonderlich half. Und da ich mit mir und meinem Äußeren ebenso wenig zurechtkam wie mit allen anderen um mich herum, gab ich mich so unkompliziert, wie es nur ging. Ich war still, versuchte, es jedem recht zu machen, und wurde deshalb schnell von allen gemocht, jedoch «mehr so als Kumpel, weißt du?!».

Bei dem Wort Kumpel bekomme ich bis heute sofort nässenden Ausschlag – denn in einen Kumpel verliebt man sich nicht, den küsst man auch nicht, und erst recht fängt man nichts mit ihm an. Mit Kumpels betrinkt man sich, schaut Filme an oder geht aus; man hat aber sicher kein Date, und schon gar nicht hält man Händchen auf dem Schulhof.

Und so war ich bis kurz vor dem Abi der Kumpel von Daniel, von Jan und Fabian, von Benjamin ein wenig, von Timo und Max und Henning und sogar etwas mehr als ein Kumpel von Hannes, der mit mir Händchen hielt und dabei erwischt wurde, was ihm wohl derart peinlich war, dass ich einen Tag später dann wieder sein Kumpel wurde. Für immer.

Zur Erklärung: «Für immer» war ein Zeitraum, der stets mit dem Beginn der Sommerferien endete. Freunde für immer, Liebe für immer, diese eine Band – für immer.

Ich war die, auf die man sich verlassen konnte, von der man Hausaufgaben abschrieb, die zuhörte und Zeit hatte, den Geschichten von verschmähten Gefühlen und verheulten Nächten zu lauschen. Ich zeichnete Herzen auf alle Unterlagen, die ich finden konnte, und schrieb meinen Namen vor den Nachnamen desjenigen, der gerade meine große Liebe war.

Kurzum, ich war ein stinknormales dickes Mädchen mit fehlendem Rückgrat und einem Mangel an Bewusstsein für Styling oder gar meinen eigenen Körper.

Gegen all das, was «diese Phase» so mit sich bringt, war meine Kindheit im wahrsten Sinne ein Kinderspiel. Erwachsen zu werden ist aber auch ziemlich kompliziert.

Bei uns zu Hause hieß Erwachsenwerden vor allem, dass man ein paar ganz grundlegende Dinge zu verstehen hatte. Und so lernte ich, dass man bitte und danke zu sagen hat, dass man niemals unpünktlich sein sollte, weil sonst «was passiert», ich weiß bis heute nicht, was. Dass man still ist, wenn Erwachsene sich unterhalten, und dass man am besten unsichtbar ist, wenn Papa Kopfschmerzen hat, und dass nichts und niemand Spaß haben darf, sobald «deine Schwester schläft».

Ich erfuhr im Laufe der Jahre, wie wichtig es ist, Strom zu sparen, wie unerlässlich das Wissen um das ordnungsgemäße Einräumen der Spülmaschine, dass man nach 20 Uhr nicht mehr telefonieren und nach 21 Uhr nicht mehr duschen darf und dass sowieso niemand, ausnahmslos niemand, länger als maximal 10 Minuten duschen sollte. Und dass man nach dem Zubettgehen nicht mehr aufs Klo geht – egal, was die Blase dazu sagt.

Ich lernte, dass man als Frau «seinen Scheiß» bekommt, also einmal im Monat blutet. Über die Periode einer Frau gibt es viel Wichtiges zu wissen, und so lernte auch ich die drei entscheidenden Dinge:

1. «Du weißt doch, dass Papa das eklig findet.»
2. «Du bist so schlecht drauf, hast du mal wieder deinen Scheiß, oder was?»
3. «Das ist keine Krankheit, sondern normal, also stell dich nicht so an.»

Ich entwickelte im Handumdrehen eine Abscheu gegenüber meiner eigenen Monatsblutung und eine diffuse Scham gegenüber allem, was damit zu tun hatte. Alle drei Frauen unter unserem Dach taten stets so, als wäre es peinlich und ginge niemanden etwas an, dass wir regelmäßig bluteten. Und wenn in diesem Zusammenhang auf jemanden Rücksicht genommen werden sollte, dann doch vor allem auf Papa, der das alles abscheulich fand und nicht müde wurde zu versichern, dass das allen Männern so ginge. Hygieneartikel wurden deshalb fein säuberlich im Schrank versteckt, weil ihn wohl schon der Anblick von «Verpackungsmaterial» ekelte.

Dass es Tampons gibt, erfuhr ich dann aus der Werbung. Wie man sie richtig einsetzt und dass sie in Wirklichkeit gar nicht weh tun müssen, wenn man sich bewegt, erfuhr ich durchs Ausprobieren einige Jahre später, da lebte ich schon nicht mehr zu Hause.

Dementsprechend viel wusste ich über Sexualität. Wer blutet, kann Kinder bekommen – mehr muss man nicht wissen.

Aufgeklärt hat mich das Dr.-Sommer-Team der Bravo und ein wenig der Sexualkundeunterricht in der Schule. Zu Hause fand «die Aufklärung» an einem Dienstagabend statt. Papa saß mit Kopfhörern am PC und tat so, als hörte er Musik, und Mama dachte, es sei sinnvoll, wenn sie sich von mir erklären lassen würde, wie das mit dem «Kinder machen» funktioniert.

Papa hörte keine Musik. Die Stille aus seinen Kopfhörern war ohrenbetäubend, und Mama redete so laut, dass es auch die Nachbarn hören konnten. Klar. Und. Deutlich.

Es gibt wenig, was peinlicher ist, als von seinen Eltern etwas über Sex beigebracht zu bekommen: zum einen, ihnen erzählen zu müssen, wie es geht. Und zum anderen, die beiden beim Sex zu erwischen. Ich wollte mir am liebsten die Augen auskratzen, und die beiden entwickelten erstaunliches schauspielerisches Talent, um zu erklären, was sie da gerade taten. So half mein Vater meiner Mutter im Bad beispielsweise, die Seife aufzuheben. Nackt. Und unser Bad war sehr klein. Es muss ein sehr schweres Stück Seife gewesen sein, so wie die beiden ächzten.

Später dann, in einer lauen Sommernacht, rieb Mama Papa «die Mückenstiche ein». Nachts. Auf dem Sofa.

Heute weiß ich ziemlich genau, warum wir nach dem Gute-Nacht-Sagen nicht mehr aufs Klo gehen sollten. Hätten wir uns doch bloß dran gehalten.

Sex also gab es durchaus. Bei den anderen. In unserer Familie war Sexualität kein Thema. Ich bekam mit 12 die Pille gegen Unterleibsschmerzen einmal im Monat, ich brauchte größere BHs, was niemand kommentierte, und als ich anfing, mir die Beine zu rasieren, bekam meine Mutter einen mittelschweren Anfall, weil «die Haare dann alle dolle nachwachsen und dick und schwarz werden, du wirst schon sehen», und außerdem: «Warum musst du dir denn irgendwas rasieren? Du hast doch eh keinen Freund.» Stimmt. Hatte ich nicht.

Sexualität diente zum Kindermachen oder als Vorlage für einen schmuddeligen Witz. Sex war das, was andere hatten, und Frausein bedeutete in meiner Welt, Kartoffeln kochen zu können, aufzuräumen, eine Ehe zu führen, die aus Alltag besteht, und Kinder zu bekommen. Ansonsten unterschied ich mich von einem Jungen nur darin, dass ich keinen Penis hatte, «immer gleich losheule, wenn man mal was sagt» und «zickig bin».

Ich wuchs ohne wirkliches Körpergefühl heran, sodass andere und ich mich selbst auf eine einzige Sache fokussierten: mein Gewicht. Ich war ein dickes Kind, später eine dicke Jugendliche, noch etwas später eine derart stark Übergewichtige, dass es mich beinahe mein Leben gekostet hätte.

Ich war nicht schön, nicht weiblich, nicht feminin. Ich war nicht attraktiv, emotional oder weich. Ich war nichts außer zu dick. Mein Alltag, mein Selbstbild, all das war geprägt von einer Zahl auf der Waage, einem zu hohen BMI, Kleidergrößen, Tausenden von Diäten und Komplexen, die noch für drei weitere Menschen gereicht hätten.

Ich war zu beschäftigt, mir und anderen nicht zu gefallen, als dass ich überhaupt die Zeit gefunden hätte, etwas anderes zu empfinden als Scham oder Abscheu gegenüber all dem, was ich im Spiegel sah. Selbstverständlich war ich davon überzeugt, dass mich niemand hübsch oder geschweige denn anziehend finden würde, und so gab ich mich auch. Abweisend, zurückgezogen; Gefühle hatte ich am liebsten heimlich.

Über Gefühle wurde in meiner Familie wenig gesprochen; generell wurde viel geredet, aber wenig gesagt. Vorzugsweise sprach man im Imperativ mit mir und erzog mich zu einem «netten, folgsamen» Kind.

Das war ich auch. Nett und verschüchtert. Später dann nett und rebellisch. Noch später dann nett und voller Fragen.

Ich mache niemandem einen Vorwurf, erst recht nicht meinen Eltern. Ich unterstelle den beiden, dass sie das Beste wollten, es gut meinten und mich lieben, oder es zumindest immer versucht haben. Dass Liebe sich manchmal in sehr merkwürdiger Form zeigt, weiß jeder.

Es geht also nicht um Schuld, sondern darum, dass ich mit Anfang 20, als ich dabei war, mich auf der Suche nach mir (oder auf der Flucht vor mir) mit Essen und jeder Form ungesunden Verhaltens körperlich und emotional zugrunde zu richten, gern jemanden gehabt hätte, der mich beiseitegenommen und mir gesagt hätte: Hör gefälligst auf mit der Scheiße und all diesen Selbstzweifeln! Es wird besser werden! Versprochen!

Ich habe mir all das, was ich in meiner Jugend über das Frausein, meinen Körper, Sexualität, Beziehungen, Attraktivität und Weiblichkeit lernte, gut eingeprägt und kann daher heute mit Überzeugung sagen: Hätte mir mal bitte jemand sagen können, dass das alles ausgemachter Bullshit ist?

Ich weiß nicht, wie alt du bist, wenn du dieses Buch liest, aber solltest du jünger sein, Anfang oder Mitte 20, so kann ich dir versichern: Es ist eine Lüge, dass du «zu» irgendwas bist. Zu klein, zu dick, zu dünn, zu hässlich, zu sehr Mädchen oder zu wenig Frau. Dass deine Nase zu lang oder deine Brüste zu klein sind, dass du eine Versagerin bist, nur weil du keinem Idealbild entsprichst. Du musst nicht so sein, wie andere dich haben wollen, Make-up macht dich nicht zu einer Nutte und viel Sex nicht zu einer Schlampe. Deine Kleidergröße hat nichts mit deiner Persönlichkeit zu tun, und es stimmt nicht, dass Männer oder Frauen dich unattraktiv finden, nur weil du einen dicken Hintern hast!

Du bist keine verdammte Problemzone!
    Du bist kein Problem!

Frau zu sein ist toll, dick zu sein ist kein Drama, nicht einmal ein Makel, du zu sein ist okay, und Fehler zu haben und zu machen ist in Ordnung. Du bist vielleicht nicht direkt perfekt, aber du bist in Ordnung!

Und du auch!

Nicht direkt perfekt

Ich knabberte früher an meinen Nägeln. Das mache ich heute nicht mehr, worauf ich fast ein wenig stolz bin, dafür pule ich mir die Nagelhaut blutig, wenn ich nervös bin. Was natürlich viel besser aussieht als abgekaute Nägel.

Ich verspüre den übermenschlichen Drang, Blubberblasen zu machen, wenn ich einen Strohhalm in den Mund nehme, und es kostet echt viel Kraft, das nicht zu tun. Besonders wenn andere Menschen mit im Raum sind.

Ich rieche an allem. Wirklich an allem. An Essen, an Gegenständen, an Körperteilen, an allem. Immer. Was mich bisweilen wie eine Irre wirken lässt. Menschen finden es komischerweise seltsam, wenn eine dicke Frau an ihnen schnüffelt.

Ich habe einen Zähl-Tick, und ich mag keine geraden Zahlen.

Ich kann unmöglich an Reis, Kaffeebohnen, trockenen Erbsen oder dergleichen vorbeigehen, ohne meinen Finger reinzustecken, wenn keiner guckt. Wenn jemand guckt, mache ich es auch, grinse aber dann verschwörerisch und setze meinen besten «Na komm schon, du willst es doch auch»-Blick ein.

Ich stehe total auf Horrorfilme, aber wenn dort etwas Fieses passiert, halte ich mir die Ohren anstelle der Augen zu.

Ich stehe auf Disney. Und Pixar. Und die Gummibärenbande.

Ich esse nicht gern in der Öffentlichkeit, weil ich das Gefühl habe, dass DANN auffallen könnte, dass ich zu dick bin. Am Ende denkt noch jemand, ich sei durch das Essen übergewichtig, und das will ich nicht riskieren.

Es gibt Dinge, die ich nur esse, weil sie so ein tolles Gefühl im Mund erzeugen. Litschis zum Beispiel. Ich hasse Litschis, aber irgendwie schmecken die nach Sex. Und zwar nach den dreckigen Facetten von Sex. Das kann unmöglich nur mir auffallen.

Ich mag Dinge, die glitschig sind.

Und Enten.

Ich möchte mir die Fußnägel rausziehen, wenn mein Gegenüber zu laute Essgeräusche macht oder atmet wie Darth Vader. Schnarchen hingegen finde ich sympathisch.

Ich kann mich nie entscheiden, was ich in einem Restaurant bestellen will, weswegen es Jahre dauert, ich mich x-mal umentscheide und am Ende den Salat bestelle, den ich eigentlich gar nicht will.

Ich las letztens, dass laut einer Studie intelligente Menschen dazu neigen, mehr zu fluchen als dumme, verfickte Hurensöhne. Ich habe etwa drei Tage lang über diesen Gag gelacht.

Ich stehe nämlich auf richtig schlechte Witze!

Frage: Ich habe fünf Augen, zwei Münder, drei Ohren, was bin ich?

Antwort: Hässlich!

Ich habe Angst vor Spinnen, vor engen Räumen und davor, dass irgendwas in der Nacht in meinen Bauchnabel kriechen könnte, weswegen ich niemals ohne Decke schlafe, so als wäre ich unter einer Decke vollkommen unzugänglich für Krabbelzeug.

Seit Jahren habe ich Angst vor einer Blinddarmentzündung, weil ich mal gehört habe, dass man «als dicker Mensch daran stirbt, da man wegen des Fettes am Bauch nicht rankommt». Ich weiß, dass das Mumpitz ist. Ein Freund von mir ist Chirurg und lacht mich deswegen regelmäßig aus. Bei jedem Zwicken im Bauch werde ich trotzdem jedes Mal nervös. Könnte ja der nahende Blinddarmtod sein. Man kennt das.

Ich stehe auf Gin, kalte Milch und Kaffee und habe das Prinzip von Tee bis heute nicht verstanden.

Ich bekomme Herpes von Wurst. Kein Witz.

Ich habe ständig Angst zu müffeln. Ein Kindheitstrauma, schätze ich, weswegen ich ein sehr ausgeklügeltes und intensives Hygieneprogramm entwickelt habe. Eine Handbreit entfernt vom zwanghaften Verhalten. Na ja, zwei Handbreit entfernt.

Ich habe oft Sorge, dass etwas aus dem Klo kommt und mich beißt, weswegen ich immer erst ins Wasser gucke, ob dort etwas zurückguckt. Der Tag, an dem das passiert, ist übrigens der Tag, an dem ich tot umfallen werde.

Ich kann mir keinen einzigen Namen merken, dafür aber die unnützesten Details und Fakten zu Themen, die niemand braucht.

Beispiel:

1. Mehr als die Hälfte aller Frauen packt für einen zweiwöchigen Urlaub über 50 Kleidungsstücke ein. Ich auch.

2. Das Gewicht der gepackten Handtasche einer Frau wiegt in etwa so viel wie ein neugeborenes Baby. Das Tragen von Handtaschen wirkt beruhigend auf Frauen. Die kotzen einen ja auch nicht voll.

3. Der Bundesnachrichtendienst hieß früher zur Tarnung offiziell «Bundesvermögensverwaltung, Abteilung Son-

dervermögen, Außenstelle Pullach». Und das fand man tatsächlich weniger auffällig?

4. Cäsars berühmte letzte Worte an Brutus, «Auch du, mein Sohn», sprach er auf Griechisch. Nein, Cäsar war kein Grieche.

5. Tintenfische können die Farben ihrer Umgebung annehmen, obwohl sie farbenblind sind. Aha.

Ich knacke immer mit den Fingerknöcheln, und es ist mir egal, dass andere das gruselig finden. Und ich stehe total auf Fragebogen. Ja, wirklich. Je ausgefallener, desto besser. Dafür ist mir auch kein Fragebogen absurd genug. Generation Facebook sei Dank kann man hervorragend Zeit damit verplempern, so wichtige Dinge zu beantworten wie: «Passt dein Sternzeichen zu dir? Finde es jetzt heraus.»

Ich frage mich bis heute, was man macht, wenn die Antwort darauf «Nein» ist. Ich bin übrigens Krebs, und Facebook meinte, dies passe zu mir. Ich bin sehr froh darüber.

«Wenn du ein Baum wärest, was für ein Baum wärest du?» Der Test ergab, ich wäre ein Kirschbaum. Der Test sagte nicht, was das bedeutet.

Fragst du dich schon, warum um alles in der Welt ich dir das alles erzähle?

Nun, das hat tatsächlich einen Grund.

Ich gebe recht häufig Interviews, und im Regelfall sind die Fragen, die mir gestellt werden, weder schwer noch sonderlich originell.

Das ist kein Problem, so sind Interviews eben oft, wenn auch gottlob nicht immer. Ich sitze, lächle, nicke und antworte. Die eigentliche Herausforderung liegt darin, auch bei der zweihundertsten Wiederholung einer Frage so zu antworten, als höre man sie zum ersten Mal.

«Oh ja, total gerne möchte ich Ihre Sicht der Dinge erfahren!»

«Mein Gewicht? Aktuell etwa 156 Kilo.»

«Nein, gar kein Problem, ich habe den ganzen Tag Zeit für Ihre Fragen.»

«Ja, natürlich, ich möchte wirklich supergern Ihre Meinung zu meiner Person hören.»

«Sehr gern, etwa 156 Kilo aktuell.»

«Was ich wiege? Oh, das werde ich echt selten gefragt, etwa 156 Kilo, sagt die Waage.»

«Nein, ich finde es vollkommen natürlich, in jedem Satz auf mein Gewicht angesprochen zu werden, wer nicht?»

«Ja, ich habe Sex.»

«Ja, ich habe wirklich Sex!»

«Ja, mit einem Mann.»

«Ja, mit einem richtigen Mann!»

«Natürlich, gern. Etwa 156 Kilo. Und Sie?»

Und dann gibt es Antworten, die ich besser nicht laut ausspreche, sondern nur denke.

«Frau Jäger, Sie haben damals über 300 Kilo gewogen! Sagen Sie, wie konnte es nur so weit kommen?»

«Ähm, ich schätze mal, durch Essen.»

«Und wie haben Sie es dann geschafft, so viel abzunehmen?»

«Weniger essen?!»

«Frau Jäger, wenn man derart stark übergewichtig ist, wie Sie es waren – sagen Sie, haben Sie das nicht gemerkt?»

«Nein! Ich bin eines Morgens aufgewacht und dachte: HUCH! Ach du Schreck, wo kommt das denn alles her?»

«Frau Jäger, würden Sie sagen, dass alle Dicken sich einfach nur mehr Mühe geben müssten?»

«Da ich natürlich als Mutterschiff des Scheiße-Bauens

in Sachen Übergewicht generell für jeden dicken Menschen auf diesem Planeten spreche, würde ich sagen: Ja, natürlich! Wir müssen uns dringend mehr Mühe geben! Beispielsweise dabei, uns aufgrund unserer Körperlichkeit nicht immer so schlecht zu fühlen.»

So weit, so unoriginell.

Ich habe ein Buch über mein Gewicht geschrieben und mich mit Themen rund ums Abnehmen beschäftigt, insbesondere mit meinem eigenen Weg von 340 Kilo hin zum Nicht-mehr-im-Drehkreuz-stecken-Bleiben, dabei die schönen und auch die weniger schönen Facetten eines Abnehmprozesses beleuchtet. Ich habe darüber geschrieben, warum fett sein echt lästig werden kann. Abnehmen aber auch. Vielleicht ist es deswegen nicht verwunderlich, dass man mich hin und wieder auf mein Gewicht anspricht, zugegeben.

Dennoch merkte ich nach einer Weile, dass es etwas mit mir machte, erst jahrelang als «die Dicke» wahrgenommen zu werden und dann als «die Dicke, die nicht mehr so dick ist wie früher».

Ich war nicht mehr nur Gewicht, ich war ein Vergleich.

Für eine dicke Frau sind Sie toll gekleidet.

Für eine dicke Frau sind Sie echt hübsch.

Für eine dicke Frau können Sie sich aber gut bewegen.

Ach, Sie machen Sport?

Für eine dicke Frau ... also, Sie können echt gut sprechen.

Warum denn auch nicht?

Es war und ist okay, mich auf mein Gewicht anzusprechen; ich finde ohnehin, dass wir viel offener damit umgehen sollten. Aber ich wunderte mich, dass man mich kaum mehr auf etwas anderes ansprach.

Ich hatte kein Geschlecht mehr, keinen Charakter, ich war keine Frau und oftmals nicht einmal mehr ein Mensch. Ich war «die Dicke, die übers Abnehmen spricht».

Ich war «Was wiegen Sie aktuell?» und «Sagen Sie mal, hängt die Haut nicht nach so viel Gewichtsverlust?».

Ähm, ja, tut sie.

Unweigerlich begann ich mich zu fragen, wie ich als Mensch eigentlich wahrgenommen werde – und wie man Menschen im Allgemeinen und Frauen insbesondere wahrnimmt. Das Ergebnis lässt sich so zusammenfassen: 100 Prozent aller Frauen glauben, sie seien nicht gut genug, zu dick, und es gäbe etwas an ihnen zu verbessern. Wer morgens aufsteht, vor dem Spiegel steht und denkt «Ich bin der Geilste!», der ist unter Garantie ein Mann.

Konkreter wurde es, als mich eines Tages eine Mail erreichte, in der es um das Beantworten einiger Fragen für ein Interview gehen sollte. Wie sich herausstellte, waren die Fragen einfach, die Antworten hingegen eine echte Herausforderung.

«Frau Jäger, wir haben nur drei Fragen.
1. Wer oder was sind Sie?
2. Glauben Sie, Ihr Gewicht bestimmt Ihr Leben?
3. Hand aufs Herz, wenn man Ihnen anbieten würde, Sie wären morgen schlank, einfach so – würden Sie das Angebot annehmen, oder sind Sie gerne eine dicke Frau?»

Ich war ein wenig in Eile, als ich die Mail zum ersten Mal las, und verwarf daher die ersten Antworten, die mir in den Sinn kamen:
1. Komische Frage.

2. Ja ... nee, warte ... nein ... nee, warte, ja ... nee, ach komm, nächste Frage.

3. Ich würde es annehmen, und ich bin trotzdem gerne eine dicke Frau. Würde ich doch, bin ich doch, oder?

Und doch ließen mich diese Fragen nicht wieder los, und ich stellte fest, dass es gar nicht so einfach werden sollte, darauf zu antworten.

Was würdest du an meiner Stelle antworten?

Ich sprach über genau diese Fragen mit ein paar meiner Mädels in meinem Freundeskreis und vielen meiner damaligen Klientinnen. Alle waren sich einig, wenn es um Begriffe wie «lieb, nett und humorvoll» oder auch «aufopfernd, fürsorglich, hilfsbereit» ging. Einige antworteten, sie seien in erster Linie Mutter und Ehefrau, leidenschaftliche Köchin oder eine gute Zuhörerin. Ich hörte von guten Freundinnen, guten Schwestern, guten Organisatorinnen. Ich hörte von Krankenschwestern, Hebammen, Arbeitsbienen und Putzkräften, von Versorgerinnen, besten Freundinnen, guten Chefinnen und guten Menschen. Am häufigsten hörte ich jedoch eine Antwort, die mich ebenso bewegte wie beschäftigte: «Ich weiß gar nicht so genau, was ich bin. Oder wer.»

Viel dramatischer wurde es allerdings, wenn es darum ging, wie sich die Frauen jenseits ihrer beruflichen oder familiären Rolle beschreiben würden.

Fast alle Frauen, mit denen ich sprach, schauten an sich herab und erzählten mir, was sie sahen.

Fast nichts war positiv.

Ich hörte von keiner Frau «Ich bin sexy, schön und gewagt» oder «Ich bin geistreich, habe schöne Haare, bin anziehend, geheimnisvoll oder spannend».

Ich hörte von den bezauberndsten Frauen, sie seien langweilig und es gebe über sie nicht viel zu berichten.

Hübsche Mädels sagten mir, sie bekämen keinen Mann ab, weil sie zu dick seien.

Schlanke Frauen sagten genau das Gleiche und echauffierten sich noch über andere Details ihres Körpers.

Ich hörte von Cellulite, hängenden Brüsten, faltiger Haut, mangelnder Eloquenz, Schüchternheit und Unattraktivität und ausnahmslos immer von einer mangelhaften Figur. Irgendwas ist anscheinend immer, und im Regelfall sind Frauen zu dick oder fühlen sich wenigstens so.

Ich hörte «Ich wäre gern mehr wie XY, mutiger und anders», von Selbstzweifeln und dem Gefühl, stets und ständig zu versagen oder es anderen nicht recht zu machen.

Ich hörte von Verlustängsten, von hässlichen Knien und komischen Füßen, von zu breiten Hüften oder von Hüften, die nicht breit genug waren.

Frauen erzählten mir, dass das Schlimmste sei, dass die Oberschenkel aneinanderscheuerten, wenn sie laufen, und dass sie beim Sport albern aussehen, dass sie in diese und jene Kleidergröße nicht hineinpassen, sicher nicht gut im Bett seien oder niemals ein Kleid anziehen können, weil sie so hässliche Beine, einen dicken Hintern oder keine schönen Fesseln haben. Ich hörte von Misstrauen und vom Krieg mit dem eigenen Spiegelbild, aber selten, nur sehr, sehr selten sagte eine Frau etwas Positives über sich, und wenn sie es tat, dann immer nur relativiert: «Für eine dicke Frau bin ich eigentlich recht passabel.»

«Dafür, dass ich so dünn bin, sind meine Brüste eigentlich ganz okay.» «Meine Haare sind in Ordnung, wenn ich damit etwas Schönes mache, lenkt es vom Rest meines Körpers ab.»

Und der Klassiker: «Trotz meiner Statur habe ich ein hübsches Gesicht, sagen immer alle.»

Ja, das sagen immer alle, und das sagen wir uns offenbar auch selbst.

MEINE TOP 5 DER KURIOSESTEN AUSSAGEN ZUM THEMA SPIEGELBILD:

1. Mein Freund sagt, von hinten sehe ich ganz gut aus.
2. Im Liegen bin ich so wabbelig.
3. Ich habe das Gefühl, ich sehe aus wie Mundgeruch.
4. Ich traue mich nicht ins Schwimmbad, weil meine Brüste so schielen.
5. Mein Mann findet mich schön, aber das glaube ich ihm nicht, niemand liebt eine Frau mit hässlichen Knien!

Niemand!

Ich habe noch nie einen Mann getroffen, der mich nur aufgrund meiner Knie besonders scharf oder besonders hässlich gefunden hätte.

Weißt du, was das Absurde an der ganzen Sache ist? Ich habe tatsächlich hässliche Knie, und das weiß ich erst, seit ich weiß, dass man darauf achtet. Ich habe mir jahrelang um meine Knie keine Gedanken gemacht, denn ich war viel zu sehr damit beschäftigt, nichts anderes zu sein als übergewichtig. Das bin ich nach wie vor, aber ich nehme mittlerweile auch alles andere an mir wahr – auch meine Knie. Jetzt, wo ich sie auch wieder sehen kann, wenn ich an mir herunterschaue.

Ich erwähne das, weil man mich unlängst fragte, ob beim Duschen eigentlich meine Füße nass würden. Ich habe mich beherrscht und der Fragestellerin keinen Tunnel ins Gesicht gebissen.

Es brach mir das Herz, von so vielen Frauen solche Sätze über ihre Körper zu hören und ihren Mangel an Selbstwert zu spüren. Vermutlich, weil ich nur zu genau weiß, wie es sich anfühlt, so etwas über sich selbst zu sagen. Dabei spielte es auch überhaupt keine Rolle, wie alt die Frau war, die mir gegenübersaß, wie erfolgreich, wie verliebt oder wie gnadenlos hübsch – keine war sich selbst gut genug, und keine konnte mir antworten, ohne darauf hinzuweisen, wie dick, unansehnlich oder wenig liebenswert sie sei. Ich empfand diese Gespräche als erschütternd, und das ist noch harmlos formuliert.

Aber würde ich denn anders über mich sprechen?

Die Antwort darauf ist ein ganz klares: Jein.

Heute sehe ich vieles anders, aber ich kenne all diese Sätze, all diese Sichtweisen, all die Gefühle dahinter nur allzu gut.

Wer oder was bin ich denn nun?

Ich bin eine Frau. Eine dicke Frau, um es ganz genau zu sagen. Ich würde gern behaupten, dass Letzteres bei all dem, was ich in meinem Leben tue, keine Rolle spielt, aber das ist natürlich vollkommener Mumpitz. Soweit ich mich zurückerinnern kann, spielte mein Gewicht bei so ziemlich allem eine Rolle. Jedenfalls für andere. Aber auch für mich und für jedes Kleidungsstück, jeden Arztbesuch, jede spiegelnde Oberfläche.

Die Werbung sagt mir, ich solle schön sein, rasiert, immer lächelnd, würde ständig bluten, gerne putzen, sei Mutter von mindestens drei Kindern und solle meine Wäsche bitte blütenweiß waschen, während ich abwechselnd Parfüm und watteweiches Klopapier kaufe, aber all dies bitte schön mit Idealgewicht und top gestylt. Filme sagen mir, ich sei tapfer, kriegerisch, enorm erotisch, habe ein gewinnendes Wesen und eine 45er im Strumpfband. Dabei sollte ich allerdings phantastisch in einem Bikini aussehen, sonst tauge ich allenfalls für eine Sitcom als diejenige, die stets für einen Lacher gut ist.

Ich bin damit aufgewachsen, mich immer mit anderen vergleichen zu müssen und meine Persönlichkeit immer im Verhältnis zu meinem Körper zu sehen.

MEINE TOP 5 DER KOMPLIMENTE, DIE KEINE SIND:

1. Du hast ja echt Glück mit der Fettverteilung an deinem Körper, andere würden da ganz anders aussehen.
2. Hast du ein Glück, dass du so groß bist, sonst wärest du ein Ball.
3. Für eine dicke Frau hast du ein echt schönes Kleid an.
4. Schau mal, der findet dich attraktiv, obwohl du dick bist!

Und meine ungeschlagene Nummer eins, der Satz, den so gut wie jede dicke Frau kennt – und ich verwette meinen dicken Hintern drauf, dass den alle Frauen hassen:

5. Du hast so ein schönes Gesicht!
   Gerne auch in dieser Fassung:
   5a. Du hast so ein schönes Gesicht, schade, dass du so dick bist!
   Oder die Oma-Variante:
   5b. Du bist so hübsch, warum hast du dich nur so verunstaltet?

Ich weiß nie, was ich darauf antworten soll. Vielleicht: «Dafür, dass du so viel Scheiße redest, war das fast schon ein nettes Kompliment.»

Wie soll man als Frau denn bitte ein Gefühl für seinen Körper bekommen, wenn alles, was man ist, immer gleich in Bezug zu diesem gesetzt wird? Woher soll es denn kommen, dieses sagenumwobene Selbstwertgefühl, wenn der eigene Körper nichts wert zu sein scheint? So als würde man vom Mädchen nicht zur Frau, sondern zu einem Hautsack, gefüllt mit Schuldgefühlen dem eigenen Körper gegenüber, und dem ewigen Gefühl, nicht gut genug zu sein. Ein Körperkomplex namens Frau. Wenn Selbstwert in Zahlen bemessen wird, wie soll eine Frau dann den Zugang zu sich selbst finden?

«Ist es ein Junge oder ein Mädchen?»

«Es ist Kleidergröße 54!»

«Aaaaaawwww, süüüüß!»

Man erwartet von Frauen, dass sie sich besser kleiden, wenn sie übergewichtig sind, rät ihnen aber auch, sich und ihren Körper zu kaschieren. Dass beides Schwachsinn ist, sagt aber niemand.

Wir sollen selbstbewusst sein, aber bitte unauffällig.

In keinem Fall sollen wir maßlos sein, es sei denn, wenn es darum geht, zum Abnehmen jeden erdenklichen Mist zu schlucken oder bis zur Selbstaufgabe zu hungern, denn das ist vollkommen okay.

Wir sollen uns selbst finden, lernen aber, dass wir uns auf keinen Fall im eigenen Körper wohlfühlen dürfen, solange dieser nicht ideal ist.

Leben auf Raten, abzuzahlen in Kilogramm und Sporteinheiten.

Bis man dann über 70 ist, in meiner Praxis sitzt und sagt, man wäre gern so schlank wie die 74-jährige Freundin, weil man sonst befürchtet, dass über einen getuschelt wird.

Sicher ist, dass getuschelt wird, und das Schlimmste ist, dass wir das vollkommen normal finden. Wir leben in einer Zeit, in der es für Körper offenbar nur zwei Kategorien gibt: ideal und minderwertig. Und so fühlen sich fast alle Frauen zu dick, zu klein, zu hässlich, haben zu kleine Brüste und warten auf den Moment, in dem alles besser wird. Bis das Einzige, was übrig bleibt, ein Name auf einem Stein ist.

«Hier ruhen 83 Jahre Kampf mit dem eigenen Körper und jede Menge Cellulite.»

Man kennt das.

Also, verdammt, ja, ich bin eine dicke Frau.

Ich bin übrigens nicht nur Fett auf zwei Beinen, kein BMI mit Titten oder Übergewicht mit einem Vornamen. Kein Stück Fleisch, dessen Wert in Zahlen festgehalten wird.

Ich bin auch blond, kurzsichtig und eine Niete bei Monopoly. Ich bin 1 Meter 77 groß, Rechtshänderin und eine gute Jongleurin. Ich bin aufmerksam, eloquent, leidenschaftlich, verletzlich, und ich bin die, die sich gerne lautstark über Beauty Standards echauffiert. Ich bin stolze Besitzerin eines nicht ganz so perfekten Körpers, der mir aber treueste Dienste leistet, scheiße im Badeanzug und in Radlerhosen aussieht, aber phantastisch in Korsetts.

Ich bin all das und noch so viel mehr.

«Glauben Sie, Ihr Gewicht bestimmt Ihr Leben?»

Nicht mein Gewicht, aber mein Körper.

Ich lebe in ständiger Auseinandersetzung mit meinem Körper – und versuche ständig, ihn zu optimieren. Rastlos, ruhelos. 365 Tage im Jahr. Bad Hair Day. Schuhgröße 42. Dabei weiß doch jeder, dass die schönsten Schuhe nur bis

Größe 39 zu finden sind. Ich habe zwei Waagen. Beide können sprechen. Eine habe ich in den Keller verbannt. Bloß niemals wegschmeißen, falls die andere kaputtgeht. Nicht auszudenken, wie eine Woche ohne Waage aussähe. Ich kenne zu jedem Zeitpunkt meine Kleidergröße. Ich weiß immer, wie ich gerade aussehe. Ich stehe vor dem Spiegel und musste lernen, dass das, was mir dort begegnet, vollkommen okay ist. Mehr als das: Es ist sogar schön. Oft glaube ich mir das aber einfach nicht. Ich bin mit dem Gefühl groß geworden, anders sein zu müssen, und bin nun damit beschäftigt, ich selbst zu sein.

Ich kenne den Brennwert eines jeden Lebensmittels und kann Kalorientabellen auswendig. Du kannst mich nachts um 3 mit einem Schlag in den Nacken wecken und mich fragen, wie viel Kalorien ein Apfel hat, und ich weiß es. Ich denke nicht mehr permanent über mein Essen nach, und das ist ein Riesenerfolg.

Ich war jahrelang erstaunt, wenn ein Mann mich anziehend fand, und ich bin es oft noch heute. Ich ertrage Komplimente und Geschenke nur sehr schwer, weil sie mich verlegen machen, und das ganz sicher nicht, weil ich so schrecklich bescheiden bin, sondern weil ich gelernt habe, dass der Wert meiner Person an meinem Gewicht, meinem Körper, meiner Unvollkommenheit festgemacht wird. Und Komplimente verdienen nur jene, die nicht so unperfekt sind, wie ich mich mein halbes Leben lang fühlte.

Ich habe 25 Jahre gebraucht, um mein Leben in den Griff zu bekommen, und noch einmal einige Jahre, um zu verstehen, dass ich ein Recht darauf habe, mich wohlzufühlen.

Wenn du mich also fragst, ob ich glaube, mein Gewicht oder meine Körperlichkeit bestimme mein Leben, möchte ich müde lächeln. Mit der Betonung auf müde.

In diesem Zusammenhang ist die letzte Frage fast ein wenig gemein. Hand aufs Herz, wenn man mir anbieten würde, ich wäre morgen schlank, einfach so, würde ich das Angebot annehmen, oder bin ich gern eine dicke Frau?

Die Gretchenfrage. Mist.

Ganz ehrlich? Ich würde es gerne ausprobieren und es drauf ankommen lassen. Ich würde mich gerne zurücklehnen und nicht darüber nachdenken, wie viele Kalorien der Keks wohl hat. Ich würde gerne einen Raum betreten, ohne zu wissen, dass in 80 Prozent der Fälle ein einziges Attribut den ersten Eindruck bestimmt, den jemand von mir hat. Ich würde gerne von mir behaupten können, dass dieser ganze Körperwahn mich vollkommen kaltlässt. Ich wäre gerne unbeschwerter und weniger von meinen Dämonen gejagt, die mich ständig darauf hinweisen, dass ich recht ausladende Hüften habe.

Aber dann treffe ich Frauen mit Normalgewicht, die normal groß und normal gebaut sind, und höre, wie sie sich Gedanken über ihren Körper machen, Kalorien zählen, sich nur im Dunkeln ausziehen und sich Gedanken machen, was die anderen wohl denken, wenn sie einen Raum betreten. Und frage mich, ob wir eigentlich alle vollkommen verrückt geworden sind und ob es überhaupt irgendeinen Unterschied macht, wie viel ich wiege, wenn meine Sorgen, Ängste und Komplexe doch die gleichen bleiben. Wenn ich es nicht schaffe, mich um meiner selbst willen zu lieben, glaube ich dann ernsthaft, die Liebe kommt, wenn die Kilos gehen? Vermutlich eher nicht.

Aber bin ich deswegen ungern eine dicke Frau?

Ebenso ehrlich: Ich mag mich. Nicht immer, aber meistens. Ich stehe vor dem Spiegel und sehe, dass ich die Meister-Verkorkserin meiner eigenen Figur bin, aber das bin nun einmal ich. Manchmal mag ich meine blasse Haut auf all meinen Rundungen. Mein Gefühl für mich und meinen Körper. Dass ich weich und körperbetont bin und dass ich feminin bin und sein darf.

Ich bin keine schlanke Frau, gefangen im Körper einer dicken Frau.
    Ich bin eine dicke Frau.
    Vor allem aber bin ich eine Frau.
    Verdammt gern sogar.

Ich habe unzählige Gespräche geführt und Geschichten von Frauen aller Couleur gehört und frage mich, warum wir so schlecht zu uns sind. Frauen untereinander sind garstig, aber niemand geht mit uns so hart ins Gericht, wie wir selbst es tun. Dabei ist es egal, was du wiegst, deine Körpergröße spielt keine Rolle, deine Rollen spielen keine Rolle. Die Länge deiner Nase, die Größe deines Körbchens, die Probleme mit deiner Haut, die Anzahl deiner Männer, die nie sitzen wollenden Haare, der Stil deiner Kleidung, die Dellen in deinen Oberschenkeln und dein Alter spielen keine Rolle.
    Du bist nicht hässlich. Du bist nicht minderwertig, nicht zu viel, nicht zu wenig, und generell bist du nichts, was mit «zu» beginnt. Du bist nicht die Meinung eines anderen, nicht das verfehlte Ideal, nicht der Erfüller von Erwartungen. Du hast nicht zu sein, wie andere dich gern hätten. Du musst nicht kaschieren, dich nicht verstecken, nicht anders sein. Schon gar nicht, solange du nicht einmal weißt, wer du eigentlich bist.
    Dein Gewicht, Dein Äußeres, all das, was dir vielleicht nicht gefällt, macht dich nicht unattraktiv, nicht minderwertig oder gar verzichtbar für die Welt – es macht dich zu der Frau, die du bist. Wenn du nah am Wasser gebaut hast,

bist du noch lange keine Heulsuse. Wenn du Gefühle hast, kein Weichei. Wenn du emotional bist, kein Freak.

Wenn wir aufhören würden, uns für uns zu schämen und uns hinter zu weiten Klamotten, lieblosen Partnern und komischen Idealen zu verstecken, würden wir auch feststellen, dass Unvollkommenheit kein Makel, sondern Normalität ist.

Aktuell zählt die Weltbevölkerung Rund 7,44 Milliarden Menschen, wovon 3,69 Milliarden Frauen sind. In Deutschland leben aktuell 41,8 Millionen davon. Laut Statistik sind 80 Prozent dieser Frauen mit ihrem Körper unzufrieden. Wir verbringen im Schnitt 120 Stunden im Jahr vor dem Spiegel. Das sind geschlagene 5 Tage. Nur um festzustellen, was alles nicht stimmt. 9 von 10 Frauen über 20 haben Cellulite. Die zehnte lügt.

2,1 Milliarden Menschen sind weltweit übergewichtig, und nur 10 Prozent aller deutschen Frauen sind glücklich mit sich oder finden sich schön.

Du bist also nicht allein. Du bist eine Frau. Du bist eine von 3,69 Milliarden, und im schlimmsten Fall bist du nicht direkt perfekt.

Aber wer könnte perfekter du sein als du selbst?

Ode ans Spiegelbild

Der Wecker klingelt prinzipiell zu früh. Es ist völlig egal, wann ich ins Bett gegangen bin oder wie gut und lange ich geschlafen habe.

Jeden Abend nehme ich mir vor, spätestens um 22 Uhr im Bett zu sein. Na gut, um 23 Uhr. Mein Handy erinnert mich sogar daran: «Es ist Zeit, schlafen zu gehen.» Leider kann ich mein Handy hervorragend ignorieren. Und so liege ich morgens im Bett und denke: Das ist einfach nicht meine Tageszeit. Eigentlich.

Denn uneigentlich bin ich Mitte 30 und neige neuerdings zur senilen Bettflucht. Wobei man bei meinem Tempo wohl eher von senilem Bettschleichen sprechen sollte.

Kennst du diese Frauen, die morgens nach dem Aufwachen aussehen wie Göttinnen? Mit leicht zerzaustem Haar und rosiger Haut, müden, aber einladenden Augen und einer sexuell verlockenden Körperhaltung? Noch mit einem Hauch Make-up von letzter Nacht im Gesicht, das natürlich null verschmiert ist, rekeln sie sich mit apricot-farbenen Lippen in ihren Laken – nie in Decken – und wirken süß und verspielt.

Genau zu der Sorte Frauen gehöre ich nicht.

Im Regelfall liege ich im Bett wie ein zu dicker Seestern, den man in einen Taco gerollt hat. Ich verpuppe mich jede Nacht als saftige Raupe in mindestens eine Decke und erwarte, am nächsten Morgen ein wunderschöner Schmetterling zu sein. Mein Spiegelbild sagt mir, dass die Raupe am Morgen noch immer die vom Vorabend ist, nur mit geschwollenen Augen anstelle von Flügeln.

Mein Bett misst 2 Meter mal 1 Meter 80, und ich wache jeden Morgen ganz am Rand auf, so als ließe ich noch Platz für drei andere. Ich schlafe allein. Glaube ich zumindest, aber so wie ich morgens aussehe, kann es gut sein, dass nachts irgendjemand in meinem Gesicht eine Party feiert, ohne mich einzuladen.

Ich gehe nicht ins Bett, ohne mich abzuschminken, und wenn, dann sehe ich am Morgen nicht aus wie die süße Nachbarin, die in Pantys und Shirt über die Dielen hopst, sondern eher wie ein Panda, der an einer Steckdose geleckt hat.

Mein Morgen beginnt prinzipiell auf der Bettkante; ich harre die letzten Sekunden aus, ehe sich meine Blase mit Dringlichkeitsvermerk in den Vordergrund meines Bewusstseins schiebt und von «Kein Problem, ich kann auch 12 Stunden liegen, ohne Pipi zu müssen», auf «Hier passiert gleich ein Unglück in 5 ... 4 ... 3 ...» switcht, und das innerhalb eines Wimpernschlages. Generell hat meine Blase ein Eigenleben. Man dürfte meinen, ich könnte in meinem Alter gerade eben so noch das Wasser halten, und das geht auch so lange gut, bis eine der folgenden Situationen ins Spiel kommt:

1. Ich sehe meine Haustür.
   Jedes verdammte Mal, wenn ich nach Hause komme, muss ich von jetzt auf gleich ins Bad. Dringend! Egal, wann ich das letzte Mal war. Sehe ich meine Haustür,

flutet der Körper meine Blase mit geschätzten 122 Litern. Dabei weiß man doch, dass der Haustürschlüssel immer ganz unten in der Handtasche liegt. Gleich neben dem Bonbon. Dem ohne Papier. Obwohl man nicht einmal Bonbons isst. Aber das ist einer Handtasche ja egal.

2. Ich sitze in einem Auto und denke beim ersten Rasthofschild in einem Anfall von Leichtsinn und Faulheit, ich könne auch noch bis zum nächsten warten. Ich kann mir sicher sein, dass sich dann entweder der Jahrhundertstau bildet oder die nächsten drei öffentlichen WCs leider außer Betrieb sind. Bis ich dann mit zusammengekniffenen Beinen vor einem Dixiklo stehe, aus dem ein mit sich und der Welt sehr zufrieden wirkender Lkw-Fahrer kommt, sich die Hose zumacht und verkündet: «Also, ich an deiner Stelle würde da jetzt lieber nicht reingehen, Kleines.» Und Kleines guckt sich hektisch um, ob sie hinter einem Baum verschwinden kann.
Im Regelfall ist der einzige Baum weit und breit eine kniehohe Hecke.

3. Es sind nur Hecken, überall.
Noch Fragen?

Meine sogenannte Morgenroutine beginnt also im Bad. Jeden Morgen. Grazil wie ein Oger im Passgang schlurfe ich auf die kalten Fliesen, wünsche mir jeden Morgen aufs Neue eine Fußbodenheizung, kippe dann in einen Eimer voll Kaffee und stelle mich nach dem Duschen einer der größten Herausforderungen des Tages.
Ich gucke in den Spiegel.
Nackt. Und da ich das normalerweise alleine tue, beschreibe ich mal kurz, was ich sehe. Ja, das ist für uns alle nicht angenehm, aber da müssen wir jetzt gemeinsam durch. Zunächst einmal bin ich nicht im klassischen Sinne

schön. Zwar liegt Schönheit im Auge des Betrachters, aber morgens sehe ich nun einmal aus wie ein Sack voll Quark. Da gibt es auch nichts schönzureden, denn, Butter bei die Fische, ich bin fett.

Aaaaah, herrlich, ein Wort wie eine Ohrfeige, oder? Irgendwie mag man es nicht so recht lesen, und sagen schon gleich gar nicht. Ich weiß.

Fett.

Fett Fett Fett Fett Fett.

Fühlst du dich schon schlecht oder, schlimmer noch, angesprochen?

Was genau stimmt eigentlich mit diesem Wort nicht? Man möchte meinen, es sei einfach nur ein Wort, aber das stimmt nicht. Fett kann nämlich etwas, was viele andere Worte nicht können: Es löst ein Gefühl aus, und nur sehr selten ist dieses Gefühl ein gutes.

Ich kenne dieses Gefühl übrigens bestens – als hätte man einen nassen Lappen verschluckt, während einem die Schamesröte langsam ins Gesicht steigt. Dann plötzlich wird man kleiner, guckt weg, zieht die Schultern hoch und tut so, als fände man das witzig oder als könne einem das Wort gar nichts anhaben. Dabei kann es das sogar sehr gut. Es macht uns klein und haut mit dem Holzhammer auf den Anklagetisch. Fett.

Dieses Wort bringt immer seine Freunde mit – Schuldgefühle, Scham, Angst, Unzulänglichkeit und Selbstzweifel. Und diese Freunde haben wiederum Freunde im Schlepptau, und so schafft es ein einziges Wort, eine ganze Horde beschissener Partygäste um sich zu versammeln, die alle mit dem Finger auf dich zeigen.

«Fett» ist nicht einfach nur ein Wort, es ist eine Anklage. Wenn ich nicht so fett wäre, dann …

Du bist echt hübsch, aber ...

Dieses Wort schafft es, alles, was man ist, auf vier Buchstaben zu reduzieren. Es reduziert einen ganzen Menschen, seine Emotionen, Wünsche, Hoffnungen, Erlebnisse auf ein einziges, ekelhaftes Gefühl.

Der Tag kann noch so gut sein, es kann Komplimente geregnet haben, und doch langt ein Seitenhieb in Sachen Gewicht, ein «Hast du zugenommen?», ein Blick, der nicht mit einem offenen Lächeln endet.

Dieses Wort ist wie Thors Hammer. Es verleiht vollkommen Fremden eine absurde Macht über dich. Ein Mann, der dir sagt, dass er dich liebt oder dass er dich schön findet, ein Freundeskreis voller warmherziger Menschen, ein Leben voller Erfolge verliert plötzlich an Bedeutung, wenn irgendjemand seinen Finger in deine größte Wunde legt und die Angst in dir hochsteigt, wieder einmal nicht zu genügen.

Wenn dich jemand im Vorbeigehen als fett bezeichnet, hinterlässt das eine Narbe, die immer wieder aufreißt. Der Nächste streut Salz hinein, und weil du weißt, dass das passieren wird, wappnest du dich. Du nimmst dir vor, etwas zu ändern oder, besser noch, beim nächsten Mal schlagfertiger zu sein, weniger verletzt oder wenigstens mit einem Lachen zu reagieren. So als wäre es nur ein Scherz, wenn jemand dir weh tut. Die lachen über dich. Du lachst mit. Denn Dicke sind ja immer so witzig, nicht wahr? Was ist denn schon dabei! Findest du. Manchmal. Meist einmal zu oft.

Und dann gehst du nach Hause, reißt den Kühlschrank auf und stopfst erst einmal allen möglichen Scheiß in dich rein, oder hungerst, bis es schmerzt, mehr als die Worte eines Fremden, denn irgendwie muss dieses Loch, das das Wort in dich reißt, gestopft überdeckt werden.

Weil du dich selbst nicht genug magst, brauchst du die positive Resonanz von außen; weil diese aber niemals reicht, niemals reichen kann, dein Hunger nach Anerkennung niemals gestillt wird, langt ein Blick, ein Spruch, ein Kichern oder ein ausgestreckter Zeigefinger, um deine Welt ins Wanken zu bringen.

Fett.

Kommt dir das bekannt vor? Falls ja, müssen wir beide uns dringend unterhalten, denn dann läuft etwas mächtig schief bei dir und mir.

Zunächst einmal etwas ganz Wichtiges:

Nein.

Punkt.

Nein, diese Penner, die der Meinung sind, es wäre vollkommen in Ordnung, die Fresse aufzureißen, wenn sie an dir vorbeigehen, nur weil du die nächstbeste Zielscheibe für ihre Unzulänglichkeit und Frustration darstellst, haben nicht recht!

Nein, es ist ganz und gar nicht in Ordnung, dich zu beschimpfen.

Nein, du bist nicht nur die Summe deiner Kilos.

Nein, dein Körper sagt nichts über dich als Menschen aus.

Ja, ich kenne das auch.

Ja, ich hasse das auch.

Ja, ich saß auch schon heulend vor dem Spiegel.

Ja, ich habe ein Rückgrat aus Stahlbeton, und trotzdem sickert dieses Wort manchmal zu dem Glasgarten in mir und hinterlässt einen Scherbenhaufen.

Nein, das wird sich niemals gut anfühlen.

Ja, man kann lernen, damit umzugehen!

Warum verbreitet dieses Wort so ein fieses Gefühl? Weil wir es zulassen. Das Wort selbst kann uns eigentlich nichts anhaben; aber wir haben es mit negativen Emotionen, Erinnerungen und Ängsten aufgeladen, sodass wir wie ein Reh im Scheinwerferlicht erstarren, sobald man es uns an den Kopf wirft.

Wir sagen lieber «dick» oder «mollig», wobei mollig ja wohl das größte Scheißwort gleich nach vollschlank ist. Wir vermeiden jedes Wort, das auch nur im Ansatz einen negativen Klang haben könnte, so als sei das Wort verantwortlich für unser Gefühl – und nicht unsere Einstellung zu uns selbst.

Keine Sorge, ich mag das Wort auch nicht sonderlich. Und doch benutze ich es, weil es meiner Meinung nach wichtig ist, das zu tun. Nicht laut, garstig, anklagend oder penetrant, sondern ganz beiläufig. Und ich lasse es andere sagen, damit es sich endlich in die Reihe der alltäglichen Worte einreiht, anstatt hinter unseren Rücken herumzulungern und uns immer wieder in die emotionale Kniekehle zu treten.

Fett, dick, meinetwegen pummelig, schlank oder dünn ebenso wie dürr sind keine Schimpfworte, es sind Attribute, um einen Körper zu beschreiben.

So wie hübsch, groß, blond oder blass. Wir geben einem Wort wie fett zu viel Macht, indem wir zulassen, dass es uns verletzt.

Ich glaube, man muss das Gegenteil tun. Wir sollten das Wort und seine Schwere ins Tageslicht zerren und so lange mit dem Zeigefinger gegen seine Nasenspitze tippen und dabei jedes Mal laut «MÖP» sagen, bis es lächerlich wirkt. Genau so muss man eben auch dieses Wort aussprechen, bis es nicht mehr weh tut. MÖP.

Denn solange wir so tun, als bräuchte es verniedlichende Begriffe, um einen Körper zu beschreiben, anstatt ihn als den anzunehmen, der er ist, so lange werden wir in Sachen Selbstliebe keinen Millimeter weiterkommen.

Ich fordere dich hiermit auf, das Wort Fett gesellschaftsfähig zu machen, und zwar jetzt sofort. Du, ich, wir alle, und du fängst damit an.

Es ist ganz einfach.

Stell Dich vor den Spiegel und sag es laut: Fett.

So, und jetzt krieche wieder aus deinem Schneckenhaus hervor und mach das noch einmal. Und dann noch mal. Und noch mal. Und noch mal. Und dieses Mal machst du die Augen auf. Wir üben das so lange, bis du dabei in den Spiegel schauen kannst.

Fett. Fett. Fett. Fett. Fett. Fett. Fett. Fett. Fett. Fett. Fett. Fett. Fett. Fett. Fett. Fett. Fett. Fett. Fett. MÖP. Fett. Fett. Fett. Fett. Fett. Fett. Fett. Fett. Fett. Fett. Fett Fett. MÖP Fett. Fett. Fett. Fett. Fett. Fett. Fett. Fett.

Immer weiter, so lange, bis es sich weniger groß anfühlt. Und dann noch einmal so lange, bis du es selbst nicht mehr voller Verachtung aus- und auf dich spuckst, sondern es sagst wie kurzsichtig, blond oder schön.

Keine Angst, das Wort kann dir nichts tun.

Es ist nicht die Wahrheit über dich.

Es tut weh, weil du der Meinung bist, dass andere recht haben, wenn sie dich so nennen. Wenn sich jemand über deine Frisur lustig macht, die du aber unglaublich gut findest, dann ist es dir egal. Denn du magst deine Frisur.

Also: Sei mehr wie deine Frisur! – Wenn du verstehst, was ich meine.

Übe das. Ich weiß, das klingt albern, aber es hilft. Es ist nur ein Wort.

Und wenn du das nicht bist, dann nimm ein anderes. Groß. Dünn. Klein. Schiefnasig. Segelohrig. Hängebrüstig. X-beinig. Was auch immer in deinen Augen dein größter Makel ist, hol ihn hinter deinem Rücken hervor, zerre den Mistkerl vor den Spiegel und nenne ihn beim Namen.

Nimm diesem Wort seinen Zauber. Nimm ihm die Macht über dein Wohlempfinden. Denn erst, wenn du damit aufhörst, dir selbst weh zu tun, indem du schlecht über dich denkst, wird es dich auch nicht mehr so sehr treffen können, wenn andere es tun. Und glaube mir, es ist vollkommen egal, was du machst: Menschen werden immer etwas an dir auszusetzen haben, und da du deine Umgebung nicht immer verändern kannst und schon gar nicht das Brett vor dem Kopf irgendwelcher Körpernazis, musst du dich und deine Einstellung zu dir ändern.

Mein Lieblingsbeispiel dazu ist eine Anekdote aus meiner Vergangenheit. Ich saß im Bus; er hielt einige Stationen von meiner Wohnung entfernt vor einer Klinik für plastische Chirurgie, und es stieg eine Frau mit frisch operierter Nase ein. Ein riesiges Pflaster klebte in ihrem Gesicht, und ihre Augen waren leicht geschwollen, als sie das Handy zückte und freudestrahlend erzählte, wie glücklich sie sei und dass von nun an alles besser und einfacher werden würde. Sie stand mir direkt gegenüber. Neben mir saß ein Freund von mir und plapperte über irgendetwas; er hob den Kopf, sah sie an und flüsterte mir zu: «Alter, hat die Segelohren, krass!»

Als ich ihn später fragte, ob ihm das Pflaster im Gesicht nicht aufgefallen sei, sagte er nur: «Nö.»

Du kannst es nicht allen Menschen recht machen, aber du kannst es dir selbst recht machen. Du darfst gerne «Problemzonen» haben, du musst nur akzeptieren, dass sie zu dir gehören und dass das vollkommen okay ist.

Man kann sich selbst lieben und dennoch etwas ändern wollen. Das ist kein Widerspruch.

Selbstliebe ist kein «Ausruhen auf Ausreden». Ein gutes Gefühl für dich selbst ist kein Grund aufzuhören, an dir zu arbeiten, wenn du das möchtest. Aber du darfst dich zurücklehnen, durchatmen und ein wenig mehr Milde walten lassen.

Deine Sicht auf dich braucht eine Kurskorrektur.

Wenn du also das nächste Mal morgens vor dem Spiegel stehst, denk dran:

Freiheit beginnt mit einem Lächeln für die eigene Unvollkommenheit.

Selbstwert beginnt mit Respekt vor deinem eigenen Körper.

Eine sehr weise, unglaublich gut aussehende und dabei so bescheidene Frau schrieb übrigens einst in einem ihrer Jahrhundertwerke, dass «... die Benennung eines Körpers nur dann respektlos erscheint, wenn der Sprecher – oder der Hörer – das Wort ‹Fett› auch respektlos meint».

Tief einatmen.

Augen öffnen.

Lächeln.

Und dann:

Fett. Fett. Fett. Möp. Möp. Möp ...

Deine Bodylotion lügt

Ich habe vor einiger Zeit in einem Artikel zu den Themen «Die Frau im 21. Jahrhundert» und «Wie man sich selbst liebt» folgenden, sehr klugen Satz gelesen: «Der Schlüssel zum Wohlfühlen im eigenen Körper ist die Liebe zu sich selbst, und der Weg, hin zu einem guten Selbstwertgefühl, führt unter anderem über ein gutes Körpergefühl ...»

Ach soooo!

Na, dann ist ja alles klar.

Es ist also ganz simpel: Selbstwertgefühl = Körpergefühl + X.

Mit anderen Worten: Man braucht nur ein gutes Körpergefühl und ein wenig «unter anderem», und schon klappt es auch mit dem Selbstwert und dem Wohlfühlen und all dem ganzen Körperkram. Verstehe. Und ich Idiotin dachte immer, dass das alles gar nicht so einfach sei.

Ich muss gestehen, dass ich den Weg hin zu einem besseren Umgang mit mir und einem angemesseneren, nämlich liebevollen Körpergefühl reichlich schwierig fand und oft noch immer schwierig finde. Dabei habe ich wirklich versucht, mich in das alles einzufühlen.

«Ein gesunder Geist lebt in einem gesunden Körper.»
Jawohl!

«Du bist, was du isst.»

Na so was!

«Liebe dich selbst, dann lieben dich andere.»

Mhm. Aha.

Das volle Programm. Ich habe Sport gemacht und mich besser ernährt, abgenommen und alles gelesen, was ich zum Thema besserer Umgang mit mir selbst finden konnte, mitsamt der Anweisung, sich selbst Kerzen anzuzünden, wenn man sich in die Badewanne legt, oder sich als Frau mal eine «gutduftende Bodylotion zu gönnen».

Wooohoooo! Time to freak out!

Der heißeste Scheiß in Sachen «Wie lerne ich mich selbst zu mögen» führt also über Bodylotions und Kerzenschein in Badewannen. Leck mich fett, das ist ja mal eine Erkenntnis.

Ernsthaft?!

Wenn du mich fragst: Das ist totaler Schwachsinn. Körpergefühl ist nichts, was man sich auf die Haut schmieren kann, und mangelndes Selbstwertgefühl leuchtet im Kerzenschein auch nicht heller.

Ich weiß oft nicht einmal, was dieses ominöse Körpergefühl eigentlich sein soll, denn ich habe mich jahrelang überhaupt nicht gefühlt.

Gut, ich fühlte mich schwer oder krank – aber weiblich oder feminin? Wie fühlt sich das denn bitte schön an?

Laut diverser Frauenzeitschriften haben Körpergefühl und Weiblichkeit mit Dingen zu tun, die gut riechen, gut aussehen, glitzern, frei von Kalkflecken sind, immer locker und leicht daherkommen. Und natürlich mit Diäten. Streng genommen nur mit Diäten und auch mal mit ein bisschen Kerzengeflacker. Der Romantik wegen. Liebe zu sich selbst und so, schon klar.

Frausein heißt also in den meisten Fällen abnehmen, putzen, kochen und weiter abnehmen. Na sicher, nichts fühlt sich femininer an als ein knurrender Magen, ein pelziger Geschmack im Mund, kleiner werdende Brüste und Jeans in Size Zero. Man kennt das ja.

Ich halte das, vorsichtig formuliert, für eine relativ steile These.

Ohne Zweifel führt der Weg zu einem besseren Gefühl egal welcher Art darüber, mit sich selbst besser umzugehen. Und dazu können auch Ernährung und Sport beitragen, müssen sie aber nicht. Mir half und hilft das Abnehmen dabei, mich gesünder zu fühlen und mich besser bewegen zu können. Mein Körper- und Selbstwertgefühl basieren allerdings darauf, dass ich mich als weibliches Wesen wahrnehme. Und dabei haben mir Kerzenschein, Bodylotions und Diäten relativ wenig geholfen.

Ganz ehrlich? Mein Körpergefühl habe ich mir erarbeitet, erheult, erfickt, in Gin ertränkt, erfühlt, erhungert, erkotzt, etwa hundertmal verloren und irgendwann auf dem Fußboden wiedergefunden, und noch heute stolpere ich ständig darüber, weil es mir gerne aus der Hand gleitet, auf die Zehen fällt und mich von den Füßen reißt.

Ich brauchte Mut, um mir Kleider anzuziehen, die wirklich passen und in denen ich mich anfangs wie eine Presswurst fühlte, bis der erste Mann kam, der mir sagte, wie nett ich darin aussehe, während er ausschließlich auf meinen Ausschnitt guckte. Man hört als Frau so oft, dass man sich nicht für andere schön machen solle, sondern nur für sich selbst. Ja, sicher! Soll ich dir mal was verraten? Das ist Bullshit! Zumindest für mich persönlich. Ich habe kein Problem damit, zuzugeben, dass ich Zuspruch von anderen brauchte, um mich selbst als attraktiv wahrzunehmen.

Heute ist das anders; heute kann ich vor dem Spiegel stehen und mich attraktiv, gut aussehend oder ganz passabel finden, aber ohne das Gefühl, begehrt zu werden, hätte ich mich nicht begehrenswert gefühlt. So einfach ist das. Dass ich mich dafür erst einmal raustrauen musste, ist ein anderes Thema – aber definitiv brauchte ich nach all den Jahren der Ablehnung meines Körpers das genaue Gegenteil, die Bestätigung.

Pfui, das sagt man nicht laut, ich weiß, aber hier glaubt doch bitte niemand ernsthaft, dass ich mir stundenlang alle Haare vom Körper säble, mir die Haare frisiere, den perfekten Lidstrich ziehe, mich mit einer Strumpfhose abmühe, die ganze Nacht einen BH trage und mir selbst im Winter den Arsch im Kleid abfriere, nur damit ich für mich ganz allein total hübsch und sexy bin. Und dann?

Attraktiv sein macht einfach viel mehr Spaß, wenn man dabei von anderen gesehen wird. Die müssen dich dann nicht zwingend sexy finden, es langt tatsächlich, wenn du das selbst tust – aber für mich allein treibe ich in einem kalten Winter nicht so einen Aufwand, nur damit mein perfekt gewelltes Haar im Mondschein schimmert, wenn ich auf meiner Terrasse einen Hagebuttentee trinke.

Das Erschütterndste an alldem ist, dass es überhaupt nicht schlimm ist. Es ist nicht verwerflich, auf der Suche nach sich selbst Hilfsmittel zu benutzen. Vollkommen egal, was dir ein gutes Gefühl gibt: Hol es dir! Solange es einigermaßen im Rahmen des gesunden Menschenverstandes liegt.

Ich brauchte Männer, die mir auf den Hintern, in den Ausschnitt und ab und an sogar ins Gesicht guckten. Ich brauchte Freundinnen, die mich förmlich dazu zwangen, mit ihnen auszugehen und mich samt meinem Körper zu zeigen. Ich brauchte für jede Entscheidung eine Ewigkeit,

ich brauchte schlechte One-Night-Stands, tausend Lauf-
maschen, abgebrochene Absätze, verlaufenes Make-up,
beschissene Beziehungen, 100 neue Haarschnitte, ver-
heulte Nächte mit der besten Freundin, betrunken auf irgendeinem Bordstein irgendwo auf dem Kiez. Ich brauchte
tausendmal «Eh, du fette Sau», bis ich begriff, dass ich mir
nicht jeden Schuh anziehen muss, und die Erfahrung, dass
die Welt nicht untergeht, wenn man mal abgelehnt wird.
Ich brauchte Drama, Taschentücher, Emotionen, Täler und
Chaos, und ich musste die Erfahrung machen, dass das Leben manchmal ungerecht ist, dass ich manchmal verliere,
manchmal gewinne, dass ich nicht immer alles bekomme,
was ich will, und dass das vor allem daran lag, dass ich gar
nicht wusste, was ich wollte.

Woher auch, wenn ich es nicht ausprobiere?

Genau deshalb will ich hiermit eine Lanze brechen fürs
Ausleben dummer Ideen, das Schaffen guter Erinnerungen, das Erleben guter Gefühle. Mach irgendetwas, was
du dich sonst nicht traust, und wenn du dich das in deiner Stadt nicht traust, dann fahr in die nächste, in der
niemand sieht, dass du dich danebenbenimmst. Knutsch
mit irgendeinem Typen in irgendeiner Disco, betrink dich
und iss morgens um 4 Burger am Hamburger Hafen. Liebe
dich und lass dich lieben. Lass dich so lange flachlegen, bis
du nicht mehr laufen kannst, schneide dir einen Undercut
und färbe ihn rosa. Sei kitschig, sei verliebt, sei waghalsig,
triff dumme Entscheidungen, mach, was immer du willst,
um dich gut zu fühlen, solange du es für dich verantwor-
ten kannst. Und wenn dazu gehört, dass du mit den Schuhen in der Hand barfuß im Regen nach Hause gehst, über
den Walk of Shame im ersten Sonnenlicht, und dich zwei
Tage lang draußen nicht sehen lassen magst, nur um fest-

zustellen, dass das eine Scheißidee war und diese Scheißidee nun auch noch deine Telefonnummer hat, dann lach
darüber.

Ich rufe hiermit auf zur Eskalation!

Sei, wer oder was du gerne sein möchtest. Was auch immer
für dich Weiblichkeit ausmacht, hole es dir und lass dir
nicht erzählen, warum ausgerechnet du das nicht tun oder
können solltest. Schäme dich nicht für dein Verlangen,
nicht für deine Macken, nicht für deine Wünsche. Sei eine
Heulsuse, sei Typ Truckerfahrer, sei ein Mädchen, eine
Diva, eine Schlampe, eine Nonne. Probiere es wenigstens
aus, im schlimmsten Fall war es eine Erfahrung. Wenn du
dafür längere Haare brauchst, dann lass dir welche ankle-
ben oder trage Perücken und lass dir nicht erzählen, dass
das nicht geht. Wenn du Lust hast auf lange Nägel, dann
lass dir nicht erzählen, dass Plastik scheiße aussieht. Kleb
dir Wimpern an, wenn du Bock drauf hast, nutze Make-up,
wenn du es magst, und lass es, wenn du das nicht leiden
kannst. Zieh an, was auch immer du anziehen willst, und
höre nicht hin, wenn andere dir sagen, dass das aber bei
deiner Figur, deinem Alter, deiner Größe, deinem Fami-
lienstand anders sein müsste. Sei Drama, sei Rock 'n' Roll,
sei Kuschelrock, sei mit beiden Beinen immer einen Augenblick neben dem Beat.

Wenn du auf hohen Schuhen nicht laufen kannst, dann
geh barfuß. Wenn du dich am wohlsten in Wollpullovern
fühlst, dann gehe im Pulli tanzen. Wenn du jemals denkst
«Oh, das würde ich auch gerne tun, so wie sie oder er es
tut», dann tue es, oder versuche es wenigstens.

Du bist nicht zu alt für irgendwas, nicht zu dick für
irgendwas, nicht zu klein, nicht zu schmal, nicht zu ein-

gebunden, nicht zu maskulin oder zu feminin, und selbst wenn du einen Penis hast, solltest du dich nicht davon abhalten lassen, den geilsten Fummel zu tragen, den du finden kannst, wenn es das ist, was dich glücklich macht. Es ist niemals zu spät und es ist niemals überflüssig. Vielleicht ist es albern, kindisch, teuer, gefährlich, verrucht oder einfach nur langweilig, aber wenn du am Ende irgendwas daraus gewonnen hast, dich irgendwie anders fühlst, auch nur einen einzigen Tag lang – wenn du dich fühlst (!) –, dann hast du alles richtig gemacht.

Du musst all dies nicht tun, du darfst zweifeln, heulen, alles hinwerfen und dich auf der Suche nach dir selbst gerne verlaufen, aber du musst wissen, dass du ein Recht auf Körperlichkeit hast und dass dieses Recht sich weder an einer Norm, einer Zahl und schon gar nicht an der Meinung eines anderen festmacht.

Es gibt nicht das eine Körpergefühl, die eine Weiblichkeit, die eine ultimative Formel für das individuelle Wohlfühlen im eigenen Körper, und mein Weg muss nun wirklich nicht deiner sein. Aber mit ein bisschen Badewanne und Elton John stehen die Chancen auch nicht direkt besser, und ganz im Ernst, Bodylotion hätte ich auch mit dem Löffel fressen können: Ich hätte mich keinen Deut wertiger oder erfüllter gefühlt, nur weil ich plötzlich nach Melisse rieche.

Klugscheißer-Kekse

«Der wird mich bestimmt schrecklich finden», sagt meine Freundin, als ich mir einen Löffel Reis in den Mund schiebe. Wir sitzen beim Chinesen, weil der Italiener, zu dem wir eigentlich wollten, gerade Urlaub macht. In Italien, vermute ich.

«Wegen der Pickel, die ich immer habe.»

«Du hast doch gar keine Pickel», antworte ich und schaue in ihr Gesicht. Sie hat wirklich keine Pickel, dafür ist sie hübsch und irgendwie filigran.

«Aber dann!», sagt sie mit Überzeugung.

«Das Date ist in einer Woche, oder?», frage ich nach.

«Genau. In einer Woche schon.»

«Und du weißt jetzt schon, dass du dann Pickel haben wirst?»

«Ja! Weil ich immer Pickel habe, wenn ich ein Date habe! Es ist schrecklich.»

Sie hatte seit zwei Jahren kein Date.

«Du hattest seit zwei Jahren kein Date», sage ich und beiße auf etwas, das angeblich eine Cashewnuss ist. Hoffe ich zumindest.

«Mach dich ruhig über mich lustig», mault sie.

«Mache ich doch gar nicht. Aber es ist doch wirklich zwei Jahre her. Wie hieß er noch mal?»

«Was weiß denn ich? Kai? Sören? Ich glaube, Sören. Ne,

Maik. Oder? Hieß der Maik oder Maikel? Irgendwas mit M, glaube ich. Björn! Er hieß Björn. Oder so ähnlich. Was klingt denn ähnlich wie Björn?»

«Thomas?»

Sie tritt mich vors Schienbein.

«Du weißt nicht, wie der Typ hieß, aber du weißt noch, dass du an dem Tag Pickel hattest?»

«Ja! Weil ich bei einem Date immer Pickel habe.»

Wir drehen uns im Kreis.

Die nette Kellnerin kommt und fragt uns etwas, und wegen ihres starken Akzents verstehe ich kein Wort; sie ist aber derart enthusiastisch, dass ich sie nicht enttäuschen will. Deswegen nicke ich, lächle, sage «ja» und hoffe, dass ich nicht aus Versehen Hühnerfüße süßsauer bestellt habe.

«Außerdem bekomme ich vom chinesischen Essen auch immer Pickel. Immer!»

«Es ist doch erst in einer Woche, kein Grund zur Panik», versuche ich zu beschwichtigen. Außerdem war der Chinese ihr Vorschlag, aber ich will mich nicht streiten und schweige lieber.

«Ach, ist auch egal, ich bin ihm eh zu dick.» Sagt sie und gießt uns Wein nach.

«Wo bist du denn bitte schön dick?», frage ich ernsthaft erstaunt.

Sie ist nicht dick. Sie ist nicht einmal im gleichen Postleitzahlenbereich von dick. Vielleicht 10 Kilo über Normalgewicht. Maximal.

«Am Po», sagt sie.

«Am ... Po?», frage ich.

«Ja, am Po. Und meine Oberschenkel reiben aneinander, wenn ich gehe.»

«Meine auch», sage ich.

«Bei dir ist das was anderes.»

«Wieso ist denn das bei mir bitte schön was anderes?», frage ich.

«Weil das bei dir alles gut zusammenpasst.»

Ich schaue von meinem Teller hoch. «Weil meine dicken Oberschenkel zum Rest von mir passen, meinst du? Hast du mich gerade auf eine sehr freundliche Art fett genannt, Hase?»

Ich muss lachen.

Sie nicht. Sie muss sich dick fühlen.

«Das fällt bei mir nur so auf», sagt sie zerknirscht.

«Na, bei mir ja Gott sei Dank nicht. Meine Winkeärmchen und der Bauch lenken 1A davon ab. Also: Niemand interessiert sich für deine Oberschenkel. Zumindest kein Mann. Ich habe noch nie von einem Kerl gehört, dass er auf eine Frau steht, weil sie so geile Oberschenkel hat.»

«Das weiß man ja nie bei denen.»

«Er wird wohl kaum reinkommen und sagen: Was für ein Geschoss, aber diese fetten Oberschenkel. Schnell weg!»

«Vielleicht doch!», argumentiert sie entschlossen.

«Vielleicht doch?»

«Kann doch sein.» Sie trinkt einen Schluck Wein.

Argumentation abgeschlossen.

«Nun bleib doch locker», versuche ich es vorsichtig, «er fand dich auf dem Foto toll, dann wird er dich real noch toller finden.»

«Aber real hat er mich noch nicht von hinten gesehen.»

«Was stimmt an deiner Rückansicht nicht?»

«Alles! Ich sehe schrecklich aus von hinten. Und von der Seite, wenn ich sitze, dann habe ich hier so eine Speckrolle. Guck ...»

Sie pikt mit einer Gabel in ihren Bauch. Ich sehe dort nur ihren Pulli.

«Du bist nicht dick», sage ich und meine es auch so.

«Nackt schon.»

«Du bist nackt nicht dicker als angezogen.»

«Doch, im Sitzen, dann habe ich Rollen.»

«Alle Menschen haben im Sitzen hoffentlich Rollen.»

Das hoffe ich in dem Moment wirklich.

«Diese Tussi auf Instagram nicht.»

Diese eine Tussi auf Instagram also nicht. «Photoshop», analysiere ich fachmännisch, ohne die Tussi jemals gesehen zu haben, und meine Freundin klaut sich die Morcheln von meinem Teller, die ich so eklig finde.

«Ich wünschte, ich könnte so selbstbewusst sein wie du», sagt sie.

Ich wünschte, ich könnte so selbstbewusst sein, wie du denkst, dass ich es bin, denke ich und antworte: «Bei was?»

«Männern!»

Ich lache laut los und verschlucke mich beinahe an einem Reiskorn.

Noch ehe ich erklären kann, dass ich auch gerne einen Sack voller Selbstzweifel auf meinem Rücken trage und mein Spiegelbild auch für mich eine Herausforderung ist, sagt sie: «Ich weiß es ja auch nicht. Immer wenn ich ein Date habe, denke ich, ich bin nicht gut genug. Meinst du, ich sollte etwas mit meinen Haaren machen?»

«Du solltest etwas mit deinem Selbstwert machen», entgegne ich.

«Haha. Nein, jetzt mal im Ernst. Ich habe Spliss.»

«Das wird er nicht sehen!»

«Und was, wenn doch?»

«Dann wird er sich angeekelt wegdrehen und all seinen Freunden eine Nachricht schreiben, wie gruselig deine Haarspitzen waren, und dann werden die sich auf ein Bier treffen und noch Monate später laut über dich lachen.»

Sie tritt mich schon wieder gegen mein Schienbein.

«Mann! Jetzt mal im Ernst.»

«Okay. Also im Ernst. Ist er Friseur?»

«Nein.»

«Heißt seine Freundin Karl-Heinz und hat einen Vollbart?»

«Was? Nein!»

«Dann wird er es nicht sehen, Kleines.»

«Warum interessiert dich das bei dir nicht?»

«Tut es», sage ich, «sehr sogar.»

Oh ja, sehr sogar.

«Und wenn er Sex will?», fragt sie mich herausfordernd.

«Mit deinen Haaren? Dann mach ein Foto für mich!» Ich ziehe die Beine weg, ehe sie treten kann.

«Angenommen, es wird nett, und wir landen vielleicht im Bett.»

«Wenn er Sex will, dann seid ihr über das Stadium des Begutachtens von Oberschenkeln oder Haaren doch schon hinaus. Wenn er dich will, will er dich.»

«Aber dann muss ich mich ausziehen.»

«Nicht zwingend, aber vermutlich wäre das ein klein wenig angenehmer, ja.»

«Schrecklich. Dann sieht er alles!»

«Er sieht auch schon vorher alles. Ein Mann ist durchaus in der Lage zu sehen, noch bevor du dich ausziehst, dass du eventuell ein klein wenig übergewichtig sein könntest. Er wird nicht erschrocken von der Bettkante fallen, nur weil du plötzlich kein Höschen mehr anhast.»

«Siehst du, du sagst auch, ich sei übergewichtig.»

75

«Das habe ich nicht gesagt!»

«Aber gemeint!»

Ich möchte sie mit Reis bewerfen und frage mich nicht zum ersten Mal, wie Männer es um alles in der Welt eigentlich mit uns Frauen aushalten. Argumentiere ich auch manchmal so? Es ist zu befürchten.

«Ich meine nur, dass er Augen im Kopf hat, und wenn er auf dich steht, dann bin ich mir fast sicher, dass ihm die paar Makel egal sein werden.»

«Na, ich weiß ja nicht», sagt sie. «Ich habe auch gar nichts Passendes anzuziehen.»

«Du hast zwei Kleiderschränke voll mit nichts anzuziehen? Du spinnst.»

Die nette Kellnerin kommt zurück und stellt einen Teller mit zwei Glückskeksen auf den Tisch. Ich habe das Prinzip dieser Kekse nie ganz verstanden. Isst man den Keks nun mit oder nicht? Offenbar macht das nie jemand außer mir, denn sie schmecken nach altem Karton. Aber ich mag sie nun einmal. Die Kekse. Nicht alte Kartons.

Ich schnappe mir meinen Keks, öffne die Folie, breche das Glück in Form eines winzigen Zettels heraus und lese.

«Was steht auf deinem?», fragt meine Freundin.

«Hilfe, ich werde in einer chinesischen Glückskeks-fabrik gefangen gehalten», lese ich vor.

«Im Ernst?»

Natürlich ist das nicht mein Ernst.

«Das Leben meistert man lächelnd oder überhaupt nicht. Steht hier.»

«Dein Keks ist ein Klugscheißer.» Sie räumt ihren Kram zusammen. «Nimm meinen Keks mit, ich will ihn gar nicht, ich will noch ein bisschen abnehmen bis nächste Woche.»

Das geht besonders gut mit Wein und frittierter Ente, denke ich, sage aber kein Wort.

«Musst du wirklich nicht. Du siehst toll aus!», antworte ich stattdessen und meine das todernst.

«Das musst du sagen», antwortet sie, während wir bezahlen.

«Wieso muss ich das denn sagen?», frage ich nach.

«Weil du meine Freundin bist. Freundinnen müssen so was sagen.»

«Freundinnen müssen dir sagen, wenn der Typ scheiße ist, mit dem du vögelst, oder dass du eine Nudel im Gesicht hast oder wenn du nach Schweiß riechst oder du dein Kleid auf links trägst.»

«Und dass man gut aussieht», erwidert sie.

Ich werde sie nie wieder ernst nehmen können, wenn sie sagt, dass ich gut ausschaue, denke ich, während wir unsere Portemonnaies verstauen und die Gläser leeren.

Ich stecke ihren Keks tatsächlich ein und knabbere schuldbewusst an meinem. Total bekloppt, aber ich habe stets die Befürchtung, jemand würde sich umdrehen und mit dem Finger auf mich zeigen: «Jetzt frisst die Dicke auch noch die Packung!» So viel zum Thema Selbstbewusstsein. Ich bin keinen Deut besser als meine Freundin, denke ich, während ich aufstehe und mir meinen Mantel anziehe.

Zu Hause angekommen, verläuft der Rest des Abends ruhig.

Als ich ins Bett gehen will, bekomme ich eine Nachricht auf mein Handy: Meine Freundin fragt, was denn drinstand in ihrem Glückskeks.

Das Ding hatte ich schon vollkommen vergessen und krame es aus meiner Handtasche.

«Glücklich sein beginnt im Kopf» steht in winziger

Schrift auf dem Zettel. Ich mache ein Foto davon und schicke es ihr. Dann ziehe ich eine Schublade auf, hole Tesafilm heraus, löse einen Streifen ab und klebe das Zettelchen in die obere linke Ecke meines Schlafzimmerspiegels.

Es ist ein Ganzkörperspiegel, der unter anderem verrät, dass ich Kekskrümel auf meinem Oberteil habe und ein Pickel am Kinn bekomme. Rot und leuchtend. Ich denke, ich sollte auf keinen Fall daran herumfummeln, als ich daran herumfummle.

Morgen ist Samstag. Ich habe morgen ein Date. Ein Blind Date.

Ich stehe vor dem Spiegel und überlege, wie er mich wohl finden wird.

Pickelig, denke ich und merke, dass ich davon ausgehe, ihm nicht zu gefallen, während ich meine Perücke abnehme, sie neben den Spiegel lege und anschließend meinen dicken Po und den Rest von mir auf die Matratze werfe. Hoffentlich muss ich mich morgen nicht ausziehen; ich habe nämlich nicht nur im Sitzen, sondern auch im Liegen Röllchen.

«Glücklich sein beginnt im Kopf, Nicole ...», murmle ich vor mich hin.

Mhm, stimmt. Denke ich.

Und Selbstzweifel wohl auch.

Hör auf damit, dich selbst zu sabotieren

Der nächste Morgen beginnt wie jeder andere Morgen auch: Ich muss Pipi.

Auf dem Weg zum Klo führt mein Weg direkt an einem großen Spiegel vorbei – und es gibt nur eine Situation, in der ich beschissener aussehe, als ich es nackt ohnehin schon tue: wenn ich nackt mit voller Blase am Spiegel vorbeihusche und sich alles, aber auch wirklich alles an mir bewegt.

Mein Spiegelbild ist so eine Sache. Ich mag mich. Das tue ich wirklich, ich finde mich sogar attraktiv und manchmal unwiderstehlich – aber, Himmel!, sehe ich nackt beschissen aus. Das lässt sich auch nicht schönreden. Zwar wird uns immer eingeredet, abnehmen wäre der Optik zuträglich, aber leider steht im Kleingedruckten nicht, dass das vor allem erst einmal für den angezogenen Zustand gilt. Gut, tatsächlich sehe ich heute um Längen besser aus als zu der Zeit, als ich noch sehr viel mehr wog, aber was früher prall gefüllt war, ist heute vor allem eines: übrig.

Eine ehrliche Bestandsaufnahme verrät, dass ich zwar noch circa 80 Kilo abnehmen kann, wenn es unbedingt sein muss, und noch mindestens 50 Kilo abnehmen möchte, aber eben auch, dass so einiges an mir nicht direkt sexy ist.

Lass uns doch einmal kurz zusammen einen Blick auf das werfen, was ich jeden Morgen sehe und was mich ausgerechnet an jenem Morgen fast dazu verführte, das phantastischste Date meines Lebens abzusagen.

Ich bin einigermaßen groß mit meinen 1 Meter 77 und einigermaßen dick mit meinen knappen 156 Kilo. Meine Beine sind kürzer, als sie aussehen, dafür habe ich einen riesigen Hintern, der eine eigene Ablagefläche zu haben scheint. Eine Art Balkon, damit es nicht in die Kniekehlen reinregnet. Kurzum, ich habe einen mächtig breiten Entenarsch, und dieser hat zu allem Überfluss auch noch Cellulite. Klar so weit. Meine Oberschenkel haben diese tollen Dellen übrigens auch. Damit sich die Haut am Po nicht so alleine fühlt, nehme ich an. Meine Knie sind hässlich. Das weiß ich zwar erst, seit ich mit anderen Frauen gesprochen habe, aber ja, sie sind nicht schön. Ich habe tolle Knöchel, und meine Füße wirken trotz der Schuhgröße 42 eher schmal und klein. Ein Glück. Ich habe übrigens einen Senk-Spreiz-Dingsbums-Fuß. Meint der Orthopäde. Aha.

Oberhalb meiner Oberschenkel bestehe ich zu 90 Prozent aus Bauch, glaube ich. Es gibt dicke Frauen, die haben zu ihrem Gewicht auch noch einen Mörder-Vorbau, ich gehöre leider nicht dazu. Zwar mag ich meine Brüste sehr, aber wenn sie etwas größer wären, hätte ich gar nichts dagegen einzuwenden. So weit, so unspektakulär. Und würde ich hier nun aufhören zu erzählen, könnten wir uns darauf einigen, dass es doch alles ganz okay ist. Ist es auch. Dennoch fehlt ein wichtiges Detail, und schon bei der Bezeichnung dessen kriege ich hektische Flecken. Ich habe eine Fettschürze. OOOOAAAAH. Allein dieses Wort ist schon so gruselig, dass ich mich mit einem Diätshake einreiben möchte!

Fettschürze. Ich bin mir sicher: Auf der Liste der erotischsten Worte ist Fettschürze unter den Top 10. Gleich nach Schleimpfropfen und Grützwurst. Ich warte mit jedem Kilo, das verschwindet, darauf, dass sie kleiner wird. Das tut sie auch, aber so richtig gut sieht das nicht aus. Macht nichts, denn so passt sie hervorragend zu den schönen Hautsäcken an den Innenseiten meiner Oberschenkel – was früher massig war, ist heute dick, und weil sie ungleichmäßig an Umfang verlieren, bilden sich komische Verformungen. Ähnlich wie die Flügel an meinen Oberarmen, die ich selbstverständlich auch habe. Meine Spannweite reicht bestimmt aus, um mich bei starkem Rückenwind galant in die Lüfte zu heben. Ein Träumchen! Hautsack ist übrigens auch ein Wort, dass ich richtig gern in den Mund nehme.

Kurzum: Alles, was an mir zu viel ist, neigt dazu, herabzuhängen. Eines Tages werde ich das gewiss entfernen lassen müssen, aber so weit bin ich noch nicht, dafür müssen wirklich noch 50 Kilo weg, und bis dahin übe ich mich in stoischer Tapferkeit. Was in den meisten Fällen sogar gut funktioniert.

Im Regelfall stehe ich vor dem Spiegel, atme tief durch und versuche zu sehen, dass mein Körper in dieser Form das Resultat zweier Dinge ist: meines größten Versagens, mein Gewicht auf über 300 Kilo gesteigert zu haben, und des Kampfes, um den Mist wieder loszuwerden. Das alles hat sichtbare Spuren hinterlassen; mein Körper ist ein Kriegsschauplatz mit Narben von Unfällen, Narben von Gewichtszunahmen, Narben von Gewichtsabnahmen. Wir haben viel durchgemacht, mein Körper und ich, und ich habe gelernt, ihn und mich zu lieben. An den meisten Tagen funktioniert das auch ganz gut – an den meisten Tagen habe ich abends aber kein Date.

Komisch, nicht wahr? Da läuft man hoch erhobenen Hauptes durchs Leben, aber sobald man in eine Situation kommt, in der man bewertet werden könnte, beginnt man darüber nachzudenken, was an einem alles nicht stimmt. So wie meine Freundin, so wie ich vor dem Spiegel, so wie viel Tausende anderer Frauen auch.

Wie kommt es, dass das eigene Selbstwertgefühl so fragil ist? Darf man auch mit starkem Selbstwertgefühl Selbstzweifel haben, oder schließt das eine das andere aus? Und wenn Selbstwert etwas ist, dass ausschließlich von innen kommt, wieso interessieren uns dann die Meinungen anderer so sehr?

Ich glaube, das Problem liegt nicht in einem Spiegelbild und auch nicht im Auge des Betrachters, sondern in unseren eigenen Köpfen. An manchen Tagen sehe ich mich so, wie ich es gerade beschrieben habe, und an anderen finde ich, dass ich ohne Perücke gut aussehe und mit noch besser, dass ich es mag, so blass zu sein, finde ich mich hübsch und kann sogar meinen dicken Po gut leiden und die Tatsache, dass ich keine Dehnungsstreifen am Bauch habe, was schon fast unverschämt ist, denn verdient hätte ich sie.

Unser Selbstbild wird auch von den Blicken und Meinungen anderer bestimmt, und ich glaube, genau da liegt das Problem. Wenn ich mir einrede, ich sei nichts wert, dann fühle ich mich minderwertig; wenn andere mir das lange genug einreden, aber auch.

Das, was dort vor dem Spiegel passiert oder was uns davon abhält, ins Schwimmbad zu gehen, weil wir glauben, im Badeanzug nicht gut auszusehen, was uns daran hindert, ein erfülltes Sexleben zu haben, weil wir damit beschäftigt sind, uns für unseren Körper zu schämen,

82

findet in unseren Köpfen statt. Wir erwarten, schlecht behandelt zu werden; wir glauben, man würde sich über uns lustig machen.

Wenn wir einen Raum betreten und jemand lacht, beziehen wir das auf uns. Wenn wir uns schlecht fühlen, weil wir glauben, in den Augen anderer unattraktiv zu sein, dann basiert das nicht auf unseren Erfahrungen, denn wir haben nie nachgefragt; wir glauben es, weil wir es von uns selbst behaupten. Wir gehen einfach davon aus, dass uns niemand attraktiv findet, und verhalten uns dementsprechend.

Unser Selbstbild ist also eine sehr komplexe und zerbrechliche Angelegenheit. Wir sind sehr überzeugt von unseren Unzulänglichkeiten und lernen von klein auf, den Ansprüchen anderer genügen zu müssen. Bitte sei niedlich, schlank, makellos und gesund. In der Pubertät verändern wir uns in alle Himmelsrichtungen und bemühen uns, den Spagat zwischen «Norm» und Individualität zu schaffen, und als Erwachsener haben wir dann den Schlamassel.

«Erfahrungen prägen uns nun einmal», sagte eine Bekannte mal zu mir. Stimmt, aber warum sind es vor allem die schlechten Erfahrungen, die wir uns merken? Tausende Menschen sagen kein Wort, einer meint, man habe einen dicken Hintern, und schon fühlt man sich schlecht. Was ist denn mit der Meinung derer, die schweigen? Oder gar jener, die komplimentieren? Warum ist ein Kompliment weniger wert als ein verächtlicher Kommentar?

Weil er uns bestätigt. Wenn ich nichts von mir halte, nur Makel wahrnehme, fühle ich mich durch einen blöden Spruch bestätigt und nehme ihn mir zu Herzen.

Ein ganz banales Beispiel: Spricht man eine Frau an,

die findet, ihre Brüste seien viel zu klein, und sagt ihr, sie könne dringend größere Hupen gebrauchen, wird sie das kränken, weil es sie in ihrem Bild von sich selbst bestätigt. Sagt man derselben Frau, dass ihr rote Haare besser stehen würden, dass sie kein Lila tragen sollte oder eine andere viel schönere Füße habe als sie, wird ihr das vermutlich am Hintern vorbeigehen – an diesem Punkt ist sie nicht zu treffen.

Bei mir ist es genauso – ich finde mich attraktiv, aber das heißt nicht, dass mein Körpergewicht nach über 30 Jahren, in denen ich mir angehört habe, wie schlimm es ist, dick zu sein, nicht immer noch mein wunder Punkt ist. Spricht man mich darauf in abwertender Weise an, trifft mich das – mehr, als wenn es um meine Haare, meinen Style, meine Füße und meine Knie geht. Macht man mir hingegen Komplimente zu meiner Figur, glaube ich sie selten; einen bösen Kommentar nehme ich mir aber zu Herzen. Und das liegt an mir.

Selbstwert hat etwas mit meiner Einstellung zu mir selbst zu tun, damit, wie ich zu mir selber stehe.

Vielleicht ist die Umkehr des Ganzen nicht das Allheilmittel gegen Selbstzweifel, aber es wäre doch einen Versuch wert, oder? Denn an der These, dass du dich erst selbst mögen musst, damit andere es dir gleichtun können, ist so einiges dran.

Warum also nicht vor dem Spiegel stehen und sich selbst sagen, was alles gut ist?

Sag mir nicht, dass du das albern findest – denn genau das tust du doch schon, allerdings in Bezug auf die Dinge, die du nicht an dir magst. Versuche es mal andersherum!

Wenn du dich beschreibst, dann beschreibe auch die schönen Dinge an dir. Vergiss dabei nicht, dass dein Spiegelbild nur einen Bruchteil von dir ausmacht und du mehr bist als nur ein dicker Bauch oder eine Körbchengröße.

Mach dir bewusst, dass du nicht wissen kannst, was ein anderer denkt, solange er es dir nicht sagt. Sei vorsichtig damit, die Gedanken anderer lesen zu wollen, denn es könnte gut sein, dass du dabei nur dich selbst hörst.

Niemand kann sich von der Meinung anderer frei machen, aber je mehr du von dir selber hältst, desto weniger können andere dir weh tun, indem sie ein aufs andere Mal in eine Kerbe hauen, die du selbst geschlagen hast. Du darfst deine Unzulänglichkeiten sehen, du darfst sie benennen, du darfst etwas an ihnen ändern, und du darfst dich im Wandel befinden, aber das bedeutet noch lange nicht, dass du all das Wunderbare und Schöne an dir übersehen sollst.

Denn du bist so viel mehr als all das, was dir an dir nicht gefällt. Du bist komplex und wunderbar und schön. Du bist mehr als die Meinung anderer, und vor allem bist du eben du, und zu dir gehören Fehler genauso wie Stärken, und ja, dazu zählt nun einmal auch deine Figur.

Solange du also nicht in der Lage bist, ein Kompliment anzunehmen und dich darüber zu freuen, so lange solltest du versuchen, an dir zu arbeiten. Ich weiß, dass das schwer ist. Sehr sogar, denn sich schlecht zu fühlen ist so viel einfacher, als sich hübsch zu finden, und auch ich kämpfe noch heute mit mir und übe mich darin, über den Tellerrand hinauszusehen, wenn es um meinen eigenen Körper geht. Aber ich verspreche dir, es wird einfacher, je mehr du dich um dich kümmerst. Du darfst ehrlich mit dir sein. Das bedeutet aber auch, dass du auch dann ehrlich sein musst, wenn es um all die Dinge geht, die dich zu einem wunderbaren Menschen machen. Denn alles andere wäre eindimensional und schlicht die Sabotage deines Selbstwertes.

Wenn Selbstwert im Kopf beginnt, dann bist du es, die etwas für sich tun kann, und ich glaube, dass das eine gute Nachricht ist. Ein Leben ohne Zweifel gibt es wahrscheinlich nicht, aber sie sollten nicht Alleinherrscher sein. Ich glaube nämlich, dass Selbstwert und Zweifel gut miteinander auskommen können. Du kannst lernen, all das, was an dir nicht so perfekt ist, zu sehen, ohne es zu verteufeln. Niemand ist perfekt, und du musst nicht die Erste sein, die damit anfängt, aber du musst dringend aufhören, dich selbst zu sabotieren, indem du schlecht über dich denkst.

Ich habe an jenem Tag übrigens mein Date nicht abgesagt. Ich war nicht frei von Sorge oder Angst, und ich war auch bestimmt nicht frei davon, mir Gedanken darüber zu machen, wie er mich wohl finden wird. All das hat mich in den Abend begleitet – aber warum denn auch nicht? Ein Teil von mir zweifelt eben manchmal, ich finde meine Fettschürze unsexy und habe Körperteile, die gerne ein bisschen geiler aussehen könnten, und das ist okay, solange der andere Teil von mir auch alles andere sieht. Manchmal braucht es zum Glücklichsein eben Mut, weil innerhalb der eigenen Komfortzone so wenige Abenteuer passieren.

Ich stand an jenem Abend vor ihm, so wie ich bin, und er sah und sieht mich übrigens komplett anders, als ich mich selbst sehe. Hätte ich ihm die Chance dazu nicht gegeben, wäre ich eine Idiotin gewesen und hätte so verdammt viel verpasst.

Du musst also nicht von morgens bis abends denken, du seist eine Göttin. Du kannst, aber du musst nicht. Allerdings solltest du anfangen, fair zu dir zu sein, anstatt allein auf die Meinung anderer zu warten oder zu bauen. Solange du dich selbst auf das reduzierst, was an dir nicht so rundläuft, bist du dir selbst dein größter Feind. Und ganz im Ernst, da draußen laufen schon genügend Arschlöcher herum, da solltest du selbst nicht das schlimmste von allen sein.

Geile Frauen bluten nicht

«Fotzen sind zum Ficken da. Das mit dem Blut will ich gar nicht wissen ...», las ich unter einem Facebook-Video, das zur Aufklärung der weiblichen Menstruation beitragen sollte.

Ganz falsch liegt diese poetische Blitzbirne zwar nicht, allerdings zeigt dieser lächerliche Satz auch, welche Rolle dem weiblichen Geschlechtsteil zugesprochen wird. Denn seien wir ehrlich: Man spricht über eine Vagina maximal im Zusammenhang mit Sex, eher nicht so gern in Verbindung mit dem Akt der Geburt und schon gar nicht mit all diesem vermeintlichen Ekelkram rund um die Periode.

Die Periode scheint ein wahres Mysterium zu sein.

Es ranken sich Mythen um die Fähigkeit einer Frau, mehrere Tage am Stück zu bluten, ohne daran zu sterben, und in einigen Ländern sind Männer davon noch immer derart abgeschreckt, dass Frauen während ihrer Monatsblutung wie Aussätzige in kleinen Hütten von der Familie getrennt leben müssen. Hartnäckig halten sich die Annahmen, an der Menstruation sei irgendetwas Abnormales, sie sei schädlich für andere oder sogar gefährlich.

«Die Geschichte der Menstruation ist eine Geschichte voller Missverständnisse», tönte einst ein Tamponhersteller in seinem Werbespot, während man einer Frau dabei zusehen konnte, wie sie sehr anschaulich einen Tampon in ihre Handinnenfläche legte und die Hand behutsam schloss – «denn dieser Tampon nimmt die Regel da auf, wo sie passiert.» In der Hand?! Sauber und diskret?!

Die «Geschichte» der Menstruation ist also nicht nur voller Missverständnisse, sondern auch noch immer eines der Tabuthemen unserer Gesellschaft. Und deshalb tun wir so, als gäbe es sie gar nicht.

50 Prozent der Menschheit blutet regelmäßig, und 100 Prozent der Menschheit existiert nur aus genau diesem Grund, und trotzdem ist die Scheu vor der Menstruation noch immer um ein Vielfaches höher als das Wissen über ebendiese.

Jedes Mal, wenn ich über Werbung für sogenannte Damenhygieneartikel stolpere, frage ich mich, warum wir mit Vollgas ins 21. Jahrhundert preschen, aber in Sachen Menstruation noch immer eine Handbreit hinterm Mond leben.

Nichts scheint einen Mann so sehr zu verwirren wie der weibliche Zyklus, und wenn wir ehrlich sind, haben auch viel zu viele Frauen keine Ahnung davon, was da eigentlich bei ihnen alle paar Wochen abgeht. Und nicht wenige Frauen huschen durch Drogeriemärkte und verstecken ihre Tampons und Binden unter ein paar Bananen und einer Zeitung, als müsse man sich dafür schämen, dass man die Frechheit besitzt, fruchtbar zu sein. Denn für nichts anderes steht die Monatsblutung. Und wer sich bei einer Freundin einen Tampon ausborgt, bekommt ihn meist unter dem Tisch gereicht, als wäre es eine Tüte Koks.

Wir halten uns für fürchterlich aufgeklärt, und wenn es um den weiblichen Körper geht, kann es nicht nackt und sexy genug sein. Selbst Salat wird mit halbnackten Frauen beworben, die wie fröhliche Lachsäcke ins Grünzeug beißen. Wir werden überschwemmt von Pornos aller Art, sind umgeben von Sex, entblößten Geschlechtsteilen – aber wehe, es geht um diesen geheimnisvollen Bereich zwischen den Beinen einer Frau. Sobald es über «Da kann man was reinstecken» hinausgeht, hört es dann plötzlich auf mit der Offenheit.

Ich selbst bin in einem Umfeld aufgewachsen, in dem das Thema Periode mit dem Mantel des Schweigens bedeckt wurde. Ich lernte früh, dass Männer anscheinend alles, was mit Menstruation zu tun hat, äußerst widerlich finden, und auch die Aufklärung in der Schule half nicht sonderlich weiter. Erklärt wurde, dass man als Frau die Periode bekommt, dass das «normal» sei, man aber bitte nicht so laut darüber sprechen und in der Zeit keine weißen Hosen tragen solle und nicht am Sportunterricht teilnehmen müsse. Das war es dann auch schon. Ansonsten wurde das Thema nicht im Ansatz «normal» behandelt, denn es schwang immer etwas Geheimnisvolles und Abschreckendes mit. Eine Aura der Peinlichkeit, die fast jede Frau kennt und die noch im Erwachsenenalter dafür sorgt, dass man nie wirklich Aufklärung erfährt und die eigene Menstruation einfach wegtabuisiert.

Ich stand meinem Körper und diesem monatlich wiederkehrenden Phänomen mit einer gewissen Skepsis und einer Mischung aus Scham und Unverständnis gegenüber. Seine «Tage» zu haben war beinahe verwerflich und auf jeden Fall lästig, aber leider nicht zu verhindern. Keinesfalls sollte darüber gesprochen werden, schon gar nicht außerhalb der eigenen vier Wände.

Ich blutete meine ganze Jugend vor mich hin und behandelte dieses Ereignis, als ginge es mich nichts an. Frauen bluten eben, da muss man durch, stell dich nicht so an, du bist nicht krank. PMS, Eisprung, Zyklus, Art und Dauer der Blutungen und selbst die dazu passenden Hygieneartikel waren kein Thema. Ich lernte, der Monatsblutung mit Abscheu zu begegnen, und nicht, sie mit Körperlichkeit, Weiblichkeit und Normalität in Verbindung zu bringen, und ich empfinde das heute als sehr schade, denn es raubte mir über viele Jahre einen wichtigen Zugang zu meinem eigenen Gefühl des Frauseins und zu meinem Körpergefühl.

Aber woher kommt dieses berühmte «Missverständnis», wenn es um den Zyklus einer Frau geht?

Ich glaube, die Antwort auf diese Frage ist so alt wie einfach. Es mangelt schlicht an Aufklärung. Die wenigsten Männer wissen, was während der Periode einer Frau passiert oder was sie bedeutet, und für viele Frauen gilt absurderweise genau dasselbe. Wir bluten, aber wir haben oft gar keinen Zugang dazu, denn über Menstruationsblut, PMS und Eisprung wissen viele nicht mehr als ich über Physik: Kommt irgendwie, macht irgendwas, ist wieder weg. It's magic! Und dazwischen schauen wir uns Werbespots mit fröhlichen, tanzenden Frauen in blütenweißen Kleidern an, die von Slipeinlagen schwärmen, die nach Apfelmus riechen.

Das ist total verrückt. Dass wir alle so tun, als würden Frauen nicht furzen, keinen Stuhlgang haben oder nie in der Nase popeln, ist ja bekannt, aber so zu tun, als würde uns das Thema Menstruation auch als Frau nichts angehen, ist, als würde dem besten Freund auf einer Party plötzlich ein riesiger Pimmel auf der Stirn wachsen und alle, einschließlich des Freundes, täten so, als wäre nichts passiert.

Ich finde das Totschweigen des Themas Menstruation vollkommen falsch und vor allem auch überholt, denn der Zyklus einer Frau hat mit dem Kern ihrer Weiblichkeit zu tun.

Man kann Weiblichkeit simulieren, kann Kleider und Perücken kaufen, selbst Brüste und Geschlechtsteile sind mach- und modellierbar. Der monatliche Zyklus hingegen, bestehend aus Eisprung, PMS, Blutung und all den Dingen dazwischen, lässt sich nur schwer kaufen.

Ganz wichtig: Ich sage damit nicht, dass das Ausbleiben oder Fehlen der Periode einer Frau ihre Weiblichkeit abspricht. Auch alle Frauen, die im falschen Körper geboren wurden, sind deswegen nicht weniger Frau, nur weil sie nicht bluten können. Ich selbst habe über Jahre keine Blutung gehabt, weil ich aufgrund meines Gewichtes damals ein Problem mit meinen Hormonen hatte. Dennoch ist die Menstruation im besten Sinne des Wortes eine weibliche Angelegenheit, und ich finde, dass es dringend Zeit wird, einmal ernsthaft darüber zu sprechen.

Zunächst das Wichtigste: Immer schön locker durch die Hose atmen, wir sprechen hier nur von ein bisschen Blut. Es ist also alles gar nicht so dramatisch, und solltest du das als Mann lesen, so rate ich dir, dich zurückzulehnen und langsam weiterzulesen, es wird nicht so schlimm, wie du vielleicht denkst. Bist du hingegen eine Frau, dann lass uns doch einmal kurz darüber sprechen, worüber man sonst so lautstark schweigt.

Nichts an der Monatsblutung ist eklig oder abstoßend – es ist ein vollkommen natürlicher körperlicher Vorgang. Menstruationsblut ist im Übrigen weder giftig noch verzaubert. Es ist nicht einmal sonderlich viel und kaum «richtiges» Blut: Menstruationsblut besteht zu ca. 60 bis 80 Prozent aus Gebärmutterschleimhaut.

Im Mittelalter und in der Renaissance war man der Meinung, durch die Menstruation verfüge die Frau über magische Kräfte. Zwar kann die Periode eine Frau binnen Sekunden von einem Lamm in eine Furie verwandeln, aber mit Magie hat das nur sehr wenig zu tun.

DER ZYKLUS

Was genau passiert da eigentlich?

Kurz erklärt: Die Monatsblutung markiert nicht den Höhepunkt, sondern das Ende des weiblichen Zyklus. Unser Zyklus besteht im Wesentlichen aus vier Phasen.

In der ersten Phase, der Follikelphase, bereitet sich die Gebärmutter auf die Möglichkeit vor, ein Ei einzunisten, während zur gleichen Zeit eben dieses Ei in den Eierstöcken gebildet wird.

Die zweite Phase ist der Eisprung. Während dieser Phase werden eine oder manchmal auch zwei reife Eizellen von den Eierstöcken auf die Reise geschickt und wandern dann über die Eileiter in die Gebärmutter, in welcher sie nun tapfer darauf warten, von Spermien befruchtet zu werden.

Dieser schließt sich nun die Lutealphase, auch Gelbkörperphase an, in der die Eizelle chillig in der Gebärmutter herumdümpelt und einige Tage darauf wartet, dass endlich die Befruchtungs-Action losgeht. Kommt es tatsächlich zu einer Befruchtung, nistet die Eizelle sich dann in der schützenden Schleimhaut der Gebärmutter ein, und wenn alles glattgeht, hat die Eizelle einige Monate später einen Vornamen und hält dich bis zum Eintritt ins Schulalter für Gott – ab dann für eine fiese, gemeine Satanistin, die auf das grauenerregende Schimpfwort «Mutter» hört. Ab hier gilt es durchzuhalten, etwa 20 Jahre noch, dann zieht das Ei aus. Tapfer bleiben! Kommt es hingegen zu keiner Befruchtung des Eis, wird die Eizelle während der Monatsblutung einfach mit abgestoßen.

Erst die vierte Phase ist dann die sogenannte Menstruation, also die Phase, die anzeigt, dass es sehr wahrscheinlich zu keiner Schwangerschaft kam. Die Gebärmutterschleimhaut wurde in dieser Runde nicht benötigt, wird vom Körper abgestoßen, und das Ergebnis sieht man dann 3 bis 7 Tage lang in Form einer Blutung. Im Anschluss an diese Phase geht das Ganze wieder von vorn los, und das für locker flockige 500 Mal, ehe die Menopause, auch Wechseljahre genannt, diesen Heckmeck beendet.

«Sehr wahrscheinlich» schreibe ich übrigens deswegen, weil es durchaus kein Mythos ist, dass Frauen auch während ihrer Schwangerschaft weiter menstruieren. Circa eine von 200 Frauen erlebt dieses Phänomen, womit es gar nicht so selten ist, wie man denkt. Dennoch sollte bei Blutungen innerhalb einer Schwangerschaft vorsichtshalber ein Arzt aufgesucht werden, und übrigens: Google ist kein Arzt!

Das mit der Periode ist also relativ einfach erklärt.

Eigentlich. Denn so richtig kann man sich nach nichts wirklich richten.

DIE REGEL DER «REGEL»

Abgesehen von den vier genannten Phasen deines Zyklus gibt es allerhand Regeln rund um die «Regel» einer Frau. Dabei ist das spannende, dass es gar keine richtigen Regeln gibt. Die Menstruation ist nämlich nicht nur von Frau zu Frau verschieden, sondern auch von Blutung zu Blutung.

Deine letzte Periode sagt überhaupt nichts darüber aus, wie die kommende wird. Sie kann von Mal zu Mal variieren, sowohl in ihrer Heftigkeit als auch in Blutmenge, Dauer, Schmerzen, Laune und allen anderen Punkten. Ich finde diese «Regeln» oder Richtwerte, die man aus Schulbüchern und «so nebenbei» erfährt, deshalb nur minder hilfreich.

Ich war jedenfalls damals reichlich verunsichert, als es hieß, eine Frau blute im Schnitt alle 21 Tage 7 Tage lang, und in dieser Zeit könne sie nicht schwanger werden. An den übrigen 21 Tagen schon. Und wenn sie schwanger ist, blutet sie nicht. Nahezu alles daran ist entweder Humbug oder nur halb wahr, und ich weiß nicht, wie oft ich schon panisch auf einer Kloschüssel saß und alle Götter dieser Erde anbetete, dass der verdammte Test bloß nicht «positiv» ausfällt, nur weil meine Periode mal ausblieb oder sich verschob.

Die einzige sichere Regel der Regel lautet nämlich: Es gibt keine Regel.

Dein Unterleib ist quasi der Fight Club unter deinen Körperteilen, und manchmal fühlt es sich auch so an, als würden dort Kämpfe ausgetragen.

Deshalb kann man auch nicht sagen, was bei der Regelblutung als «normal» gilt.

Ich beispielsweise habe mit ungefähr 12 Jahren angefangen zu bluten. Wäre meine Periode aber schon mit 8 gekommen oder erst mit 16, wäre das aber auch im Rahmen gewesen. Ich habe einen 35-Tage-Rhythmus und blute dann 5 Tage lang. Die ersten zwei Tage liege ich im Sterben, ab dann wird es besser. Mal kommt die Periode ein paar Tage früher, mal ein bis drei Tage später, und wenn ich enorm viel Stress habe, bleibt sie auch schon mal aus, und all das ist ebenso normal wie gesund.

Dein Körper ist kein Uhrwerk.

In Gesprächen mit anderen Frauen fiel mir immer wieder auf, dass nur sehr wenige wissen, wann sie mit ihrer nächsten Periode rechnen können. Aussagen wie «Immer, wenn ich in den Urlaub fahre» oder «Immer dann, wenn es am wenigsten passt» waren die einzigen Richtwerte. Wir beschäftigen uns so wenig mit der eigenen Blutung, dass wir nicht einmal wissen, wann es so weit sein wird, und das ist schade, denn wenn du weißt, wann du was von deinem Körper zu erwarten hast, lässt es sich nicht nur besser planen, sondern du lernst auch, dich selbst besser zu verstehen. Vor allem Letzteres ist wertvoll.

VON WEGEN FLEXI

Was mich am regelmäßigen Menstruieren am meisten nervt, ist nicht das Blut und noch nicht einmal die vielen hübschen Begleiterscheinungen, sondern das, was «Hygieneartikel» genannt wird. Ich habe das Talent, möglichst an allem vorbeizubluten, was man so finden kann, und am besten gleich noch allergisch auf «Super-flexi-Klebestreifen» und sonstige Scherze zu reagieren.

Tampons finde ich praktisch und sicher, allerdings unangenehm zu tragen, weil sie mich austrocknen wie eine Schippe Sand.

Ich bin zu dämlich für Binden. Das bin ich wirklich. Ich kann sie nicht tragen, ohne dass sie mir wie die berühmte Nudel im Loriot-Sketch irgendwann irgendwo hängen, so als versuche die Binde vor dem Grauen, das sie erwartet, in hektischer Panik zu fliehen. Vorzugsweise haftet die Klebefläche mehr an der Innenseite meiner Oberschenkel als im Slip und hinterlässt dort wunde Stellen, während das Blut fröhliche Batikmuster in meine Unterhose malt.

Außerdem sind mir Binden vor allem nachts viel zu kurz, denn ich laufe bisweilen aus wie ein rollendes Fass und kann unmöglich die Einzige sein, bei der das so ist. Dieses schöne, morgendliche Gefühl, wenn man meint, soeben einen Blutsturz erlitten zu haben. Herrlich. Wirklich, Binden und ich, das wird keine Freundschaft mehr.

Es gibt sogenannte Menstruationstassen, die man mit der Öffnung nach oben (besser ist das!) in sich einführt; dort sammelt sich dann das Blut. Eine gute Erfindung, ich kann nur nicht sonderlich gut damit umgehen, denn erstens bin ich eine dicke Frau und habe da noch Bauch und dicke Oberschenkel im Weg, und zum anderen ist die Tasse offen und aus weichem Material. Einmal zu fest zugepackt, und das Badezimmer sieht aus, als wäre dort «Saw» gedreht worden. Meine beste Freundin schwört auf das Teil, ich bin zu ungeduldig dafür.

Meine Alternative ist simpel und praktisch: Stofftücher.

Klingt eigenartig, ist aber ein ganz alter Hut, den meine Oma schon verwendete. Ob man dafür nun spezielle Menstruationstücher kauft oder einfache Tücher wie beispielsweise Stoffwindeln zurechtschneidet oder -faltet, ist vollkommen egal. Für mich hat sich diese Methode als die angenehmste und einfachste erwiesen. Ich kann sie so lang oder kurz, dick oder dünn falten, wie ich will, und am Ende landen sie einfach in der Kochwäsche und sind dann wieder strahlend sauber.

Sie sind dabei nicht anders zu gebrauchen als Binden und mindestens genauso saugstark, zudem frei von Klebstoffen, und ich finde das Gefühl von Stoff auf der Haut wesentlich angenehmer als das von dem Plastik-Watte-Gemisch einer Binde.

Solltest du das für dich ausprobieren wollen, empfehle ich dir, das in Ruhe und zu Hause zu tun. Ich nehme meist einfach ein Tuch, falte es mehrfach, bis es dick genug, aber noch schön weich ist, lege es mir flächendeckend zwischen die Beine, in meinem Fall tatsächlich bis in die Oberschenkelfalten hinein, weil mir das einfach das sicherste Gefühl gibt, ziehe dann meinen Slip hoch und weiß genau, die nächsten Stunden ist alles safe. Sobald es «durch» ist, nehme ich einfach ein neues Tuch. Nichts rutscht, nichts fühlt sich nass oder klebrig an, nichts geht daneben, und ich brauche mir um gar nichts Gedanken zu machen. Und so ganz nebenbei produziere ich keinen Müll.

Für mich ist dies die angenehmste, sicherste und praktikabelste Methode. Was für dich das Beste ist, solltest du für dich herausfinden, denn es gibt noch viel mehr Utensilien als nur Tampon oder Binde, und du solltest dir deine Periode in den nächsten Jahrzehnten so angenehm wie möglich gestalten.

ICH LIEBE DICH, DU WICHSER!

«Du bist schon wieder so zickig, hast du deine Tage?»

Die Antwort auf diese Frage müsste im «Regel»fall eigentlich lauten: Nein. Denn die Stimmungsschwankungen einer Frau betreffen nicht die Periode, sondern den kompletten Zyklus und spitzen sich vor allem in der Zeit vor der Periode zu.

Nicht alle Frauen leiden an PMS, dem prämenstruellen Syndrom. Wenn du allerdings damit zu tun haben solltest, dann ist das ebenso normal, wie es okay ist. Ich gehöre auch dazu und neige dazu, einmal im Monat auszurasten. Je nachdem, ob der rechte oder der linke Eierstock springt, bin ich entweder todtraurig, weil mich niemand liebt und mich alle verlassen werden und sowieso die Welt der schlimmste aller schlimmen Orte ist und ... oh Gott, ein Hundebaby!

Oder aber es langt ein zu laut fallendes Blatt, um mich aus der Fassung zu bringen und den Teufel in mir, groß und grässlich und sehr, sehr eklig, an die Oberfläche wabern zu lassen. Kurzum, ich beiße dann jedem den Kopf ab, der im Weg steht.

Beides ist im Übrigen äußerst ätzend. Für mich und für Menschen um mich herum.

Es gibt, von der Pille mal abgesehen, wenig, was hilft, die PMS-Symptome zu lindern. Jedoch möchte ich dir aus den unterschiedlichsten Gründen etwas ans Herz legen, was mir und all meinen Freundinnen schon sehr geholfen hat:

Fange an, deinen Zyklus zu kommunizieren, vor allem dir selbst. Halte fest, was passiert und wann es passiert. Es gibt hervorragende Zyklus-Apps fürs Handy, die dir dabei helfen. Dort kannst du täglich oder auch nur während deiner Periode eintragen, wie es dir geht und wie deine Blutung verläuft. Nach einigen Aufzeichnungen trifft die App bereits eine ziemlich präzise Vorhersage, wann du das nächste Mal bluten wirst, wie lange es anhand der gesammelten Erfahrungen dauern wird, wann dein Eisprung aller Voraussicht nach sein wird, und vor allem auch, wann du damit zu rechnen hast, dass dein PMS von dir Besitz ergreift.

Das lindert zwar nicht die Symptome, aber es hilft dir enorm dabei, dich besser kennenzulernen und zu verstehen.

Wissen ist tatsächlich Macht, und in diesem Fall gibt dir das Wissen über deinen eigenen Körper, deinen Zyklus und deine Stimmungsphasen die Macht über deine Gefühlswelt zurück. Ich finde das unschätzbar wertvoll.

Zwar liege ich noch immer einmal im Monat im Bett und denke, dass der Mann, dem mein Herz gehört, mich unter Garantie verlassen wird, dass meine Katze stirbt und mich alle hassen, oder ich reagiere schon auf das Klingeln meines Telefons mit einem Tobsuchtsanfall und auf das Verwelken einer Blume mit einem Heulkrampf, aber ich fühle mich nicht mehr so ausgeliefert. Wenn ich jetzt in solche Stimmungslöcher falle, greife ich zum Handy, schaue, wo im Zyklus ich stehe, und mit an Sicherheit grenzender Wahrscheinlichkeit finde ich den Hinweis: «Deine PMS-Phase hat begonnen und wird in etwa 2 Tagen enden.»

Auch wenn ich mich der ganzen Gefühle, Hormonen sei Dank, nicht erwehren kann, ist es hilfreich zu wissen, dass die Welt sich nicht gegen mich verschworen hat. Dann ist das auch für die Menschen um mich herum eine kleine Erleichterung.

AN DIE MÄNNER UNTER EUCH

Liebe Männer, wir müssen unbedingt miteinander sprechen.

Ich weiß: Für euch ist unsere Menstruation oft ebenso schwierig wie für uns, vor allem, weil wir oft zanken, anstatt uns mitzuteilen. Ihr wisst es vielleicht nicht, aber: Wir können da nichts für!

Ich möchte euch das kurz erklären.

PMS ist ein Arschloch und steht für prämenstruelles Syndrom. Prä (vor) Menstruell (Blutung) Syndrom (eine Ansammlung von Symptomen körperlicher wie psychischer Art). Es beginnt 10 bis 14 Tage vor dem Einsetzen der Periode und nimmt, je näher der Moment der Blutung kommt, laufend zu. Am schlimmsten ist es dann auch für uns 2 bis 3 Tage vor der Blutung.

PMS macht aus uns weinerliche Lappen, ekelhafte Furien, gemeine Drachen, todtraurige Gestalten, hoffnungslose Jungfern und heroische Kriegerinnen. Monat für Monat für Monat. Und wir sind machtlos dagegen. Es ist nicht so, dass wir das nicht mitbekommen. Wir merken und wissen sehr genau, dass wir gerade fürchterlich überzogen reagieren, uns grundlos aufregen oder weinen, nur weil die Lieblingsschokolade ausverkauft ist. Wir sind in dieser Phase nicht geisteskrank, auch wenn wir oftmals so wirken, und bitte glaubt mir, wir leiden selbst darunter, weil wir all das mitbekommen, uns manchmal selbst zu Tode nerven und dennoch nicht anders können. Es sind die Hormone, und die schlagen um sich.

PMS ist das, was ihr als «anstrengend» empfindet, und glaubt mir, wenn ich sage, dass es das auch für uns ist. Sehr sogar.

PMS tut oft weh. Insgesamt gibt es über 150 Symptome, die dem PMS zugeschrieben werden können. Am häufigsten sind Unterleibskrämpfe, Kopfschmerzen, Übelkeit, Rückenschmerzen und Brustschmerzen oder auch Wassereinlagerungen. Psychisch geht es uns oft auch eher nicht so gut, denn zu PMS können Depressionen ebenso gehören wie Reizbarkeit und Überempfindlichkeit.

Das ist nicht rational, sondern emotional, und nach 48 Stunden fast immer wieder vorbei. Also haltet durch, wir kriegen uns wieder ein. Oh, und geht uns in dieser Zeit möglichst wenig auf den Zeiger, anderenfalls kann es passieren, dass wir euch sagen: «Ich liebe dich, du bist der Mann meines Lebens, aber ich werde dir nun leider deinen verdammten Kopf abbeißen müssen!»

Ihr könnt nichts dafür, wir aber auch nicht.

Ihr könnt euch auf den Kopf stellen, es macht unsere Symptome nicht besser, aber das heißt nicht, dass wir euch in der Zeit nicht brauchen. Schokolade und Eis helfen zwar nicht gegen PMS, aber bringt uns trotzdem einfach etwas mit. Ja, schon klar, dass wir euch auf den Sack gehen in der Zeit. Wir wissen das, ihr wisst das. Haltet die paar Tage durch, wir kriegen uns wieder ein.

Wir sind in dieser Phase sehr verletzlich, und ein «Du bist so zickig, hast du deine Tage?» kränkt uns mehr, als dass es irgendwas klärt.

Setzt euch mit euren Frauen hin und redet darüber. Macht euch zu ihrem Blutbuddy. Ein Mann kann einer Frau die Symptome nicht nehmen, sie aber unterstützen. Mann sein heißt nicht unbedingt, alles an der Periode geil zu finden, und ich verstehe sogar, wenn dir das Thema fremd ist, aber erwachsen zu sein heißt, damit umzugehen. Und wenn du eine Frau liebst oder auch nur anhimmelst, dann gehört der Zyklus ebenso zu ihr wie ihre Brüste, ihr Kopf, ihre Persönlichkeit, ihre Hände, ihr hinreißender Hintern, ihre Zunge oder ihr gesamter Intimbereich oder was auch immer du an ihr am meisten begehrst.

Oh, und wo wir gerade dabei sind ...

SEX WÄHREND DER PERIODE

Igitt. Wie ekelhaft!

Kam dir das bei dieser Überschrift als Erstes in den Sinn? Gut, dann solltest du dieses Kapitel noch einmal von vorn lesen.

Die Periode einer Frau ist schon ein Tabuthema. Aber das Thema Sex während der Monatsblutung lässt manchem das Blut (Wortwitz nicht beabsichtigt) in den Adern gefrieren. Dabei spricht rein gar nichts dagegen, sofern beide Partner Lust darauf haben – und Frauen haben während der Periode oft sehr viel Lust.

Das liegt vor allem daran, dass mit dem Einsetzen der Periode Östrogen- und Testosteronspiegel erst sehr niedrig sind, dann aber binnen kürzester Zeit rasant ansteigen; das führt zu einer erhöhten Libido ab dem zweiten bis dritten Tag der Periode. Viele Frauen sind in dieser Zeit rattig ohne Ende. Ich spreche da aus leidiger Erfahrung.

Ich weiß, die Unterleibskrämpfe sind nicht unbedingt lustfördernd, aber Orgasmen können tatsächlich krampflösend wirken, und oft wird sogar die Penetration selbst als entspannend empfunden. Beim Orgasmus werden zudem Hormone ausgeschüttet, die Schmerzen lindern und glücklich machen. Beides kann man ziemlich gut gebrauchen, wenn du mich fragst. Dein Intimbereich ist während deiner Periode enorm gut durchblutet, was alles empfindlicher und oftmals dadurch auch geiler macht.

Das Blut selbst stört übrigens nicht beim Sex. Im Gegenteil: Es erhöht die Gleitfähigkeit und ist, nicht vergessen, weder unsauber noch eklig. Bedenke allerdings: Solltest du eine Geschlechtskrankheit egal welcher Art haben, bist du als Frau während der Periode hochansteckend. Bist du gesund, ist es einfach nur ein bisschen Blut.

Ein Verflossener, mit dem ich erstmals die Erfahrung machte, wie angenehm und fürchterlich erregend Sex während der Periode sein kann, antwortete auf meine Bedenken, ich würde ihn und alle um uns vollbluten, nur: «Ach was, geile Frauen bluten nicht!»

Seiner Erfahrung nach verlieren erregte Frauen während des Sex «plötzlich» deutlich weniger Menstruationsblut.

Wenn es allein das Blut ist, das dich beim Sex stört, dann kann ich dir eine kleine hilfreiche Erfindung empfehlen: Sogenannte «Schwämmchen», die auch als Alternative zu Tampons verwendet werden, sind dafür geeignet, während des Sex getragen zu werden. Und es gibt sie mittlerweile auch mit Rückholbändchen.

Tampons solltest du vor dem Sex übrigens lieber entfernen, da sie sonst zu weit nach oben geschoben werden können und dann gerne mal feststecken, was schmerzhaft und ungeil ist und einen lästigen Besuch beim Frauenarzt erforderlich macht.

Davon abgesehen ist es deine Entscheidung, ob du während deiner Blutung Sex möchtest oder nicht, und es sollte dir nicht peinlich sein, mit deinem Partner darüber zu sprechen. Auch der Mann deiner Wahl hat übrigens ein Mitspracherecht, und es kann durchaus sein, dass er es für sich ablehnt. Lass dich davon weder irritieren noch sei gekränkt, sondern lass dir erklären, was seine Befürchtungen sind. Es ist vollkommen okay, während der Periode Sex zu haben, und es ist ebenso okay, darauf zu verzichten.

Sätze wie «Ein echter Seemann sticht auch ins Rote Meer» oder «Richtige Frauen wollen immer!» sind Bullshit. Es ist eine Frage der eigenen Grenzen und Erfahrungen, und genauso wie nicht jede Frau auf Analsex steht, steht nicht jeder Mann auf Blut an seinem besten Stück. Wobei man das übrigens abwaschen kann, liebe Männer, Blut beißt nicht. Kleiner Tipp am Rande.

Habt Respekt vor den Bedürfnissen eures Partners, auch wenn er Sex während der Periode für sich ablehnt.

Am Ende des Tages ist die Periode eine sehr persönliche Angelegenheit. Meiner Meinung nach gibt es nichts, was daran verschwiegen oder verheimlicht werden sollte, und wir sollten aufhören, genau das zu tun. Darum möchte ich dir ans Herz legen, über deine Periode zu sprechen. Nicht nur über die lästigen Seiten, sondern auch darüber, was du empfindest und wie es dir geht. Wenn du einen Mann oder eine Frau in deinem Leben hast, die dir am Herz liegt, dann teile deine Empfindungen und Bedürfnisse in dieser Zeit mit ihm oder ihr, anstatt zu erwarten, dass alle um dich herum verstehen, warum du komisch drauf bist.

Lerne dich und deinen Körper kennen und nutze dafür alle Mittel, die dir zur Verfügung stehen. Such dir eine Zyklus-App aus, frag deinen Arzt und sprich mit deinen Freundinnen darüber.

Du musst weiß Gott nicht deine blutigen Tampons als Halskette tragen, aber entwickle ein gesundes Verhältnis zu diesem Thema.

Gib dir und euch die Chance, dich zu verstehen. Dann ist auch diese manchmal sehr anstrengende Zeit im Monat kein allzu großes Drama mehr.

Nichts an dir sollte ein Tabuthema sein, und eines ist ganz wichtig:

Nichts an dir und an deinem Zyklus ist peinlich. Es ist weiblich. Es ist natürlich. Es ist gesund und wichtig und am Ende des Tages nur Blut.

Deine Periode zu haben ist keine Schwäche.

Es bedeutet, dass du eine Frau bist, und das ist eine verdammt gute Nachricht.

Menstruation bedeutet Fruchtbarkeit, und Fruchtbarkeit bedeutet Leben.

Du, meine Liebe, bedeutest Leben!

Die «Andere Frauen»-Regel

Kennst du die berühmte «Andere Frauen»-Regel?

Ich bin mir sicher, dass sie dir schon das ein oder andere Mal durch den Kopf gegangen ist. Sie ist eigentlich ganz einfach und sorgt dafür, dass du dich möglichst schlecht und unvollkommen fühlst.

Du guckst in den Spiegel und denkst «na ja». Dann öffnest du mit einem Seufzer den Kleiderschrank, in dem deine Sachen wie folgt sortiert sind: Sommer, Winter und «Dinge, die ich nur habe, damit ich mich möglichst schlecht fühlen kann», also all die Klamotten, in die du früher einmal reinpasstest. Darunter all deine Lieblingsstücke.

Damals waren das zwar noch nicht deine Lieblingsstücke, aber jetzt, wo sie zu klein sind, bist du dir sicher, dass du nie eine schönere Batikbluse besessen hast. Der Rest war zu teuer, um weggeworfen zu werden, und außerdem ist es dein Ziel, in genau diese Stofffetzen eines Tages wieder reinzupassen. Dringend. Bis dahin kaufst du auch nichts Neues. Na gut, vielleicht das ein oder andere Teil, aber das muss nicht so toll sein, immerhin ist es zum einen nur als Übergang gedacht, bis du endlich wieder schlank genug für die anderen Sachen bist, und zum anderen hast du es, wenn man ehrlich ist, auch nicht wirklich verdient, dir schöne Kleidung zu leisten. Das wäre ja ein

Zugeständnis an den Ist-Zustand deines Körpers! Und du willst dich in keinem Fall «darauf ausruhen», nur weil es auch in deiner Größe etwas Hübsches gibt. Aber eigentlich gibt es gar nichts Schönes für dich. Das ist ja das Schlimme, und deswegen ist es auch so furchtbar, dass du nicht mehr in die alten, unfassbar tollen Sachen reinpasst.

Gut, es gibt dickere oder dünnere Frauen als dich, und auch welche mit mehr oder weniger Oberweite und vor allem mit schöneren Knien, aber bei denen ist das auch etwas vollkommen anderes. Die können schöne Sachen tragen, wohingegen du in allem scheiße aussiehst. Wirklich in allem. Bis auf die schönen Sachen von damals natürlich. Die saßen wie angegossen. Soweit du dich erinnerst.

Diese Sachen von damals liegen auch so, dass du in jedem Fall darauf schaust, wenn du den Schrank öffnest – als kleine Erinnerung daran, wie dein Ziel aussieht, versteht sich. Und so schlägt dir dieser Kleiderstapel jedes Mal auf den Magen. Früher war alles besser. Alles.

Du bewunderst andere Frauen. Wie die das wohl machen, dass sie immer so schön angezogen sind? Alle. Immer. Die sind ja auch mutiger. Die haben es allerdings auch nicht so schwer oder einfach mehr Selbstbewusstsein. Dein Selbstbewusstsein hast du vor einiger Zeit zusammengefaltet und in den Schrank gelegt. Als Mahnmal. Das ist wichtig. Wegen der Ziele. Du weißt schon.

Wärest du auch so schön, oder so mutig oder so gut gebaut, dann wäre das alles vielleicht etwas anderes. Aber das bist du leider nicht. Also nicht mehr. Sieht man ja an dem Stapel.

Du hast das auch schon mal probiert, dieses Tragen von anderen Sachen. Jetzt, in deinem Ist-Zustand. Wirklich probiert. Du hast fünf Teile mit in eine Umkleidekabine genommen, anprobiert, dich betrachtet und festgestellt:

Dir steht einfach nichts. Nichts. Das liegt an deinem dicken Arsch. Fürchterlich. Wäre der bloß weg, dann wäre alles so viel besser. Alles. So wie damals.

Andere große Frauen können Röcke tragen, du leider nicht, du siehst darin fett aus. Andere dicke Frauen können enge Kleider tragen, du leider nicht, du siehst darin aus wie eine Presswurst. Andere schlanke Frauen können diese hochgeschnittenen Hosen tragen, du leider nicht, du siehst darin mager aus und hast trotzdem eine Wampe. Das kann auch echt nur dir passieren. Andere blasse Frauen können Schwarz tragen, du leider nicht, du siehst darin aus wie der Tod auf Latschen. Andere Frauen können diese Trägerhemdchen tragen, du leider nicht, du hast so fette Oberarme. Wie ein Lkw-Fahrer. Ekelhaft.

Dann ziehst du irgendetwas aus dem Kleiderschrank. Ein wenig missmutig. Ein wenig traurig. Du schämst dich, wenn du die alten Klamotten siehst. Heute heißt deine Kleidung «Irgendein». Irgendein Oberteil. Irgendeine Hose. Irgendein BH. Wenn es festlich wird, auch mal diese Bluse in Leopardenoptik. Nicht so schön wie deine alte Bluse, aber na ja. Der BH sitzt «geht so», aber das ist eigentlich auch egal, sieht man unter dem sehr weiten Oberteil nicht so. Du kaschierst nämlich deine Röllchen. Das sagst du zumindest. In Wirklichkeit kaschierst du deinen ganzen Körper.

Du brauchst, wenn man ehrlich ist, keine großen Oberteile, du brauchst eine Tarnkappe. Irgendetwas, das dich unsichtbar macht. Bis du wieder in die alten Sachen reinpasst, versteht sich. Man kann es dir gar nicht vorwerfen. Du versuchst es ja, du versuchst es wirklich. Also nicht das mit dem Wohlfühlen, das nicht. Dafür bist du nicht gut genug. Zumindest warst du damals besser als heute. Schöner und jünger und schlanker. Vor allem warst du schlanker. Wenn du das wieder bist, dann geht's los mit dem Wohl-fühlen. Bis dahin kämpfst du dich durch, überzeugt, dein Heil hinge an einer Kleidergröße. Weil es für Dicke keine schönen Sachen gibt. Nichts. Gar nichts. Und das, was es gibt, das können andere irgendwie besser tragen.

Die anderen Frauen trauen sich was. Bei dir ist Hopfen und Malz verloren, aber als du letztens diese Dicke in dem engen Kleid gesehen hast, das war schon toll. So ein Kleid hattest du damals auch. Glaubst du. Heute würdest du das niemals anziehen. Geht gar nicht. Wegen deines dicken Hinterns. Die dicke Frau da, na ja, die kann das tragen. Das ist aber mutig. Aber mutig und schön und modisch, das sind immer nur die anderen Frauen.

Ich trage heute meinen schönsten Sack

«Das willst du aber doch nicht im Fernsehen anziehen, oder? Das geht doch nicht! Darin hast du einen fürchterlich dicken Arsch!», sagte vor einigen Jahren meine mittlerweile Ex-Schwiegermutter zu mir, als ich in einem neuen Kleid vor ihr stand.

«Doch, exakt das werde ich tragen.»

«Aber in dem Kleid hast du einen dicken A-harsch!»

«Ich habe in jedem Kleid einen dicken Arsch, Schätze-lei-hein!»

Und das stimmt.

Dieser Moment hat sich mir eingeprägt. Ich trug ein Kleid, das eine Farbe hatte. Eine auffallende Farbe. Fuchsia. Unfassbar. Noch Monate zuvor hätte ich mich nicht einmal mit bunten Socken vor die Tür getraut.

Die Ärmel des Kleides waren nicht lang genug, um meine Fledermausflügel zu verdecken. Der Ausschnitt war tief und zeigte mein Dekolleté, und das war vollkommen anders als bei all meiner Kleidung zuvor. Aber das wirklich Skandalöse an diesem Kleid war, dass es nichts kaschierte. Gar nichts. Es passte mir und lag eng an meinem Körper an, schmiegte sich an die Brüste, den Bauch bis zu Hüfte und Hintern und ließ keinen Raum, um irgendetwas zu verstecken. Eine komplett neue und erschütternd tolle Erfahrung.

Als ich das Kleid zum ersten Mal sah, hatte ich sofort die «Andere Frauen»-Regel im Kopf.

Ich bin dick, seit ich denken kann, und genauso lange sehe ich andere Frauen meiner Statur, die Kleidung tragen, die ich als «mutig» bezeichne.

Ich war so überzeugt, selbst niemals schöne und schon gar nicht enge Sachen tragen zu können, dass ich es nicht einmal probierte. Absurd – aber mein Bild von mir selbst und mein Umgang mit mir und meinem Körper ließen gar nicht zu, dass ich etwas anderes anprobierte als das, was ich ohnehin immer anzog.

Dass ich das fuchsiafarbene Kleid überhaupt kaufte, verdanke ich dem Verkäufer, der um mich herumflatterte und sagte: «Dicke Frauen sehen in Laken aus wie ... dicke Frauen in Laken! Trauen Sie sich in das Kleid, es wird Sie verblüffen!» Und genau das tat es auch.

Ich stand damals in dieser Umkleidekabine und bekam den Mund nicht mehr zu. Im Leben hätte ich ohne die Vehemenz des Verkäufers dieses Kleid nicht anprobiert, denn es stand in krassem Kontrast zu allen Kaschiergeboten in meinem Kopf. Es was farbig, eng, tailliert, ausgeschnitten. Natürlich war ich noch immer eine dicke Frau mit dicken Beinen, dickem Bauch, dicken Armen, dem Überschuss an Haut und den Dellen am Po, aber ich fühlte mich pudelwohl und plötzlich schön. Durch ein verdammtes Kleid. Eines, das ich niemals anprobiert hätte. Damals nicht und auch sonst nie.

«Ich trage heute meinen schönsten Sack.»

So lässt sich ziemlich gut zusammenfassen, wie ich gute 30 Jahre meines Lebens gekleidet war. In einen Sack.

Mit vier Löchern drin. Eines für den Hals, zwei für die Arme und die Öffnung für den Einstieg. Ich muss eine wahre Augenweide gewesen sein in meinen XXXXXXL-Dreiviertelhosen mit buntem Bündchen und passenden Bigshirt.

Mehr musste Mode für mich gar nicht können. Ich war froh, wenn ich überhaupt hineinpasste und nichts hochrutschte; war es zudem schwarz, war es «schön», und trug ich einen Hut dazu, war es «modisch». Alles in allem muss ich ausgesehen haben wie Charlie Chaplins sehr dicke Cousine.

Für mich war Mode die meiste Zeit meines Lebens überhaupt gar kein Thema. Es interessierte mich auch nicht sonderlich. Mode war für die anderen da, und für die Zeit, wenn ich schlank sein würde.

Für mich gab es keine Mode, es gab «Anziehsachen», die dazu dienten, den Körper zu verhüllen und so wenig wie möglich frieren oder schwitzen zu lassen. Waren diese Bedingungen erfüllt, verschwendete ich keinen weiteren Gedanken daran.

Dabei spürte ich in der Magengegend eine merkwürdige Mischung aus Schuldgefühl und Sehnsucht. Ich hätte wirklich gern etwas anderes angezogen. Irgendetwas, in dem ich mich wirklich schön fühlen könnte.

Jede Hochzeit, jede Feier, jede Veranstaltung, die festliche Garderobe forderte, stellte mich vor eine neue Herausforderung und konfrontierte mich mit dieser Sehnsucht.

Das Ganze eskalierte, als ich vor einigen Jahren vor dem Kleiderschrank stand und nach einem Kleid für eine Hochzeitsfeier suchte.

Ich probierte jedes einzelne Teil an, das ich besaß. Jedes Kleid, jede Kombination, jeden Rock; ich betrachtete mich im Spiegel und fand mich unmöglich. Irgendwann stieß ich auf ein Kleid, das ich mir irgendwann einmal «für später» gekauft hatte – später, wenn ich einmal schlank sein würde. Weil ich tatsächlich abgenommen hatte, warf ich all meine Hoffnungen nun in dieses eine Kleid.

Es ging nicht einmal über meine Hüften, geschweige denn, dass es an Bauch oder Po gut saß, und so stand ich in diesem schönen, langen, schwarzen Kleid neben einem Berg von Klamotten, die sich allesamt nicht gut anfühlten, und kriegte es nicht zu.

In dem Moment verlor ich die Fassung.

Ich begann zu weinen wie ein kleines Kind, saß irgendwann komplett verheult auf dem Boden und sagte die Hochzeit ab, weil ich mich so sehr für mich selbst schämte und Stunden damit verbrachte, mich dafür zu verabscheuen, so verdammt unperfekt zu sein.

Mein Selbstwert zerschellte an einem Kleidungsstück, das drei Jahre lang das Sonnenlicht nicht gesehen hatte.

Es war fürchterlich, es war erbärmlich und schmerzhaft, und ich weiß noch heute, wie es sich anfühlte. Ich hatte bis zu diesem Moment behauptet, dass Mode mich nicht die Bohne interessierte, aber das war natürlich Unsinn. Denn Mode ist ein Gefühl, das man, glaube ich, so zusammenfassen kann: Ich möchte mich in einem Kleidungsstück schön und wohlfühlen.

Mode ist nicht das, was andere tragen, sondern das, was dir gut steht und vor allem guttut.

Ich weiß, dass Frauen eine Liste mit Regeln im Kopf haben, was in Sachen Kleidung geht und nicht geht, und dabei bleibt kein Körpertyp verschont.

Dünne Frauen sollen nichts zu Weites tragen. Dicke hingegen nichts Enges, weil das die Rollen zeigt. Blasse sollen kein Schwarz tragen, kleine Frauen keine halblangen Hosen, weil sie darin noch kleiner aussehen, stämmige

Frauen keine Stiefel, Übergewichtige nichts Weißes und keine Querstreifen, weil die angeblich dick machen. Die Liste ist unendlich lang, und jede Frau scheint sie besser zu kennen als ihre eigene Postleitzahl.

Verrückt, nicht wahr? Da heißt es, Mode sei für alle da, während ein Großteil der Frauen denkt, ausgerechnet sie könnten das alles nicht tragen, weil sie nicht vollkommen genug seien.

Ich kenne all diese Sätze auch. Dicke müssen kaschieren. Schwarz macht schlank. Dicke Frauen dürfen keine Leggings tragen und keine Absätze, weil sie darauf aussehen wie Elefanten auf Stelzen. Keine Röcke, weil die einen dicken Hintern machen, und wenn, dann bodenlang, damit man die unförmigen Beine nicht sieht. Selbiges gilt für Kleider. Gedeckte Farben, damit man nicht so auffällt. Weit fallend, damit man vom Körper nicht so viel sieht. Keine kurzen Hosen. Generell nichts Kurzes. Bauchfrei darf nur tragen, wer bauchfrei ist, und von Badeanzügen oder gar Bikinis spricht man lieber gar nicht erst.

Das ist absurd, aber Alltag.

Heute werde ich regelmäßig auf das angesprochen, was ich trage. Meine Kleider sind eng, und Menschen halten das für «gewagt». Ich trage Rot und werde gefragt, ob das nicht sehr mutig sei.

Ich zeige Dekolleté und ernte Sätze wie «Das ist aber schon sehr feminin». Ach was?

Ich trage Leggings unter meinen Kleidern, wenn es zu kalt für Strumpfhosen ist, und ich scheiße drauf, ob jemand findet, ich dürfe das als dicke Frau nicht. Es fühlt sich gut an. Es sitzt gut. Es sieht meiner Meinung nach gut aus. Welche Begründung sollte ich noch brauchen?

Meine Antwort auf die Frage nach dem Mut, bestimmte Kleidungsstücke zu tragen, lautet stets: «Findest du, dass es gut aussieht? Wenn ja, dann wäre es doch viel mutiger, etwas zu tragen, das mir nicht steht.»

Um gut auszusehen, sich gut zu fühlen, sich zu kleiden, wie man es mag, sollte man keinen Mut benötigen. Und der einzige Kommentar, den ich dazu hören möchte, ist ein Kompliment.

Dass es anderen Menschen auffällt, wenn dicke Frauen körperbetont durchs Leben gehen, hat meines Erachtens mit dem Brett vor dem Kopf zu tun, das wir in puncto Einklang von Körper und Mode vor dem Kopf haben.

Um dieses Gefühl sehr gut zu kennen, muss eine Frau nicht einmal übergewichtig sein. Jede Frau, die ihren eigenen Stil findet, kennt jemanden, der ihr sagt «Also, ich an deiner Stelle würde das ja nicht tragen.» Oder auch gern: «Na, du traust dich aber was ...»

Diese Sätze machten mir am Anfang echt zu schaffen. Sich in Kleidung wohlzufühlen, wenn man das Richtige für sich gefunden hat, ist nicht schwer; der Weg dorthin ist allerdings steinig, und gerade wenn man unsicher ist, brechen einem solche Sätze schnell das Genick.

Ich habe andere Frauen dafür bewundert, dass sie körperbetont tragen, und ich fragte mich, was deren Geheimnis ist.

Ich verrate es dir – es ist der Satz «Wenn die das kann, dann kann ich das auch».

Nicht jedem steht eng, nicht jedem steht Rot, nicht jedem stehen kurze Haare. Aber jede Frau hat das Recht, sich auszuprobieren und ein gutes Gefühl in ihrer Kleidung zu haben. Du findest nichts in deinen Stammläden? Dann brauchst du neue Stammläden. Schmeiß Google an und suche nach schönen Teilen. Ich kaufe viel in den USA und in England. Meine Größen gibt es auch hier bei uns, meinen Stil allerdings nicht, und wenn ich noch einmal in einem Kaufhaus in einer Abteilung für dicke Frauen stehen muss, in der unförmige Leopardenprint-Oberteile und Blusen mit Blümchendruck verkauft werden, kotze ich mir auf meine Schuhe.

Animalprint habe ich ohnehin noch nie verstanden. Warum glaubt die Modeindustrie, dass ausgerechnet ich als dicke Frau aussehen will wie ein 400 Kilo schweres Säugetier? Und was sollen diese hässlichen Bigshirts mit Tierköpfen drauf? Schrecklich.

Aber auch hier gilt: Mein Geschmack muss nicht deiner sein. Wenn du von oben bis unten in Tupfen herumlaufen willst, ist das vollkommen legitim – unter einer Voraussetzung: Du musst dich darin wie eine Göttin fühlen.

Denn ich finde, dass Mode genau dafür gemacht wird. Nicht zum Verhüllen. Nicht zum Kaschieren. Was andere davon halten, ist nebensächlich. Du musst dich wohlfühlen in dem, was du trägst.

Du darfst Mode. Du darfst Stil, und du darfst Weiblichkeit.

Es ist eine Lüge, dass weite Klamotten jeden dicken Körper besser aussehen lassen. Im Gegenteil: Man sieht dicker aus, je undefinierter die Konturen sind. Weites sucht sich immer die umfangreichste Stelle und bringt den Rest des Körpers auf genau diese Breite.

Simples Beispiel: Ich trage ungern bodenlange Kleider, denn ich habe einen riesigen Hintern, dazu einen dicken Bauch und breite Hüften. Meine Taille ist in der Proportion recht schmal, und ich habe nette Hupen. Bei mir sammelt sich also alles auf Bauch-Po-Höhe. Trage ich nun ein bodenlanges, weit fallendes Kleid, sehe ich darin aus wie eine Litfaßsäule, und meine Taille ist komplett weg.

Du musst deinen Körper nicht kaschieren. Du musst dich nicht verstecken, und du musst dich nicht für dich und ihn schämen. Das ist dein Körper, und er liebt dich. Er trägt dich, er hält alles für dich aus und gibt sein Bestes. Du solltest ihn nicht verstecken, sondern zeigen. Er ist vielleicht nicht perfekt, hat Dellen und Beulen und Narben und zu viel Speck oder zu wenig davon. Die Proportionen könnten vielleicht andere sein, und wenn alles etwas straffer, schlanker, größer oder filigraner wäre, wäre es vielleicht auch nicht schlecht. Aber du bist nun einmal so, wie du bist. Vielleicht befindest du dich im Wandel, vielleicht auch nicht. Vielleicht möchtest du etwas an dir ändern, dann darfst du das gern tun, und vielleicht magst du auch genau so bleiben, wie du bist, dann ist das auch okay.

Du darfst einen Bikini tragen. Der für dicke Frauen heißt übrigens Fatkini und sitzt besser als jeder Badeanzug. Du darfst Punk und Goth und Schlagermove sein. Du darfst Kleidung tragen, die dir passt, und wenn du dir Gedanken darüber machst, dass andere sehen könnten, welche Größe es ist, dann nimm dir eine Schere und schneide alle Zettelchen raus. Es ist nur eine Zahl, und die sollte nicht so viel Macht über dich haben. Du darfst Jeans tragen und Leggings, Kleider und Röcke, Korsetts und Stirnband und sogar Socken in Sandalen, wenn es das ist, was du schön findest.

Es ist nicht mutig, sich schön zu fühlen, und es ist nicht verwerflich, von sich zu sagen, man finde sich attraktiv. Ganz gleich, wie deine Figur auch sein mag, vollkommen egal, was irgendwelche Lästermäuler von sich geben, hast du ein Recht darauf, glücklich mit dir zu sein. Denn was ist, wenn dieser «Wenn ich erst einmal ... dann ...»-Moment niemals kommt? Oder er sich trotzdem nicht gut anfühlt?

Was ist, wenn es irgendwann vorbei ist und du dich ein Leben lang nicht in diesen geilen, glitzernden, engen, weißen, farbigen, knappen, weiten, sauteuren Fummel getraut hast?

Ich habe für mich eine Antwort darauf gefunden und alle Jeans, alle T-Shirts und all den Mist aus meinem Kleiderschrank entfernt, der mir nicht steht oder den ich einfach nicht mag. Einschließlich des «Wenn ich erst einmal … dann …»-Stapels.

Denn wenn ich wirklich irgendwann einmal schlank bin, trage ich nicht den Mist von vor zehn Jahren, sondern gehe los und kaufe mir ein schönes, neues Kleid. Ich habe Platz im Kleiderschrank und in meinem Kopf geschaffen und damit ein paar Wunden in mir versorgt. Ich trage heute nur noch das, was ich mag und was meine Figur unterstützt – nicht kaschiert, sondern hervorhebt.

Ich mag es feminin und klassisch und bin ein Kleid-und-Strumpfhosen-Typ. Auch wenn ich nach wie vor an mir arbeite und noch ein wenig ändern will, möchte ich mich jetzt schön und attraktiv fühlen, und auch wenn das nicht immer klappt, so doch in neun von zehn Fällen.

Was für ein Typ bist du? Weißt du es? Wenn nicht, dann finde es heraus. Wenn andere dir sagen wollen, dass du etwas nicht tragen kannst, höre nicht drauf, wenn du dich darin magst.

Probiere dich aus. Sei offen und versuche Neues.

Du musst dafür nicht den Rest deines Lebens mutig sein – nur ein einziges Mal, um die Hürde zu nehmen, wenn du etwas zum ersten Mal trägst.

Und wer weiß, vielleicht stehst du dann eines Tages im Wohnzimmer einer alten, garstigen Frau, die dir sagt, wie fett dein Hintern in deinem neuen Kleid aussieht. Und dann merkst du, dass du dich zum ersten Mal nicht schlecht fühlst, sondern weißt: «Mein Hintern sieht in jedem Kleid fett aus. Fett und ganz schön geil!»

Erinnerst du dich an das schwarze, lange Kleid, das mich so aus der Fassung brachte?

Es war eine Größe 46. Ich wiege heute einige Kilo weniger als damals vor dem Kleiderschrank und werde noch sicher 50 Kilo abnehmen müssen, bevor ich in eine 46 passe. Es hätte niemals passen können. Und hätte ich damals eine bessere Einstellung zu mir selbst gehabt, ich hätte es nicht einmal gekauft. Dieses Kleid gibt es noch immer. Es wohnt jetzt im Schrank einer Bekannten, die Größe 46 hat.

Ich sehe einfach gut in anderen Größen aus.

Du hast ein Recht aufs Wohlfühlen.

Du hast ein Recht auf Schönheit.

Du hast ein Recht auf das Gefühl, die Geilste im Raum zu sein.

Lass dir dieses Recht von niemandem nehmen.

Am allerwenigsten von dir selbst.

Sei du selbst.

Wenn du die Wahl hast – und die hast du –, dann entscheide dich für dich und ein gutes Gefühl, und manchmal hat dieses gute Gefühl Spitze, ist durchsichtig, sitzt eng oder glitzert, fällt weit und sieht nach «Das würde ich mich niemals trauen» aus.

Doch.

Trau dich!

Sei mutig.

Nur dieses eine Mal.

Ich wette, du wirst dir gefallen.

40 Millionen Partyhüte

Es gibt ein paar Geheimnisse über das weibliche Geschlecht, über die wir selber nur höchst ungern sprechen. Ein paar davon sind so brisant, dass wir alle so tun, als würden wir es nicht tun.

Dabei tut es jede. Na ja, fast jede, aber die meisten. Wir tun es heimlich, wir tun es nachts, wir tun es am liebsten zu zweit und einige von uns sogar in Gruppen. Wir tun es in Massen, und einige eher sehr selten. Oft ist es so, dass Männer glauben, es häufiger zu wollen als Frauen, und dass Frauen glauben, ihre Männer täten es auch noch woanders und dort vielleicht sogar lieber als bei oder mit ihr.

Wir tun es alleine. Wir tun es vor dem Fernseher, im Bett, auf dem Fußboden und manchmal sogar auf dem Küchentisch. Wir tun es an den unterschiedlichsten Orten, einige sogar mit Wildfremden. Wir schmeißen ganze Partys, bei denen es dann jeder mit jedem tut. Unsere Eltern tun es. Angeblich taten es auch unsere Großeltern, aber das sah dann irgendwann nicht mehr so appetitlich aus. Wir tun es geschützt, wir tun es ungeschützt, wir tun es kopflos. Wir tun es häufiger, wenn wir getrunken haben, und sind dabei auch hemmungsloser. Wir tun es, um anderen damit die größten Genüsse zu schenken, wir tun es selbst aus egoistischem Genuss. Manche tun es, bis es weh tut, andere lassen es, bis es genau so weh tut. Wir tun es am Strand, allerdings nervt dabei oft der viele Sand. Wir tun es am Tage. Männer tun es gern am Morgen. Frauen tun es lieber abends. Wir tun es manchmal, obwohl wir es gerade erst taten. Ein paar von uns tun es im Büro. Manchmal sogar mit Kollegen. Wenige tun es mit dem Chef. Wir tun es und filmen uns dabei. Manche tun es und laden diese Videos auf Plattformen, wo es sich andere dann anschauen, um es auch zu tun oder gar während sie es tun. Manche Frau wird dadurch plötzlich ein wenig runder und merkt es erst recht spät. Andere passen auf, dass das nicht passiert, obwohl sie es gerne tun. Es gibt Menschen, die tun es, um damit Geld zu verdienen, und andere, die dafür zahlen, zuzusehen. Männer tun es mit Männern. Manchmal sind es mehrere, die es mit nur einer einzigen Frau tun, und Frauen tun es mit fast jedem, aber nicht so gern in der Öffentlichkeit, wie Männer es tun. Wir fangen früh damit an und geben es erst sehr spät im Alter auf. Einige von uns tun es angeblich sogar noch, wenn sie über 90 sind, und statistisch gesehen kann jeder Mensch es bis zu seinem Tode tun. Männer glauben, sie sterben, wenn sie es mal nicht tun. Frauen wollen es viel zu häufig nicht tun, obwohl es ihnen dann auch nicht so richtig guttut. Ich tue es auch. Ich tue es seit vielen, vielen Jahren, und ich tue es leidenschaftlich gern. Ich habe es schon mit Frauen getan, aber meistens eher mit Männern, weil Frauen dabei so viele komische Macken haben. Ich tue es am liebsten mit vielen anderen und mag es, wenn es heiß hergeht, und es darf auch gern so richtig scharf und dreckig werden. Die Rede ist natürlich vom ...

... Essen. Genau.

Kaum ein Thema scheint derart belastet zu sein wie das Thema Ernährung – als wäre es ein gutgehütetes Geheimnis, dass Frauen gerne essen. Gerne zu essen reiht sich ein in die lange Liste der Dinge, die man besser nicht sagt: «Hallo, ich rieche an meinen Fürzen, ich pinkle unter der Dusche, ich kaue Fußnägel, ich schaue gerne anderen dabei zu, wie sie ihre Pickel ausdrücken, na ja, und wie soll ich es dir sagen, es ist mir sehr peinlich, aber: Ich esse gern.»

Spätestens dann geht ein Raunen durch die Menge.

Dabei gibt es eine Faustregel, an der sich jeder orientieren kann: Je dicker die Frau, desto weniger hat sie ein Recht auf Hunger. So absurd, so wahr. Übergewichtigen Frauen wird das Recht auf Genuss und sogar Hunger abgesprochen. Getreu dem Motto: Die Dicke hatte doch schon so viel, «und friss mal weniger, dann siehst du auch nicht so aus».

Dicke sollen hungern und keinen Hunger haben. Dünne sollen «einfach mal ein bisschen mehr essen», so die gängige Meinung, und solange du in Sachen BMI einigermaßen im «Rahmen» bist, interessiert es keine Sau, was du machst, wie es dir dabei geht oder wie erbärmlich du dich fühlst, wenn du schon wieder zu allem «nein» sagst.

Dass Frauen häufig unzufrieden mit ihrem Körper sind, ist nichts Neues. Interessant finde ich aber, in welchem Maße wir uns mit Ernährung beschäftigen beziehungsweise mit dem Verzicht darauf.

Essen ist zu einem Kult geworden und Ernährung zur Religion. Wenn das nun dazu führen würde, dass es uns allen gutgeht, wäre ja alles okay – aber das genaue Gegenteil scheint der Fall zu sein. Je mehr wir uns mit dem Thema

Essen auseinandersetzen, desto weniger gut fühlen wir uns, und desto weniger verstehen wir. Der Dschungel an Ernährungsgeboten, Dos und Don'ts und vor allem an Diäten ist undurchschaubar.

Aß man früher, um satt zu werden, hungert man heute für ein besseres Körpergefühl. Essen dient nicht mehr der Stärkung und dem Genuss, sondern ist eine Aussage geworden, ein Trend, ein Statement, um sich von anderen abzugrenzen. Wir nutzen Lebensmittel, um uns zu definieren, uns zugehörig und vor allem als «der bessere Mensch» zu fühlen. Besser als das alte Ich und besser als alle anderen. Wir sprechen von Ernährungsphilosophien und Superfood, glauben, wir müssten entgiften, weil wir von allen äußeren Einflüssen vollkommen übersäuert oder basisch sind, und stopfen dabei allen möglichen Scheiß in uns rein, der uns angeblich schöner, jünger, fitter, sportlicher, aber vor allem schlanker macht. Wir nennen es «Gesundheit», aber wir meinen «Abnehmen».

Frauen detoxen, ernähren sich Low Carb, essen nichts mehr nach 16 Uhr, lassen Brot und Getreide weg, essen kein Gluten, keine Laktose, kein Fett, kein Zucker, kein Fleisch, keinen Fisch, keine tierischen Produkte. Wir sind in den letzten Jahren Veganer geworden, Vegetarier, Makrobiotiker. Wir sind Paleoisten, gluten- und laktoseintolerant. Wir sind Fatfighter und No-Carb-Jünger. Wir essen uns grün. Wir essen uns healthy. Wir essen uns schön. Wir essen gar nicht mehr, sondern trinken nur noch. Wir sind Uhrzeitesser geworden. Kalorienzähler. Punkteaufschreiber. Wir sind Körner. Wir sind Raw. Wir sind Formula. Wir shaken uns ins Nirvana der Genusslosigkeit. Jeder hat einen Trend. Wir trauen uns kaum noch, «einfach so» zu essen, und wenn man nicht Idealgewicht hat, scheinen Ernährung und das dazugehörige Schuldgefühl ein Must-have zu sein. So eine Art Accessoire für die Seele. In hässlich. Mit Rasierklingen dran. Weil die so schön schimmern, wenn das Kühlschranklicht drauffällt.

Es geht nicht mehr um Genuss beim Essen. Der neue Gott heißt «Verzicht». Dabei gilt: Je radikaler, desto überlegener. Essen ist Religionsersatz, die Waage ist Gott und Hungern die Buße für Völlerei. Diäten, Verbote und Regeln sind Reviermarkierungen und Ausdruck von angeblicher Überlegenheit. Wir sind radikaler geworden, aber nicht schlanker. Aktuell sind mehr als die Hälfte aller Deutschen übergewichtig, und das, obgleich die Lebensmittelindustrie, die hinter den meisten Diätprodukten steckt, noch nie so viel Umsatz mit Diätprodukten gemacht hat wie in den letzten Jahren. Wir sind verbissen. Wir sind überzeugt davon, die einzig richtige Art der Ernährung gefunden zu haben. Jeder von uns. Dabei macht jeder etwas anderes. Zu verzichten ist en vogue. Wer keinen Hunger hat, der macht etwas falsch. Diätet man gerade nicht, dann «sündigt» man. Wir sind Ernährungsnazis und Diplomexperten geworden, wir sind Inhaltsstoff-auswendig-Kenner und können 300 Zuckeraustauschstoffe anhand ihrer E-Kennzeichnungen unterscheiden. Wir sind die, die ersetzen, austauschen und weglassen. Wir sind in Sachen Ernährung alles, aber:

Wir sind nicht glücklicher geworden. Und vor allem nicht gesünder.

Die Anzahl der Essgestörten war noch nie so hoch wie heute.

Zu den gängigsten Essstörungen zählen die Magersucht (Anorexie), eine Essstörung, bei der die Betroffenen möglichst wenig essen und oft ganz verzichten, die Ess-Brech-Sucht (Bulimie), bei der auf Essattacken Erbrechen folgt, und die Ess-Sucht, die dann häufig zur Adipositas führt.

Und das sind nur die bekanntesten. Hinzu kommen noch die Binge-Eating-Störung, eine Krankheit, die oft als «Alzheimer-Bulimie» verschrien ist. Die Betroffenen haben Essanfälle, ohne sich zu erbrechen, allerdings verbunden mit einem genauso großen Scham-, Schuld-, und Ekelgefühl, wie es Bulimiker häufig von sich berichten. Und dann gibt es noch allerlei Untergruppen wie beispielsweise die Sport-Anorexie oder auch die Sport-Bulimie, bei denen die Erkrankten eine deutlich erhöhte Sportfrequenz haben. Gerade bei Männern ist dies eines der häufigsten Krankheitsbilder. Oder die Orthorexia nervosa, ein krankhafter Zwang zur gesunden Ernährung, bei der die Betroffenen nur sehr ausgewählt essen und alles meiden, was auch nur im Ansatz das Potenzial birgt, ungesund zu sein. Das geht bis zur Mangelernährung, gilt als Vorstufe der Magersucht oder begleitet eine der vielen anderen Essstörungen.

Laut aktuellen Schätzungen ist jede zweite Frau in Deutschland essgestört!

Jeder dritte Mensch ist es im Laufe seines Lebens mindestens vorübergehend. Enorm häufig und absolut unterschätzt ist dabei die latente Essstörung. Darunter versteht man ein permanentes und sehr streng kontrolliertes Essverhalten im Sinne einer lebenslangen Diät. Für latent Essgestörte gehören die Themen Essen, Kontrolle, Waage und Figur zum Alltag, in Kombination mit einem dauerhaften Minderwertigkeitsgefühl. Latent Essgestörte neigen zu Übergewicht oder sind übergewichtig, und sie zügeln deshalb ihr Essverlangen immer wieder. Wie bei nahezu jeder anderen Essstörung schränkt auch dieses Krankheitsbild die Lebensqualität massiv ein, da essen und nicht essen stets eine Herausforderung ist. Dabei geht es nicht allein darum, Diät zu halten, sondern auch jede Form von Nahrung als belastet wahrzunehmen. Auf einen Tag «Sünde» folgt ein Tag des Fastens und der emotionalen Selbstgeißelung. Essen ist nicht mehr unbelastet, nicht mehr frei von Schuld und Emotionen, sondern stets im Zusammenhang mit einem schlechten Gewissen und einer Vielzahl anderer negativer Emotionen.

Jede dritte Frau sagt über sich selbst, sie habe ein schwieriges Verhältnis zum Essen.

Jedes vierte Mädchen unter 18 Jahren leidet an einer Essstörung.

Mindestens 50 Prozent aller 18-Jährigen haben bereits eine oder mehrere Diäten gemacht.

Laut Angaben der Bundeszentrale für gesundheitliche Aufklärung sind 90 bis 95 Prozent aller Essgestörten Frauen.

Die Zahl der essgestörten Männer steigt jedoch rapide an.

Schätzungen zufolge sind 25 Prozent aller Magersüchtigen Männer.

20,2 Prozent aller Magersüchtigen sind gerade 11 Jahre alt.

Unter den 16-Jährigen sind es 35,2 Prozent.

Essstörungen sind im Jahr 2017 das häufigste psychische Krankheitsbild bei Mädchen und Jugendlichen, und von allen psychischen Erkrankungen ist die Magersucht jene mit der höchsten Sterblichkeitsrate.

Das Schlimmste ist, dass wir das alles für vollkommen normal halten. Wenn wir einmal ernsthaft darüber nachdenken würden, wäre das vielleicht anders, aber das tun wir nicht. Wir fragen uns nicht, was hinter dem Verhalten eines Menschen steckt oder warum es so viele Suchtkranke gibt. Wir drucken abschreckende Bilder auf Zigarettenschachteln, damit Jugendliche und Erwachsene weniger rauchen. Wir verkaufen Alkohol nicht an Minderjährige und sprechen präventiv über Drogen. Wir verteufeln alles, was auch nur im Ansatz gesundheitsgefährdend sein könnte, von Cannabis bis hin zu ungeschütztem Sex, aber wenn es um die Ernährung geht, ist jedes Mittel recht. Dort kann es nicht hart, nicht radikal, nicht abgefuckt genug sein. Wir geben Milliarden aus, um uns besser zu fühlen, fahren mit Vollgas durch die Diätlandschaften und irgendwann ungebremst gegen eine Wand und sehen uns dabei zu, wie wir immer gestörter, kränker und unglücklicher werden. Wir sagen nichts, und wenn, dann viel zu leise.

Die Verhaltensweisen von latent esssüchtigen und essgestörten Frauen werden gesellschaftlich als normal wahrgenommen, akzeptiert und vor allen Dingen auch gefördert.

Das Bild der schlanken Frau, das sogenannte Idealbild, wirkt sich fatal aus, da die meisten Frauen diesem Ideal nicht entsprechen. Wir eifern dem Bild einer Frau hinterher, die es so gar nicht gibt. Alle wollen aussehen wie das Cosmopolitan-Cover-Model. Selbst das Cosmo-Model will aussehen wie das Cosmo-Model.

Und damit nicht genug, denn wir Frauen leiden aufgrund dieses Idealbildes auch ohne Essstörung unter Minderwertigkeitsgefühlen, Hemmungen im Umgang mit uns und unserem Körper, Kontaktschwierigkeiten, Scheu vor Nacktheit und somit auch einem gestörten Verhältnis zur eigenen Sexualität.

Schlank sein ist der Ausdruck von Ehrgeiz, Erfolg und «sein Leben im Griff haben». Wie das erreicht wird, scheint dabei unerheblich. Es ist nicht wichtig, ob die Magersüchtige hungert, solange sie «schön dünn» ist. Es interessiert nicht, ob die Esssüchtige bei jedem Gang auf die Waage verzweifelt, denn Dicke sind nicht essgestört, sondern einfach nur zu faul. Keinen interessiert, ob es noch normal ist, wenn der eine Typ mit den tollen Muskeln es vielleicht mit dem Training zweimal am Tag an sieben Tagen die Woche ein wenig übertreibt, denn Sport ist eine anerkannte Art der Freizeitbeschäftigung. Auch dann, wenn sie schadet. Es stört niemanden, dass nur die wenigsten das «Idealbild» erreichen, aber auf dem Weg dorthin eine ganze Gesellschaft leidet beim Versuch, perfekt, schlank, ewig jung und gesund zu sein.

Warum kleben wir überall Warnhinweise drauf, aber nicht auf Diätprodukte? Warum steht auf Eiweißshakes nicht: «Vorsicht! Die erste Diät kann zu dauerhaften Schäden an Ihrer emotionalen Gesundheit führen», wo wir doch wissen, dass Diäten die «Einstiegsdroge» für Essstörungen und Esssüchte aller Art sind?

Wir sagen Magersüchtigen, dass wir nicht verstehen, warum sie nicht glücklich sind, immerhin sind sie doch schön dünn. Wir sagen Bulimikern, sie sollen aufhören, sich zu übergeben, weil es schlecht für die Zähne ist. Wir machen Werbung für Fitnessstudios, indem wir dünne Frauen auf eine dicke Frau zeigen lassen und drüberschreiben: «Du kannst auch so sein wie wir.» Wir nehmen unseren Nahrungsmitteln die Vollwertigkeit und sagen «Du darfst». Wir sind in allem Low. Low Carb. Low Fat. Low Salt. Low Selbstwert. Wir raten zu Operationen als Maßnahme gegen Übergewicht. Nicht nur als Ultima Ratio, sondern als Behandlungsmethode. Was kommt als Nächstes? Abtreibung als Verhütungsmethode? Suizid als vorbeugende Maßnahme gegen übertragbare, potenziell gefährliche Krankheiten? Wo ist die Grenze? Das würde ich gerne wissen – aber es ist kein Ende in Sicht.

Und dabei sind wir vor allem eines: unglücklich.

Viele Frauen fühlen sich in Bezug auf ihren Körper schlecht und haben Schuldgefühle, weil sie dem Ideal nicht entsprechen.

Wir zeigen mit dem Finger auf Models und sagen: Die sind schuld. Models, die selbst hungern, kotzen und unter ständigem Druck stehen. Wir zeigen mit den Fingern auf die Medien und sagen: Die sind schuld. Medien, denen wir nacheifern, als hätten wir keinen gesunden Menschenverstand. Wir zeigen auf Frauenzeitschriften und sagen: Die sind schuld. Und dann blättern wir um und schreiben Diätrezepte ab. Wir zeigen auf die Lebensmittelindustrie und sagen: Die sind schuld. Die Diätindustrie, die Männer, die Eltern, die Ärzte, die Pommesbuden, die Sportstudios, die Bildbearbeitungsprogramme.

Aber letztlich haben wir alle an dieser Misere Schuld. Wir, die wir die Fresse aufreißen und glauben, anderen sagen zu dürfen, wie sie ihr Leben zu leben haben. Wir, die wir auf jeden Mist reinfallen, ohne einmal kurz zu überlegen, ob das so stimmen kann. Wir, die wir aufhören, auf unseren Körper und unsere Emotionen zu hören, und dafür anderen vertrauen, die uns sagen, was wir brauchen. Wir, die wir aufgehört haben, etwas für uns zu tun. Wir, die wir uns schuldig fühlen für unsere Körper, nicht aber für unseren Umgang miteinander.

Ich meine damit nicht, dass wir schuld sind an unseren Süchten, Ticks und Essmacken. Aber für die Art, wie wir miteinander umgehen, dafür können wir eine ganze Menge.

Wir.

Du auch. Du trägst keine Schuld an deinem verkorksten Verhältnis zu dir selbst. Aber wir haben verlernt, uns gegenseitig zu halten, zu stärken und füreinander einzustehen. Wir sind es, die uns selbst wie Dreck behandeln. Mütter, die ihre Töchter dazu erziehen, ihr Spiegelbild nicht zu mögen. Geschwister, die sich gegenseitig ihre Schönheit nicht gönnen. Frauen, die in ihrer Stutenbissigkeit so fies zueinander sind, dass es schon beim Zusehen schmerzt.

Jedes Mal, wenn du jemanden niedermachst, weil er anders aussieht als du, machst du dich schuldig. Jedes Mal, wenn du den Stil, die Art oder den Körper eines anderen abwertest, machst du dich schuldig. Jedes Mal, wenn du vergisst, dass in jedem Körper eine verletzliche Seele steckt, bist du mitverantwortlich.

Jedes. Einzelne. Mal.

Das gilt für mich, für dich, für uns alle.

Denn für den Menschen, der sich in diesem Moment klein, wertlos, verletzt und gedemütigt fühlt, macht dein Satz, dein Blick, deine nicht gereichte Hand einen Unterschied.

Ja, es sind die Medien, die Werbung, das falsche Bild der immer geilen, immer schlanken, immer schönen Frauen. Es sind Erziehung und Wunschdenken, aber das würde alles nicht so gut funktionieren, wenn wir uns nicht gegenseitig so fertigmachen würden.

Frauen können mit einem herablassenden Blick Lava gefrieren lassen. Ich kann mit einem einzigen abschätzigen Blick eine ganze Welt vernichten. Ich kenne diesen Blick; ich habe selbst so auf andere Frauen geschaut, und ich habe ihn schon tausendfach zu spüren bekommen.

Es sind Frauen, die in Frauenzeitschriften von «Beulenpest» und «Dellendesaster» schreiben. Es sind Frauen, die ihre Fotos mit tausend Filtern posten, damit alle denken, so sehe ihre Realität aus. Wir sind es.

Wir tragen einen großen Teil dazu bei, dass es uns so mies geht, und das ist die eigentliche Tragik, denn es müsste so nicht sein.

Wir hätten die Stärke und die Energie, uns und andere weniger ernst zu nehmen und uns mit Gefühl anstelle von Abscheu zu begegnen.

Verstehe mich nicht falsch: Das ist nicht der Aufruf einer fetten Frau, fett zu sein. Das ist ein Aufruf zu mehr Gelassenheit und mehr Gefühl. Gefühl für dich, für deinen Körper und für andere.

Das ist ein Aufruf zum Zurücklehnen und tief Durchatmen. Scheiß drauf, dass du nicht perfekt bist, andere sind es auch nicht.

Du machst dir über deine Ernährung Gedanken und findest, du seist zu dick? Na hervorragend, das finden fast alle anderen Frauen auch. Wir sind die größte Ansammlung Gestörter und halten das für normal. Wenn ich jetzt noch Papphütchen verteile, können wir die langweiligste Party der Welt feiern, auf der es nichts zu essen gibt, sich alle angiften und dann den Rest des Abends darüber nachdenken, wie viele Kalorien wohl ein Papphut hat.

Wäre es nicht langsam an der Zeit, innezuhalten, nur für einen Moment, und über den Irrsinn all dessen nachzudenken?

Wenn Diäten, Ernährungstrends, Frauenzeitschriftentipps, Low-Dies und Anti-Das uns bis hierhin gebracht haben, ist es dann so abwegig, mal darüber nachzudenken, ob wir statt immer radikaler und verbissener nicht lockerer und liebevoller werden sollten? Mit uns, aber auch mit anderen?

Lass uns klein anfangen: Lächle doch mal, wenn du in den Spiegel guckst, und dann, wenn du jemand anderen ansiehst. Geht ganz schnell, tut nicht weh und hat unter Garantie keine Kalorien.

Du fühlst dich schlecht, weil du angeblich nicht so bist wie die anderen. Das denken alle anderen auch. Dabei bist du höchstwahrscheinlich genau wie alle anderen Frauen. Ein wenig speziell, ein wenig irre, ein wenig besonders, ein wenig gestört, und eventuell ein wenig süchtig. Du brauchst vielleicht ein wenig Hilfe, vielleicht professionelle, vielleicht nur ein schönes Kleid oder jemanden, der dich in den Arm nimmt. Du musst vielleicht immer wieder von vorn anfangen und hast manchmal das Gefühl, es nicht zu schaffen. Manchmal nervt dich das, manchmal isst du so viel, dass es dir peinlich ist, manchmal schämst du dich für dich, viel zu oft sogar, und manchmal hast du das Gefühl, die einzige Frau zu sein, bei der das so ist. Bist du aber nicht. Ich kenne mindestens eine, die dich sehr genau versteht, denn:

Hallo, mein Name ist Nicole Jäger und ich bin essgestört.
Seit über 30 Jahren.
Sehr erfreut, dich kennenzulernen, du Prachtweib, und wo du schon mal hier bist:
Hier ist dein Partyhut.

Große Schwester

Wenn ich morgens aufstehe, dann stehst du mit mir auf. Manchmal habe ich das Gefühl, dass du schneller bist als ich, denn egal, wann ich die Augen auch aufschlage, du bist schon wach und schaust mich an. Wir sind, seit ich denken kann, ein Paar, du und ich. Ein seltsames Paar, eines, das sich wie viele andere Paare auch meist nicht guttut.

Ich weiß gar nicht mehr so genau, wo wir uns kennenlernten. War es in einem Satz? In einem Bild? Vor dem Spiegel? War es damals in diesem Kurheim, als der Kurleiter mir ins Gesicht schlug, wenn ich nachts mal aufs Klo musste? Lernten wir uns in einer solchen Nacht kennen? War es, als Oma mich mit den Worten «Hast du nicht Angst, dass du bald platzt?» begrüßte, oder an dem Tag, an dem ich das erste Mal hörte, dass es nicht einfach ist, mich liebzuhaben, weil ich so bin, wie ich bin? War es diese Nacht? Dieser Tag? Dieser Abend? Ich weiß es nicht mehr.

Aber bei alldem warst du schon längst da, nicht wahr? Denn ich war in Kur wegen dir und mir. Dort waren wir zu zweit, und ich war 5 Jahre alt.

Heute sind es über 30 Jahre, die du mich schon begleitest, und ich bin mir nicht immer so sicher gewesen, ob wir uns jemals wirklich aneinander gewöhnen können. Es ist nämlich nicht einfach mit dir, musst du wissen. Ich weiß, du bist groß und sehr schön und so mächtig, aber ich bin deiner manchmal so überdrüssig.

Es gibt Tage, an denen ich deinen Anblick nicht einmal wirklich aushalten kann. Was dich aber nicht interessiert, nicht wahr? Oder weißt du es und hältst es trotzdem aus?

Wenn ich in den Spiegel schaue, schaust meist du zurück. Ich sehe mich durch deine Augen und spüre mich durch deine Sinne. Das ist manchmal fast ein wenig gruselig.

Wenn ich ein neues Kleid probiere, dann bist du es, die leise flüsternd fragt: «Und was ist, wenn das nicht passt?»

Gehe ich in neuen Sachen aus, dir mir wirklich gefallen, fragst du: «Gucken jetzt nicht alle? Ich meine, sieh dich an.»

Weißt du noch, als ich das erste Mal ein Korsett trug? Was hast du da gesagt? «Deine Arme sind zu fett dafür, und der Rest von dir auch.»

Ich fühle mich darin aber schön und weiblich und sexy, habe ich erwidert, und du meintest: «Du spinnst» und «Sicher, dass du dir das nicht nur einbildest?»

Du bist rabiat und flüsterst mir ins Ohr, dass andere mich abstoßend finden könnten, wenn sie mich sehen.

Gehe ich in ein Schwimmbad, fängst du schon Tage vorher an, darüber zu sprechen, dass bestimmt jemand dort sein wird, der meinen Anblick im Badeanzug schrecklich finden und lachen wird. Oder zumindest diesen Blick hat. Diesen verdammten Scheißblick, von dem alle immer denken, man würde es nicht sehen. Aber man sieht es. Ich sehe es.

Wenn wir einkaufen gehen, sagst du am Regal leise: «Und wie viele Kalorien hat das?», und fragst mich, was die Leute wohl über uns denken. Hier. Zwischen all dem Essen.

Sitze ich lümmelnd auf dem Sofa, guckst du manchmal hoch und fragst, ob wir gerade nicht ganz schön fett und klobig aussehen und ob wir nicht lieber zum Sport gehen wollen. Selbst wenn wir dort gerade waren.

Öffne ich den Kühlschrank, sitzt du drin und schüttelst mahnend den Kopf. Öffne ich Schubladen, bist du auch dort und fragst beiläufig, wie lange wir noch diese Kleidergröße haben müssen. Stelle ich mich auf die Waage, ist dein einziges Urteil jedes Mal: «Na ja. Könnte besser sein.»

Bei jedem Bissen sitzt du nah an meiner Seite und suchst nach dem passenden Satz. «Muss die Butter so dick?», fragst du, obwohl ich fast nie welche esse. Es ist als, blättertest du in einem Fotoalbum der miesen Erinnerungen. Aufgeregt.

Du bist der Bibliothekar meiner seelischen Narben. Jede Narbe ein Blatt, jedes Blatt eine Erinnerung, und sich an Papier zu schneiden war schon immer sehr schmerzhaft.

Gehe ich aus, gefällt dir das nur bedingt, und schaue ich in mein Cocktailglas, sagst du seufzend: «Wenn das nur nicht so viele Kalorien hätte.»

Gehe ich Richtung Klo, fragst du: «Belästigen wir nicht andere jetzt mit unserem dicken Hintern, wenn wir uns durch die Menge schieben?», und gleich danach: «Wir passen bestimmt nicht in die Kabine.»

Finde ich jemanden attraktiv, lachst du laut auf. Du findest immer den richtigen Satz, die richtige Erinnerung.

«Das wird nichts», sagst du dann. «Steht hier ... ich habe es nachgelesen, du bist unattraktiv.»

Halt die Klappe, denke ich. «Aber so steht es hier», protestierst du dann jedes Mal.

Ich streite mich mit dir. Frage dich, wer so einen Mist behauptet, und du liest es in der Fußnote nach. «Familie, steht hier.»

«Ich erinnere mich», sage ich.

Lang ist es her. Aber du hast es ins Album geklebt. Aufgeschrieben, damit wir nicht vergessen, wie weh Worte tun.

Ich weiß, dass das nicht deine Worte sind. Du hast sie dir zumindest nicht ausgedacht. Du hast sie aufgeschnappt. Von anderen. Meinungen. Äußerungen. Abneigung und Abscheu, die uns entgegenflogen. Vorurteile, verkackte Facebook-Kommentare irgendwelcher Hater ohne Rückgrat. Du bist gut im Auswendiglernen, und je gemeiner und schmerzhafter ein Satz oder eine Situation ist, desto besser kannst du es dir merken.

Ein Talent, das der Wahnsinn ist. Du erinnerst dich an Verletzungen von vor über 30 Jahren. Du erinnerst dich an Sätze, die vor über 20 Jahren ausgesprochen wurden, und wenn es etwas ganz Schlimmes war, etwas, das uns beide wie ein Dolchhieb traf, dann hast du es auf die leeren Seiten in mir geschrieben, damit wir es in keinem Fall vergessen.

Die leeren Seiten sind nun umfangreich genug, um Bibliotheken zu füllen.

Du bist mein Ratgeber, aber du bist nicht sonderlich gut darin, Rat zu geben. Ich weiß nicht, woran das liegt, aber manchmal glaube ich, dass du Angst hast. Mehr Angst, als ich sie habe. Um mich. Du klammerst. Habe ich dir das jemals gesagt? Manchmal glaube ich, du seist noch verlustängstlicher, als ich es bin, und das soll schon was heißen.

Du warnst mich immer. Vor allem, und es ist so schwer wegzuhören.

Du bist immer dabei. Bei jedem Gang zum Kleiderschrank. Bei jedem Date. Bei jedem Einkauf. Bei jedem Blick auf eine spiegelnde Oberfläche. Bei jedem Gang auf die Waage, zum Arzt, nach draußen. In jeder Nacht, an jedem Tag und vor allem in jeder neuen Situation. Mit neuen Menschen. Du bist immer bei mir, und du bist so schrecklich verletzt. Mal ist es nicht so dolle zu sehen, mal ist es fürchterlich offensichtlich, und wenn ich mich dann das erste Mal vor einem anderen Menschen ausziehe, kreischst du, schreist und schlägst um dich. Wirfst mir eines der Alben an den Kopf und brüllst: «Hier! Hier steht es doch!», und dann läufst du durch den Raum. Ziehst deine Kreise um mich und liest laut vor. «Dich wird niemals ein Mann anziehend oder attraktiv finden. Du wirst alleine sterben. Männer stehen halt nicht auf dicke Frauen wie dich.» Ein Zitat. Papa. Damals war ich 14. Damals zog ich mich noch vor niemandem aus. Und danach nie wieder unbefangen.

Es waren nur Worte. Sage ich zu dir. Aber wir wissen beide, dass das «nur» dort falsch ist.

Er hat es nicht so gemeint, versuche ich es erneut. Aber das hörst du nicht.

Bekomme ich Komplimente, hinterfragst du sie, denn für jedes gute Wort gibt es ein Ereignis, das dagegenspricht, und du bist so laut bei all den schlechten Worten, dass ich all das Schöne manchmal nicht erinnern oder sehen kann. Ich halte mir die Ohren zu, aber was nützt das schon, wenn du in mir wütest?

Und du bist so widersprüchlich. Es ist, als würden wir ein Leben zusammen auf der Couch verbringen und uns unsere Ereignisse im TV ansehen. Sind sie unangenehm, schiebst du mir zum Trost die Packung Kekse rüber, und greife ich zu, haust du mir auf die Finger.

Wenn wir uns einsam fühlen, singst du die Nummer des Pizzaservices, aber wenn ich zum Hörer greife, schüttelst du enttäuscht den Kopf. Mache ich etwas schlecht, tadelst du mich, und mache ich etwas gut, dann lächelst du milde und sagst, es könnte besser sein.

Ich bin wie dein Pawlow'scher Hund. Du hast mich dressiert. Für Emotionen hast du mich mit Leckerlis belohnt. Essen in jeder Form. Für gute Emotionen, um diese zu verstärken. Für andere Emotionen, jene, die im Magen schmerzen oder die sich nach Leere anfühlen, blieb die Belohnung aus. Aber Leere kann man füllen. Ich habe nie gelernt, wie, aber ich habe gelernt, dass Essen gute Emotionen machen kann. Also esse ich, wenn es mir gutgeht, damit es mir noch bessergeht, und wenn es mir schlechtgeht, dann esse ich, damit es mir bessergeht.

Nur funktioniert das nicht, nicht wahr? Deine Rechnung, deine Dressur, sie hat einen Haken.

Denn ich fühle mich danach nicht besser. Nicht wirklich. Für den einen Moment ist es toll. Die Droge gegen und für alles. Bei mir heißt sie essen. Der Schuss, den ich mir setze. Nicht in die Venen, sondern in den Mund. Das sind gute Momente, aber danach komme ich so schlecht runter von diesem Trip, denn dann ist es kein gutes Gefühl, das bleibt, sondern irgendwas anderes. Schuldgefühl und irgendwie Bedauern. Wieder einen Tag nicht geschafft, stark zu sein. Wieder nicht genug weggehört. Wieder. Immer und immer wieder.

Es wäre egal, wenn es uns nicht schaden würde, aber das tut es. Körperlich, und man sieht es. Gesundheitlich, wenn wir es nicht in den Griff bekommen, aber vor allem seelisch. Immer seelisch. Essen macht es nicht besser, und wenn wir zwei sauer genug sind auf mich, dann hungern wir halt, aber auch das macht es nicht gut, und essen wir dann wieder, fühlen wir uns wie noch größere Versager, denn nicht einmal das Einfachste können wir. So reden wir es uns ein. Nicht einmal «normal» essen. Wie schwer kann das denn schon sein? Das ist es auch, was andere fragen, und wenn ich antworten will, fehlen mir manchmal die Worte.

Hämische Bemerkungen verändern nichts; «dem Fetten mal die Meinung geigen» macht ihn nicht schlanker, sondern krank. Dass «der Dicke Druck braucht», ist falsch, weil Druck ein negatives Gefühl ist und es doch genau darum geht – negative Gefühle zu eliminieren. Mit Drogen, mit Sex, mit Alkohol, oder, wie bei mir, mit Essen.

Wenn ich die Frage höre, warum wir so sind, wie wir sind, warum wir dick sind, warum wir manchmal wochenlang kein Gramm verlieren, warum wir um jedes Kilo kämpfen müssen, warum es nie ohne Last ist für uns, warum kein Stück Kuchen, kein Stück Schokolade, kein noch so gesundes Essen jemals frei von Gefühlen ist und warum diese Gefühle verdächtig nach Schuld und Scham und Abscheu, nach Angst und Trauer schmecken, dann machst du eine große Geste, deutest auf die Bibliothek in mir und sagst:

«Deswegen!»

Für dich und mich erklärt das alles.

Über 30 Jahre leben wir nun schon zusammen, und ich hätte fast den Moment verpasst, dich zu verstehen. Denn es klingt, als würde ich schlecht über dich sprechen, aber das tue ich nicht. Nicht wirklich. Nicht, seit ich glaube zu wissen, was du eigentlich wirklich willst.

Vor ein paar Jahren, da fragte man mich, was ich mir wünschen würde, wenn ich einen Wunsch frei hätte. Geld,

Ruhm, den Weltfrieden oder die perfekte Figur vielleicht? Ich weiß noch, dass ich dort saß, du neben mir, du sehr angespannt, mit deinen Fingern in mein Knie gekrallt, und argwöhnisch den Fragesteller beobachtend.

Ich sagte: «Ich würde gerne einmal einen Tag erleben, nur einen, an dem ich mir keine Gedanken mache, wenn ich etwas esse, wenn ich in den Spiegel schaue oder in den Kühlschrank. Nur einen, an dem es einfach einfach ist.» Ich weiß noch, dass ich Mühe hatte, nicht hysterisch loszuflennen, weil es die Absurdität unserer Beziehung auf eine Packung Kekse reduzierte und dennoch alles sagte.

Der Fragesteller lachte und sagte: «Nein, jetzt mal im Ernst.»

Es war mein Ernst.

Er lachte wieder und schüttelte den Kopf. «So schwer kann es ja nicht sein ...», setzte er an, als du aufstandest, auf das Sofa klettertest, auf dem ich saß, dich breitbeinig hinter mich stelltest, deine Hände auf meinen Schultern, und mich fest und sicher hieltst, als du dich vorbeugtest und laut «Fick dich!» sagtest. Du bist ungehalten. Das bist du immer.

Für den Rest des Gesprächs gingst du nicht mehr weg, warst größer als ich und auf Krawall gebürstet, zum Sprung bereit und unerschütterlich. Und ich glaube, da begriff ich es ein wenig besser.

Du wachst morgens neben mir auf, weil du nachts auf mich aufpasst. Du gehst neben mir, weil du Blicke fängst, die wie Steine fliegen, und wenn sie mich treffen, dann nur, weil sie durch dich durchschlagen. Wenn man Speere in Form von Worten nach uns wirft, dann wirfst du dich auf mich und versuchst abzufangen, was geht, und wenn ich verletzt werde, dann blutest du längst aus allen Wunden.

Du liest mir all die Erinnerungen nicht zum Tadel vor, sondern um mich davor zu bewahren, noch einmal in gleiche Wunden zu stechen. Du bist nicht gemein, du versuchst, auf mich aufzupassen, und dafür ist dir jedes Mittel recht.

Du bist nicht immer gut darin, und deine Methoden sind fragwürdig. Aber du versuchst es. Du bist mein Schutzschild, und das Flickzeug heißt Essen. Du bist mein Wächter, aber auch du bist manchmal müde, und Energie findet sich in Nahrung. Du bist meine schlechte Angewohnheit und sitzt mit einer Pumpgun im Schaukelstuhl vor dem Eingang zu unseren Gefühlen, damit niemand auf die Idee kommt, hinter unsere Mauern zu blicken. Wir sind deswegen zusammen, nicht wahr? Weil du versuchst, auf mich aufzupassen. Weil ich kaputtging. Vielleicht schon früh, und du bist nun der Drache, der versucht, mich zu verteidigen.

Du bist nicht meine schlechte Angewohnheit, nicht mein Feind und nicht mein dunkler Punkt. Du bist Schutz und Verteidigung. Du bist meine Definition für den richtigen Umgang und für Gefühl. Du bist mein Resultat aus tausend Messerstichen. Du bist der Klang gebrochener Herzen und wunder Seelen. Du bist das, was passiert, wenn ich glaube, nicht gut genug zu sein. Du bist meine Phalanx, meine Strategie in Momenten, in denen ich nicht weiterweiß, du bist meine Begleitung, damit ich nie alleine bin, weil ich Angst vor Einsamkeit habe. Du passt auf. Auf eine komische Art, aber du versuchst es. Vielleicht liebst du mich sogar, und wie immer ist Liebe manchmal zerstörerisch. Du bist für mich da, und du bist wegen mir hier. Du bist nicht mein Fluch, auch wenn du nicht mein Segen bist. Dein Name ist «Essstörung», und du hast viele Gesichter, und vielleicht bin ich es, die diese Zeilen falsch begann, indem ich sagte, du seist wie ein Partner. Denn das bist du nicht. Du bist anders, du bist ...

... wie eine große Schwester.

Stur, zickig und überwachsam. Du glaubst, immer recht zu haben, und willst um jeden Preis aufpassen. Ich weiß, wie das ist, denn auch ich bin eine große Schwester, und geht es um meine kleine, dann ist auch mir jedes Mittel recht, und ich würde jeden Schwerthieb abfangen.

Ich bin deine kleine, und du, du Mistding von einem Suchtverhalten, du bist meine große, nicht wahr?

Mein Name ist Nicole, und ich habe eine große Schwester, die «Essstörung» heißt.

Ich bin esssüchtig, ich bin latent essgestört, ich habe viele Jahre unter der Binge-Eating-Störung gelitten und habe noch heute manchmal Rückfälle. Selten. Sehr selten. Aber sie sind da. Meine Heilung ist ein Weg voller Hürden, und manchmal muss ich drei Schritte zurückgehen, um Anlauf zu nehmen. Ich falle ständig hin, schlage mir die Knie und die Seele blutig, und ich habe nicht immer Lust, wieder aufzustehen. Ich tue es trotzdem, weil ich sonst keine Chance habe, irgendwo anzukommen. Mein Freundeskreis besteht aus Magersüchtigen, einer Bulimikerin, zwei Sport-Anorektischen, und lauter Esssüchtigen. Ich weiß das, seit ich selber kein Geheimnis mehr aus allem mache. Seither macht es auch kein anderer mehr um mich herum.

Ich kämpfe jeden Tag mit mir und gegen die Wichser da draußen, die der Meinung sind, ich hätte mich für meine Klatsche zu rechtfertigen, und ich kämpfe gegen das immerwährende Gefühl an, nicht gut genug zu sein.

Ich bin nicht immer stark. Ich habe mehr als 180 Kilo abgenommen und bin noch immer zu dick. Menschen sehen Letztere. Ausnahmslos. Ich kämpfe, aber ich gewinne nicht immer. Ich arbeite daran, mich schön zu fühlen, und das ist schwerer an Tagen, an denen man mich anschaut, als sei ich ein Insekt. Ich stehe jeden Morgen auf, mit mir, mit meinem Körper, mit all dem, was hinter mir liegt und noch auf mich zukommt.

Ich bin die, die du auf der Straße scheiße behandelst, weil du dich aufgrund deiner Kleidergröße für etwas Besseres hältst. Ich bin die, die nicht so gern in der Öffentlichkeit isst, weil mein Fell nicht immer dick genug ist, um die Blicke zu ertragen. Ich bin die, die vergessen hat, wie «gutes Gefühl beim Essen» geht. Ich bin die, die genau weiß, wie es richtig geht, und es dennoch manchmal nicht besser machen kann. Ich bin die, die jeden Tag gegen ihren verdammten Schweinehund ankämpft, und dieses Vieh ist ein träges, sabberndes, hungriges, monströs großes Ding. Ich bin Expertin und Schülerin in einem, und beides zur gleichen Zeit. Ich bin die, die weiß, was es heißt, sein Spiegelbild oder die Zahl auf der Waage nicht sehen zu können, weil die Augen voller Tränen sind. Und ich bin die, die dann flucht, sich die geschwollenen Augen schminkt, die verdammte Krone zurechtrückt und dann mit zwei Mittelfingern bewaffnet hinausgeht und laut ist, damit du weißt, dass du nicht alleine bist und dass niemand das Recht hat, dafür zu sorgen, dass du dich mies fühlst.

Meine Figur ist eine Landkarte, mein Essverhalten ist komplett verkorkst, mein Selbstwertgefühl ist hart erarbeitet und manchmal brüchig, ich bin nicht kugelsicher, aber ich schieße zurück, wenn man auf mich zielt, und ich bin manchmal kurz davor, hinzuwerfen. Manchmal. Denn an all den anderen Tagen nicht, und solange es noch einen Tag gibt, an dem es sich besser anfühlt, zu kämpfen, als zu verlieren, so lange werde ich siegreich sein.

Einmal essgestört, immer essgestört, heißt es, und wahrscheinlich ist das wahr. Denn auch wenn ich mich noch so gut auskenne, noch so viel abgenommen habe, es noch so gut im Griff habe, so bleibt es doch Arbeit, Kampf, und manchmal bin ich es leid. Manchmal.

Aber an all den anderen Tagen nicht, also gehe ich mit mir und allem, was ich bin, hinaus und bin laut. Für dich, für mich und sogar für die Sorte Frau, die der Meinung ist, schmallippig und naserümpfend meinen Körper zu verurteilen. Denn offenbar ist auch sie nicht glücklich mit sich. Ich werde so lange mit offenen Armen und mit einem großen Herzen bewaffnet Mauern in Köpfen einreißen, bis ich nicht mehr stehe.

Ich bin übrigens nicht allein. Ich komme mit meiner großen Schwester. Du kannst sie sogar sehen. An mir, in Form von Speck und Rollen, von Gewicht und Bauchumfang. Du siehst sie auf meinem Gesicht, wenn ein Buffet mich überfordert, du kannst sie hören, wenn ich versuche, mich zu entscheiden, was ich bestellen soll, oder immer dann, wenn ich zu etwas sehr Leckerem «Nein danke» sage. Du siehst sie in meinem Gesicht, wenn du mich fragst, was ich eigentlich gerade wiege, und immer dann, wenn du versuchst, mich zu verletzen. Sie ist die, die rot wird bei Komplimenten und sauer bei Anfeindungen. Sie ist die ungehaltene von uns beiden und die, die schneller auf der Palme ist. Sie hat Angst vor Blicken, Kommentaren und davor, dass die nächste Verletzung die letzte sein könnte und uns in tausend Teile spaltet. Sie ist die mit dem guten Gedächtnis.

Sie ist die Emotion. Ich bin der Verstand. Sie ist das Gefühl. Ich bin das Herz. Sie ist ängstlich. Ich bin der Mut. Sie ist manchmal dumm. Ich bin es auch. Sie ist die Sucht. Ich bin die Abhängige. Wir sind ein Paar. Wir sind Schwestern. Wir sind eins.

Wir sind nicht immer gut zueinander und nicht immer gut füreinander, aber wie jede kleine Schwester wurde auch ich irgendwann erwachsen und höre nicht mehr ständig auf sie. Ich kann sie zum Schweigen bringen, indem ich gute Entscheidungen treffe. Ich kann sie beruhigen, indem ich mich in die Arme eines Menschen lege, für den mein Herz schlägt. Ich kann sie befriedigen, indem ich esse, und ich kann mich befriedigen, indem das, was ich esse, nicht nur Mist ist. Wir sind uns nicht immer einig, aber wir suchen die Balance, Tag für Tag. Ihre Panik und mein Leichtsinn. Ihre Ungeduld und mein Ausharren. Wir steigen gemeinsam auf die Waage, aber wir brüllen uns nicht mehr an. Sie macht den Kühlschrank auf, aber ich bin mittlerweile stark genug, ihn mit einem Lächeln wieder zu schließen. Sie schreit «Pommes», ich sage «heute nicht», sie schmollt, und ich nehme sie in den Arm. Das ist okay.

Kleine Kämpfe. Jedes Mal. Aber immer mit einer großen Wirkung. Mein Weg ist noch lang, aber er misst sich nicht mehr nur noch in Gewicht. Er misst sich in Balance. Er misst sich in erfolgreichen Tagen. Er misst sich in «Wie viel Zeit liegt zwischen zwei dummen Entscheidungen». Er misst sich in jedem Tag, an dem ich mit mir im Reinen bin, am Verstehen und Fühlen, an Energie und Wohlbefinden. Das Ziel ist keine Kleidergröße, das Ziel ist Zufriedenheit, Glück und Freiheit, und dass es bei mir dafür noch einige verlorene Kilos braucht, ist nur einer von vielen Aspekten.

Ich bin essgestört. Ganz offensichtlich, und das ist okay.

Es ist nicht immer gut, nicht immer spaßig, nicht immer gesund, nicht immer einfach, aber es ist okay. Denn ich habe lange gebraucht, um zu verstehen, dass ich das auch sein darf. So wie kurzsichtig oder blond oder eine Diva. Ich muss mich darauf nicht ausruhen, aber ich verstehe es heute und finde einen Umgang damit, denn musste ich früher mit der Essstörung leben, so lebt sie heute mit mir. Und ich glaube, für sie ist es anstrengender als für mich, denn sie bekommt nur sehr selten ihren Willen.

Meine Schwäche heißt Essstörung. Meine Stärke vielleicht auch. Sie ist meine große Schwester, und ich bin die große Schwester einer anderen tollen Frau. Ich weiß nicht, ob du eine große Schwester brauchst, aber ich weiß, dass du eine sein kannst. Für jemand anderen. Für dich. Für jemanden, der deine Hilfe und deinen Schutz und manchmal deine Stärke braucht.

Ich bin da. Ich bringe zur nächsten emotionalen Messerstecherei meine große Schwester mit. Also nimm dich in Acht. Denn wenn du keine Ahnung hast, wie es sich anfühlt, ständig mit sich und seinem Körper, seinem Essverhalten und dessen Auswirkungen zu kämpfen, wenn du nicht weißt, was es bedeutet, immer wieder gegen die Bretter vor den Köpfen von Menschen anrennen zu müssen, und du trotzdem der Meinung bist, die Klappe aufreißen und mich oder andere wegen ihres Körpers oder ihrer Schwächen wie minderwertigen Dreck behandeln zu müssen, dann lass es mich mit den Worten meiner großen Schwester sagen:
Fick dich!

Dicke sind immer so dankbar

«Eigentlich bevorzuge ich schlankere Frauen, aber dich würde ich echt nicht von der Bettkante stoßen», raunt er mir zu, als wir uns in einer Bar gegenübersitzen.

Es ist so eine Art Date, oder zumindest soll es eines sein.

Eine dieser Verabredungen, bei denen Unverbindlichkeit und Vorlieben als Erstes abgeklopft werden.

«Ach, ist das so?», frage ich nach.

Ich bin mehr oder minder frisch getrennt nach einer gar nicht mal so guten Ehe und nun auf der Suche nach Ablenkung. Weniger Beziehung, mehr Sex, oder zumindest abendliche Unterhaltung.

«Ja, total!», sagt er fröhlich. «Ja, weißt du, eigentlich stehe ich ja nicht so auf dicke Frauen, aber bei dir würde ich echt eine Ausnahme machen.»

Wie aufopferungsvoll er ist. Er zwinkert mir allen Ernstes zu. Ich würde ihm mit meinem Cocktailschirmchen gern das Auge ausstechen, stattdessen schaue ich ihn nur fragend an.

Ich hasse diesen Satz. Gleich nach «Du hast so ein schönes Gesicht» ist «Ich stehe ja eigentlich nicht auf dicke Frauen, aber ...» einer der Sätze, die ich in meinem Leben am meisten gehört habe. Wenn ich dafür jedes Mal einen Euro bekommen hätte, wäre ich vor drei Wochen in Rente gegangen.

Fast jeder Mann, der etwas von mir wollte, bringt irgendwann diesen merkwürdigen Satz. Warum ist das wohl so?

Hat das Besteigen einer Frau ohne Modelmaße etwas mit Heldenmut zu tun? Gibt es eine Art Männerorden für Tapferkeit und Tatkraft, wenn man eine dicke Frau flachgelegt hat? Seht ihn an, den tapferen Recken, er hat sein bestes Stück in neue Gewässer geschoben und musste dabei nicht weinen, er ist ein Held!

Ich habe schon einige Männer in meinem Leben gefragt, ob sie wirklich glauben, sie machten mir damit ein Kompliment. Also frage ich ihn auch.

«Ist das ein Kompliment?»

«Ja, natürlich!», antwortet er überrascht.

«Ein komisches Kompliment», sage ich. «Warum, glaubst du, sollte mir das gefallen?»

«Das ist nicht persönlich gemeint», sagt er. «Ich hatte nur einfach noch nie was mit einer Dicken und bin gespannt, wie das so ist.»

Wie – das – so – ist.

Du wirst auch mit dieser Dicken in deinem Leben nichts mehr haben, möchte ich gern antworten, will mir selbst aber den Spaß nicht verderben und sage stattdessen: «Ein Kompliment, das nicht persönlich gemeint ist? Na, das sind natürlich immer die schönsten.»

Er grinst mich an.

Ich glaube, er ist ziemlich dumm.

«Na, da kann ich ja froh sein, dass du heute einen guten Tag hast, was?», flöte ich.

Ich glaube ihm sogar, dass er das als Kompliment meint. Wenn ich Männer danach frage, erklären sich manche tatsächlich und sagen, sie gingen davon aus, es würde mir schmeicheln, wenn man mich Dicke einer schlanken

Frau vorzieht. Auf eine sehr verquere Weise ergibt das sogar Sinn, vorausgesetzt, man unterteilt Frauen in Kategorien und macht sie anhand ihrer Figur zu Wesen erster und zweiter Klasse (wobei dicke Frauen automatisch Frauen zweiter Klasse sind). Hinzu kommt, dass dieser Gedankengang impliziert, dass Frauen mit einer ausladenderen Figur automatisch so wenig Selbstwertgefühl haben, dass sie begeistert sind, wenn man ihnen sagt, sie seien besser als «die Schlanken, die ich sonst habe». Als wäre das eine Form der Auszeichnung.

Oh. Danke. Das ist sehr nett.

Das Problem ist, dass das sogar stimmt. Frauen fühlen sich anderen Frauen gegenüber fast immer unterlegen, zumindest, wenn es um die Partnerwahl geht. Das höre ich viel zu oft aus den Mündern von Frauen. «Er ist mit mir zusammen, obwohl ich dick bin» oder «Er interessiert sich für mich, obwohl ich eigentlich nicht sein Typ bin. So von der Figur her, du weißt schon».

Ja, ich weiß schon.

Nicht nur Männer kategorisieren Frauen bewusst oder unbewusst in wertig und minderwertig, sondern auch Frauen tun das wie selbstverständlich.

Als ich mich aus meiner letzten Beziehung löste, war die erste Frage einer Freundin: «Hat er eine andere? Ist sie schlanker?»

Sie ist vor allem dumm wie ein Sack voller Murmeln, aber das ist für die meisten nicht so schlimm.

Ich wurde schon für alle möglichen Arten von Frauen verlassen; dickere, dünnere, für Frauen mit mehr Oberweite, Frauen mit weniger Eloquenz, Frauen mit kleineren Füßen, dickeren Hintern, für ältere oder jüngere oder für Frauen, die weniger Sex wollten. Alles dabei.

Ich habe mir darüber tatsächlich keine Gedanken gemacht – ich grübele über vieles, aber im Fall meiner letzten Trennung war das Gewicht der Neuen kein Thema für mich, und das verbuche ich als Erfolg.

Unzählige Frauen stehen morgens auf und sind überzeugt, dass ihr Körpergewicht eine Aussage über sie als Menschen trifft. So verhalten sie sich dann auch, demütig gegenüber der eigenen vermeintlichen Unvollkommenheit.

Will man uns nicht, dann bestimmt, weil eine andere schlanker ist. Trennt man sich von uns, dann bestimmt für eine Dünnere und Schönere. Schaut er einer nach, die schmaler ist, findet er uns bestimmt weniger attraktiv. Das ist zwar Mumpitz, steckt aber in unseren Köpfen.

Selbst meine schlanken Freundinnen machen sich Gedanken darüber, dass ihnen die Männer für eine noch schlankere Frau davonlaufen könnten – als würde der Großteil aller Männer gern mit einem Strichmännchen verheiratet sein.

Ich verstehe nur zu genau, woher diese Gedanken kommen; wir wachsen damit auf. In meinem Fall sorgte eine elterliche Fehleinschätzung dafür, dass ich glaubte, Männer könnten nur schlanke Frauen lieben – als hätten meine gesamte Persönlichkeit und meine Ausstrahlung nur mit meinem BMI zu tun. Lange Zeit war das auch so – quasi eine «sich selbst erfüllende Prophezeiung». Weil ich oft genug zu hören bekam, ich sei aufgrund meiner Maße weniger wert, glaubte ich das irgendwann. Kinder glauben ihren Eltern. Dass meine Eltern selbst nicht gerade Elfen sind und damit im Widerspruch zu dem standen, was sie sagten, fiel mir damals nicht auf. Ich wuchs in der festen Überzeugung auf, dass ich es sehr schwer haben würde, jemanden zu finden, und wenn, dann würde er mich aus Mitleid nehmen oder weil er keine andere abbekäme.

Was für eine trostlose Zukunftsvision.

Natürlich ist das vollkommener Quatsch.

Natürlich steht nicht jeder Mann auf Frauen meiner Statur, es gibt jede Menge Männer, die ausschließlich schlanke Frauen bevorzugen, und das ist vollkommen in Ordnung. Präferenzen sind normal und legitim, und auch ich stehe nicht auf jeden Typ Mann. Im Gegenteil.

Männer sind in der Wahl ihrer Frauen genau so vielfältig, wie Frauen es bei Männern auch sind. Und ganz im Ernst: Von vornherein zu behaupten, man würde keinem Mann gefallen, weil man figürlich nicht der Knaller ist, scheint mir ein bisschen oberflächlich zu sein.

Ja, ich weiß, am Ende des Tages haben wir alle Angst, er würde mit Angelina Jolie oder Daenerys Sturmtochter durchbrennen, weil er sie heiß findet und du so nicht aussiehst. Was dir ein schlechtes Gefühl gibt. Verständlich, schließlich ist die Gefahr groß, dass eine von denen morgen klingeln und dir den Mann klauen wird. Man kennt das ja. Gott sei Dank würdest du ganz anders reagieren, wenn George Clooney oder Benedict «Die geile Sau» Cumberbatch vor der Tür stünden. Oder?

Wir neigen dazu, Männern nicht zuzutrauen, dass sie sich für mehr interessieren als für Maße. Doch Männer fühlen sich nicht nur von Körpern angezogen, sondern ebenso von Ausstrahlung, Intellekt und den vielen Tausenden anderen Eigenschaften, die eine Frau haben kann.

Tatsächlich habe ich in meinem Leben bislang fast nur Männer an meiner Seite gehabt, die mir auch alle sagten, dass sie eigentlich nicht auf dicke Frauen stünden – aber bei mir sei das etwas ganz anderes.

Ich dachte eine Zeitlang ernsthaft, ich sei in einer Art Zeitschleife gefangen; immer wieder fiel dieser Satz. Woran das wohl lag? Immerhin bin ich weder die schönste Frau auf diesem Planeten, noch gehört mir Microsoft oder irgendwas anderes, was meine Attraktivität deutlich steigert.

In meinem näheren Bekanntenkreis gibt es ein paar sehr schöne Frauen, die allesamt keine Idealmaße haben. Eine ist über 1 Meter 80 groß und enorm dünn, zwei andere sind noch mehr, als ich es bin, und alle drei haben enorm sympathische, gut aussehende Kerle an ihrer Seite, die sich oft die Frage gefallen lassen müssen – sogar von ihren eigenen Frauen –, warum sie sich ausgerechnet für eine dieser auffälligen Frauen entschieden haben.

Die Antworten sind überraschend und bei allen dreien die Gleichen:

«Weil sie so viel Sex ausstrahlt.»

«Weil sie irgendwie anders ist.»

«Ich weiß nicht, sie war mir einfach sympathisch.»

«Weil sie einfach total heiß ist.»

«Ich liebe es, dass sie so lustig ist.»

Nicht einmal erwähnte einer der Männer die Körpermaße seiner Frau.

Ich habe genau verstanden, was die Männer meinten, denn alle Damen haben etwas gemeinsam: Ausstrahlung.

Ich weiß, welche Außenwirkung meine Einstellung zu mir selbst hat. Je mehr ich mich mag, je mehr ich strahle und vermittele, dass ich meinen unperfekten Körper mag, desto anziehender scheint es zu wirken. Ich bin ein sehr sexueller Mensch, also strahle ich das auch aus. Ich bin eine Frau und liebe die Weiblichkeit, und ich strahle auch das aus. Das ist kein Schutz-, sondern ein Aushängeschild. Ich bin der Meinung, ein Recht auf Attraktivität zu haben, auf Sex und Körperlichkeit, vollkommen egal wie viel oder wie wenig die Waage anzeigt, und genau das strahle ich aus. Manche Männer zieht das an, andere interessiert es nicht, wieder andere finden es sexy, aber stören sich an der Figur. Meine Figur entscheidet nicht darüber, was ich ausstrahle. Davon bin ich überzeugt.

Sexuelle Anziehungskraft entsteht nur, wenn derjenige sich selbst auch als sexuell attraktives Wesen wahrnimmt. Ich weiß, dass das schwer ist, gerade dann, wenn man sich jahrzehntelang nicht gut genug fand, und auch bei mir war es ein langer Weg. Aber er ist wichtig.

Du hast ein Recht darauf, dich attraktiv zu fühlen.

Du hast ein Recht darauf, sexy und weiblich zu sein, und niemand kann dir dieses Recht streitig machen.

Natürlich nehmen Menschen die Körper anderer als unterschiedlich attraktiv wahr, aber es stimmt nicht, dass Übergewicht oder körperliche Unvollkommenheit automatisch als Unattraktivität wahrgenommen werden.

Nicht die Zahl auf der Waage sagt, wie sexy du bist – das bestimmst du zu einem großen Teil selbst. Deine Kleidung, die Art, wie du dich gibst, wie du dich pflegst, und ja, auch sexuelle Offenheit machen einen Teil deiner Anziehungskraft aus.

Du musst nun nicht gleich breitbeinig im Mini an der Autobahnraststätte herumsitzen – es sei denn, du möchtest das –, aber ich bin überzeugt, dass Attraktivität vor allem erst einmal in deinem Kopf stattfinden muss. Danach können es dann auch andere sehen. Und dann gelingt es uns auch, Komplimente anzunehmen.

Ich weiß sehr genau, wovon ich spreche, denn ich bin das Paradebeispiel einer Frau, die ihr ganzes Leben lang nicht verstanden hat, was genau Männer denn ausgerechnet von ihr wollen. Komplimente wiegelte ich ab. Auch heute erröte ich noch, wenn man mir ein Kompliment zu meiner Figur, meinem Stil, meinen Haaren oder sonst irgendetwas macht, aber immerhin kann ich mich mittlerweile darüber freuen, anstatt aus Unsicherheit etwas Flapsiges zu antworten, was mich so sympathisch wirken lässt wie eine Rolle Stacheldraht.

Unser Auftreten entscheidet über unser Attraktivitätslevel; es macht dich schöner, wenn du dich selbst schön findest.

Natürlich falle ich als Frau mit Maßen, die sich von der Norm unterscheiden, auf. Betrete ich einen Raum, werde ich erst einmal in eine Schublade gesteckt. Dick. Blond. Groß. Und dann gibt es noch eine Menge kleinerer Fächer, auf denen «Faul», «Mangel an Ehrgeiz», «Nachlässigkeit» und «Unsportlichkeit» steht. Mal kämpfe ich mich aus der Schublade wieder heraus, mal nicht. Je nachdem, wie wichtig es mir ist. Meist jedoch sorgt mein Auftreten dafür, dass die Schublade zwar nicht ganz verschwindet, aber noch andere Fächer dazukommen.

Dabei passieren die kuriosesten Dinge. Nach einem TV-Auftritt kam ein Moderator zu mir und war total erstaunt: «Sie können ja reden!»

Ja, in der Tat, der Pudding kann sprechen. Auf meine Nachfrage, warum ihn das so überraschte, sagte er: «Traute ich Ihnen gar nicht zu ...»

«Weil ich dick bin?»

Tatsächlich war das der Grund. Dick und blond.

Ein anderer Mann war überrascht, dass ich Sport mache. Der nächste, dass ich ein Privatleben habe, und so weiter.

Frauen denken übrigens in genau den gleichen Schubladen. Das tun wir alle. Ich auch. Der einzige Unterschied ist, dass ich genau weiß, wie es sich in diesen Schubladen anfühlt. Und ich versuche, meine eigenen Schubladen wieder aufzuziehen und denjenigen, den ich reingestopft habe, wieder rauszuholen. Klappt nicht immer, aber ich arbeite daran.

Ich glaube also, dass es bei Körperakzeptanz, Attraktivität und Wahrnehmung vor allem darauf ankommt, was ich von mir selbst halte. Ich habe das bei mir erlebt, und ich sehe es ständig bei anderen. Darauf zu warten, dass jemand mich mag, und ihm dann die Verantwortung für das eigene Wohlempfinden zu überlassen ist schwierig, und wenn wir ehrlich sind, funktioniert das in den meisten Fällen auch nicht.

Es ist die eigene Verlustangst, die die Frage stellt, ob man gut genug ist.

Ich weiß, dass es sehr schwer ist, dieses Verhalten abzulegen, und auch ich schaffe es heute noch nicht immer, aber ich weiß, dass man daran arbeiten kann. Ich habe auch nicht den ultimativen Tipp, um sich attraktiv zu fühlen, aber ich glaube, es gibt ein ganz simples Rezept:

Bevor du versuchst, so zu sein, wie du glaubst, dass du sein sollst, versuche doch mal herauszufinden, wer du eigentlich bist. In meinem Fall: eine sensible Diva, die bei Greys Anatomy losheult und eine Schwäche für einen bestimmten Schlag Mann hat und die aggressiv wird, wenn jemand am Tisch schmatzt. Mal ganz grob zusammengefasst.

Wer bist du?

Eine recht einfache Frage, auf der man allerdings sehr lange herumdenken kann. Und wenn du es herausgefunden hast, dann sei diese Frau. Mit allen Konsequenzen. Sei Diva oder Püppchen, Hausfrau oder Draufgängerin, Bitch oder zahmes Häschen oder all das zur gleichen Zeit.

Sei, was dir guttut. Für eine Nacht. Für einen Tag, und

irgendwann vielleicht für genauso lange, wie es dir gerade passt.

Und darüber hinaus: Nimm Komplimente an. Wenn dir jemand sagt, dass du die Schönste bist, dann glaub ihm das, er oder sie wird ihre Gründe haben. Sprich anderen Menschen nicht ständig ihre Urteilskraft ab. Das macht dich unsympathisch, und es ist demjenigen gegenüber, der dich so sieht, auch nicht fair. Versuche, es anzunehmen, dass du in den Augen anderer attraktiv bist, und traue dich nachzufragen, was er an oder in dir sieht. Du wirst erstaunt sein! Und wenn du klug bist, dann versuche das nachzuvollziehen und es auch in dir zu sehen.

Nicht deine Figur sollte bestimmen, wie du dich zu fühlen hast. Eine Zahl sagt nichts über deine Attraktivität aus. Du bestimmst, ob du dich sexy findest, dann ist die Wahrscheinlichkeit recht hoch, dass auch andere es tun.

Mr. «Eigentlich stehe ich ja nicht auf dicke Frauen, aber ...» kam an jenem Abend übrigens nicht mehr zum Schuss, und auch sonst an keinem Abend.

Denn als er erzählte, dass er ja schon immer mal etwas «mit einer Dicken haben wollte», und ich ihn fragte, warum, antwortete er mit dem Satz aller Sätze:

«Dicke sind immer so dankbar!»

Ich dachte, ich hätte mich verhört.

«Dicke sind – was?»

«Dankbar!», sagte er. «Angeblich seid ihr besser im Bett.»

Das wiederum war ja fast ein Kompliment, allerdings schreibt man «Schlanke sind schöner, Dicke ficken dafür besser» auch nicht unbedingt auf eine Grußkarte.

«Mein Kumpel sagte», setzte er aufgeregt nach, «dass ihr euch mehr Mühe geben würdet beim Sex.»

Äh.

«Na ja, weil ihr ja weniger davon habt, und angeblich lassen dicke Frauen viel mehr mit sich machen.»

«Aus Dankbarkeit, nehme ich an?!»

«Genau!»

«Lass mich das kurz zusammenfassen», antwortete ich «Wir sitzen hier also, weil du schon immer mal eine dicke Frau flachlegen wolltest in der Hoffnung, dass ich aus lauter Dankbarkeit, auch mal einen abzubekommen, alles mit mir machen lasse. So in etwa richtig?»

«Wenn du das so sagst, klingt es irgendwie komisch», sagte er grinsend.

Ich lächelte, rutschte vom Stuhl, ging um den Tisch, lehnte mich zu ihm herunter und flüsterte ihm ins Ohr:

«Das, was ich heute Nacht noch mit dir machen werde, ist vielleicht nicht sonderlich dankbar, aber es wird dich mächtig nass im Schritt machen, und ich halte jede Wette, so schnell vergisst du dieses Date nicht.»

Irgendetwas sagte mir, dass in seinem Kopf ein anderes Bild entstand als in meinem. Voll dankbarer Leidenschaft schüttete ich ihm den Inhalt meines Cocktailglases in den Schritt, klopfte bedauernd auf seine Schulter und verließ den Laden.

Vielleicht ist es wahr, und das Vorurteil stimmt, dass dicke Frauen zur Sinnlichkeit neigen, aber ich halte es für ein Gerücht. Nicht, weil ich es nicht bin, ganz im Gegenteil, sondern weil dazu auch gehört, dass man seinen Körper annehmen und einsetzen muss, und da hapert es ja oft gewaltig. So oder so finde ich, dass keine Frau jemals das Gefühl von Dankbarkeit verspüren sollte, nur weil irgendjemand irgendeinen Körperteil in sie schieben will.

Also, sei ein bisschen weniger dankbar und etwas mehr Diva, denn deine Attraktivität ist nicht allein eine Frage der Figur. Es geht darum, wie viel du von dir selbst hältst, und die Antwort auf diese Frage sollte immer lauten: Eine ganze Menge!

Penis-Memory

«Und, wie sieht er aus?», fragt meine Freundin, als wir zusammen an meinem Küchentisch sitzen.

«Er ist mittelgroß, hat eine etwas krumme Haltung, ist rasiert und hoffentlich gewaschen», sage ich mit Blick auf das Bild in meinem Handy.

«Haarfarbe?»

«Braun, glaube ich», antworte ich und ziehe das Bild größer.

«Augenfarbe?»

Keine Ahnung.

«Sieht man nicht auf dem Bild?», fragt sie neugierig.

«Nicht soooo direkt», antworte ich.

«Hm. Was macht er beruflich?»

«Er hängt so rum.»

«Er hängt so rum? Das ist aber nicht so sexy.»

«Geht», sage ich.

«Na ja egal, wie heißt er denn?»

«Penis», antworte ich so ernst, wie es nur geht.

«Was?»

«Penis.»

«Ist das arabisch?», fragt sie verblüfft.

«Nein, das ist ein Penis.»

«Willst du mich verarschen? Zeig mal her.» Sie schnappt sich mein Handy.

«Och nöööö!» Schon schiebt sie mir das Handy über den Tisch zurück.

Das Display leuchtet noch und zeigt in voller Pracht ein männliches Geschlechtsteil, halb erigiert. Dass er nur halb erigiert ist, weiß ich, weil der Penisbesitzer mir dies schrieb.

«Hey Kleines.» Das war die Betreffzeile in meinem Online-Postfach, und in der Nachricht stand: «Mal ein Bild von mir, um Geschmack auf mehr zu machen.»

Im Anhang dann ein Bild seiner «kenianischen Fleischpeitsche», wie er sein besten Stück selbst nannte.

Fleischpeitsche ist übrigens unter den Top 5 der widerlichsten Bezeichnungen für einen Penis, die ich kenne. Die anderen Plätze belegen die «Einäugige Riesenmamba», «der Glatzenaal», «die Wurst-Praline» und natürlich der «Zyklopenlurch». Ich habe mir diese wirklich schönen Begriffe übrigens leider nicht ausgedacht, sondern in intensiver Recherche auf Online-Dating-Plattformen entdeckt.

Mit intensiver Recherche meine ich natürlich, dass ich mich halb ernsthaft, halb zu Tode amüsiert dort auf der Suche nach Mr. Right herumtrieb.

Ja, ich weiß, darüber spricht man nicht.

Online-Dating hat den Beigeschmack der Verzweiflung, und wenn jemand sagt «Wir haben uns online kennengelernt», klingt das nach «Ich habe ihn aus einem Gully gezogen».

Ich hatte bis dato keine Lust auf Online-Dating gehabt, allerdings war meine letzte Offlinebegegnung mit einem Mann auch nicht viel besser gewesen. Er war Pilot. Ich fand das sexy. Oh ja, das ist fürchterlich oberflächlich, aber es war nun mal sexy. Er war groß, hatte locker 30 Kilo zu viel, und ich fand das ziemlich anziehend. Er war es, der mich anflirtete. Ich flirtete zurück. Der Pilot war charmant, eloquent, hatte eine tolle Stimme und sagte ich schon, dass er Pilot war? Sein Dienstwagen hat 22 000 PS und kann fliegen. Das war sein Anmachspruch, und ich bin manchmal sehr leicht zu begeistern. Ich bin mir übrigens sicher, dass der Spruch öfter funktioniert.

Wir plauderten. Tranken. Amüsierten uns und tauschten Nummern aus, als ich die Party verließ. Allein. Wir schrieben uns. Ein paar Nachrichten. Bilder von hier und dort, und ich muss zugeben, Sonnenuntergänge von oben finde auch ich romantisch. Dann fing er an, mir Bilder von sich zu schicken. Von Reisen. Aus dem Cockpit. Gelangweilt aus Hotelzimmern. Es war aufregend. Eine Weile lang. Er fragte, ob wir uns treffen wollen, er würde demnächst ab Hamburg fliegen und könne mich mitnehmen. Sagte ich schon, dass er Pilot war?

«Und? Bist du schon aufgeregt?», fragte mich meine Freundin, ein paar Tage bevor es so weit sein sollte.

«Nicht mehr sonderlich, nein. Wir werden uns nicht treffen.»

«Was? Wieso denn nicht? Er war doch so charmant, und ihr wart süß zusammen.»

«Stimmt.»

«Und was ist nun? Kalte Füße bekommen?»

«Nein, aber er hat mir sein Geheimnis verraten.»

«Was denn für ein Geheimnis?»

Wir telefonierten, der Pilot und ich, eines Abends. Er war irgendwo in Schottland. Ich in Hamburg. Er mit Blick auf die Steilküste. Ich mit Blick auf eine weiße Wand im winzigen Schlafzimmer meiner Studentenbude. Er fände mich anziehend, säuselte er, und dass mit uns auch total spannend. Er habe aber ein paar Fragen. Also ließ ich ihn fragen. Im Wesentlichen wollte er wissen, wie «aufgeschlossen und experimentierfreudig» ich sei, wenn es um Sex ginge. Ich antwortete wahrheitsgemäß, dass ich mir zunächst gern erst einmal alles anhöre. Ich bin da sehr offen. Warum auch nicht. Er war erfreut. «Ich sende dir morgen Bilder vom Flug», sagte er und legte auf. Bitte kein Bild für meine Penis-Memory-Sammlung, dachte ich.

Am nächsten Tag erreichten mich noch vor dem Frühstück die ersten Fotos. Es war Wochenende. Er flog früh. Ich öffnete die Bilddatei, und da stand er. In Uniform. Ich stehe auf Männer in Uniform. Ich bin manchmal so ein verdammtes Klischee. Sie stand ihm gut, diese Uniform. Er hatte sich selbst vor dem Spiegel fotografiert. Mit Mütze. Dunkelblaues Jackett mit goldenen Schulterstreifen. Weißes Hemd. Krawatte in den Farben der Fluggesellschaft. Rote Strapse. Heruntergelassene dunkelblaue Hose. Im Hintergrund das malerische Dekor der Kabinentoilette.

Nein, du hast dich nicht verlesen. Aber auch ich brauchte einen Augenblick, bis mein Hirn verstand, was an diesem Bild nicht so war, wie ich es erwartet hatte. Mir war klar, dass irgendwas kommen musste. Seine Anspielungen waren überdeutlich gewesen. Ich hatte mit einem Penisbild gerechnet – aber nicht mit einem Piloten in Halterlosen.

«Er trägt total gerne rote Strapse», sagte ich wie beiläufig zu meiner Freundin.

«Was?»

«Sein Geheimnis. Du hast doch gefragt. Es sind die Strapse.»

«Wenn du sie trägst?» Als hätte ich mich unklar ausgedrückt.

«Nein, wenn er sie trägt.»

«Rote Strapse?»

«Ja. Und rote Halterlose. Er ist da nicht so wählerisch. Weiß mag er auch, aber am liebsten, warte, ich zitiere, nuttig rot mit einem Hauch von billig. Seine Worte, nicht meine.»

«Das ist nicht dein Ernst», sagte sie und goss sich Wein nach. «Stehst du denn etwa nicht auf Männer in knappen Höschen und Straps?»

«Nur, wenn sie in der Rocky Horror Show mitsingen», sagte ich resigniert und legte meine Stirn auf den Küchentisch.

«Das muss ich sehen!»

Ich schob ihr mein Handy rüber.

Sie nahm es, setzte das Glas an die Lippen und prustete in ihren Wein.

«Sein Eumel hängt raus!»

«Was?»

«Sein Eumel! Er hat nicht nur rote Strapse an, er trägt auch einen Slip, und sein Dödel hängt raus.»

«Eumel und Dödel? Wie alt bist du? 8? Zeig her.»

Sie hatte recht. Er hatte mir tatsächlich ein Penisbild geschickt, und ich hatte es nicht einmal registriert, weil ich viel zu abgelenkt davon war, ihm zuzuhören, als er mir erzählte, er fliege immer in Damenunterwäsche. Für den besonderen Kick. Ob ich was dagegen hätte, wenn er meine Unterwäsche anziehen würde? Generell sehe ich das sehr locker, meinetwegen kann jeder Mann tragen, was er will, aber hätte er das nicht frühzeitig sagen können? Ich bin groß, ganz schön geil, und ach ja, ich trage gerne knappe Höschen und Halterlose unter meiner Uniform. Dann wäre das doch geklärt gewesen.

Dieses Erlebnis hatte mich etwas ernüchtert, und deshalb folgte ich nun dem Drängen meiner Freundin, mich endlich auf den unterschiedlichsten Datingplattformen anzumelden. Nicht für etwas Ernstes, «nur so zum Spaß», sagte sie.

«Reicht denn die eine nicht, auf der wir schon sind? Was gibt es auf den anderen? Noch mehr Penisbilder? Wir könnten dann ein Spiel draus machen. Jedes Mal, wenn wir Bilder bekommen, vergleichen wir die guten Teile, und immer wenn wir zwei gleiche haben, gibt's 'nen Kurzen. Wortspiel nicht beabsichtigt.»

«Ein Trinkspiel?», fragte meine Freundin entzückt.

«Ja. Penis-Memory!»

«Bekanntlich muss man viele Frösche ablecken, bis man den Prinzen trifft.»

«Bist du dir sicher, dass es in dem Sprichwort ums ‹ablecken› ging?», argwöhnte ich.

«Schlimmer als Captain Dödel kann es auch nicht werden.»

Also meldete ich mich an.

Und das wäre vielleicht sogar ganz gut geworden, hätte ich nicht bereits beim Lesen der einleitenden Sätze auf diesem schmucken Portal einen mittelschweren Anfall bekommen ...

Übergewicht ist wie Anpinkeln, nur ekliger

«Ein schöner, schlanker Körper ist natürlich schon per se anziehend, aber es gibt auch andere Vorlieben. Übergewicht ist natürlich auf den ersten Blick eine ungewöhnliche und sehr spezielle Vorliebe, aber dennoch gibt es immer mal wieder Männer und Frauen, die sich für das Weiche und Anschmiegsame eines moppeligen Körpers begeistern können, und bekanntermaßen haben auch Makel ihre Reize. Vergib deine Sterne, ob das für dich ein absolutes No-Go oder reizvoll ist.»

Das lese ich auf dem Bildschirm meines Laptops.

Ich befinde mich auf einer Datingseite und versuche gerade, mein Profil zu erstellen. Um dies tun zu können, muss ich eine ganze Reihe Fragen beantworten, mit denen abgeklopft werden soll, worauf ich denn so stehe.

Jede Vorliebe hat eine eigene Überschrift und darunter einen kurzen Beschreibungstext. Hat man diesen durchgelesen, kann man Sterne vergeben – von geil (5 Sterne) bis ungeil (1 Stern).

Die Überschrift des Textes über den moppeligen Körper lautet: BBW. Big Beautiful Woman. Dicke, schöne Frau.

Ich klicke weiter und lande bei der nächsten Überschrift.

Natursekt, fett gedruckt.

Darunter eine simple Erklärung: «Der Reiz des Spieles mit dem Natursekt des Partners. Sündhaft erotische Spielvariante.»

So weit, so unspektakulär. Ich neige normalerweise nicht dazu, mich schnell aufzuregen, aber in diesem Fall war ich doch etwas überrascht. Nicht wegen des Natursektes, das haut mich nun wirklich nicht aus den Socken. Wenn jemand seinen Partner anpullern möchte und der darauf steht, soll mir das egal sein. Aber – habe ich richtig gelesen? Eine dicke Frau fällt unter die Kategorie «Huiuiui, es soll ja Leute geben, die sogar mit so einer ins Bett gehen würden», während es hingegen vollkommen normal ist, sich gegenseitig anzupinkeln?

Ich blättere ein paar Seiten zurück – und tatsächlich. Vor «Übergewicht» finde ich die Kategorie «Fußfetisch» mit einem Hinweis auf den unwiderstehlichen Reiz von schönen Füßen. Davor: Lack und Latex. Oralsex. Analverkehr.

Diese Singlebörse wirbt also ungefähr so: «Meine Damen und Herren, willkommen auf Deutschlands größter Datingseite! Von Anpinkeln bis Käsefuß ist hier für jeden etwas dabei, und für ganz spezielle Sonderwünsche und Abartigkeiten finden Sie bei uns sogar ein paar dicke Mädchen. Okay, das ist nicht jedermanns Sache, aber es soll ja Perverse geben, die darauf stehen.»

Sind die auf den Kopf gefallen? Seit wann muss man denn Fetischist sein oder «sehr spezielle Vorlieben» haben, um auf einen dicken Menschen abzufahren?

Die Annahme, dass Männer, die sich für dicken Frauen interessieren, automatisch Fetischisten sind, ist weit verbreitet. Und falsch. Tatsächlich gibt es den sogenannten

Fettfetisch, und man findet bei Bedarf Portale, die ihr Hauptaugenmerk auf übergewichtige Frauen legen. Aber die Mehrheit der Männer, die eine dicke Frau lieben, haben sich für den Menschen und nicht nur für den Körperumfang entschieden.

Ein Freund von mir brachte es einmal sehr präzise auf den Punkt:

«Ich bin kein Fetischist, ich mag meine Frauen nur runder. Dicker Po, breite Hüften, große Oberweite. Sie kann abnehmen, wenn sie will, sie kann zunehmen, wenn sie will, ist mir doch egal, wenn ich sie liebe. Ich hatte auch schon schlanke Freundinnen, große oder kleinere. Auf der Straße drehe ich mich aber eher nach dicken Frauen um als nach schlanken. Warum wird denn da immer so einen Aufstand drum gemacht? Wenn ich sage, ich lege nur schlanke Frauen flach, dann interessiert das keine Sau, und es behauptet niemand, ich sei ein Schlankfetischist. Wenn ich aber sage, meine Frauen müssen einen dicken Hintern haben, damit ich sie sexy finde, glauben alle, ich sei irgendwie krank. Das Einzige, was an der ganzen Sache krank ist, ist diese Einstellung.»

Er hat recht.

Wir glauben, dass alles, was nicht der angeblichen «Norm» entspricht, «abnormal» sei. Das setzt aber voraus, dass es eine solche Norm gibt und nahezu alle Geschmäcker gleich sind.

Ich fände das alles nicht so schlimm, wenn dies nur in den Köpfen jener herumgeistern würde, die sich um ihre Körper keine Gedanken machen.

Aber dieses Vorurteil, dass mit einem Mann etwas nicht stimmt, weil er eine dicke Frau attraktiv findet, spukt vor allem auch in den Köpfen der besagten Frauen herum, und das ist eine Katastrophe.

Eigentlich sollte die Tatsache, dass dort jemand ist, der dich attraktiv findet, schon beweisen, dass du es auch bist. Getreu dem Motto: Wenn nur ein einziger Mensch von dir träumt, dann bist du eine Traumfrau. Gehst du aber prinzipiell davon aus, dass dein Gegenüber einen Sprung in der Schüssel haben muss, weil er auf dich steht, dann wertet das sowohl dich als auch dein Gegenüber ab.

Leider stellte ich im Laufe der letzten Jahre während der Arbeit mit Frauen unterschiedlichster Staturen fest, dass fast alle genau diesen Komplex mit sich herumtragen.

«Wer auf mich steht, der kann ja nur einen schlechten Geschmack haben», oder: «Ich weiß gar nicht, was er an mir findet, irgendwas stimmt doch mit dem nicht.» So oder so ähnlich klingen die Sätze, die ich während meiner Arbeit als Coach zu hören bekam.

Darauf basierte oft auch noch die Überzeugung, man habe einen «guten» Partner nicht verdient oder müsse sich dem widmen, was gerade verfügbar sei.

Selbst aus meinem familiären Umfeld kamen solche Bemerkungen schon recht früh und häufig. Als ich mich einst von einem Lebensgefährten trennte, weil er meinte, auch über andere Frauen rüberrutschen zu müssen, hörte ich nur: «Überleg dir das gut. Ist ja nicht so, dass du die Wahl hättest, und er ist ja sonst ganz nett.» Als ich fragte, warum ich denn bitte schön keine Wahl hätte, war die Antwort: «Na ja … du bist eine dicke Frau.»

Ich stand auf und ging kommentarlos.

Wie wählerisch dürfen Frauen sein, die nicht der vielzitierten Norm entsprechen, wenn es um die Partnerwahl geht?

Viele Frauen, die ich in den vergangenen Jahren kennenlernte und die ein schwieriges oder gar kein Verhältnis zu ihrem Körper hatten, waren der Meinung, überhaupt nicht wählerisch sein zu dürfen. Viele gingen davon aus, dass sie sowieso niemand attraktiv finden könnte, und igelten sich aus Angst vor Ablehnung zu Hause ein. Andere Frauen blieben in Beziehungen, die ihnen nicht guttaten, aus Angst, sie würden keinen mehr finden, oder – und das ist noch tragischer – sie hätten es aufgrund ihrer angeblichen körperlichen Unzulänglichkeit verdient, dass man sie wie Abschaum behandelte.

Aber darf ich als Dicke nur auf Dicke stehen? Muss ich mit Pinocchio ins Bett, weil ich eine große Nase habe?

Ich kenne solche Gedanken von mir selbst: Ich stand in einem Club, ein Mann kam zu mir und sagte: «Hey, mein bester Freund würde dich gern kennenlernen, er ist nur zu schüchtern, dich anzusprechen, hast du Lust, zu uns rüberzukommen?»

Ich schaute rüber, der Typ stand dort mit zwei anderen Männern, und alle sahen umwerfend aus. Große, schlanke, anziehende Typen, die lächelten, als würden sie dafür bezahlt. Und wie reagierte ich?

Ich ging erst einmal davon aus, dass man mich auf den Arm nehmen will.

«Hat er eine Wette verloren?», war meine Antwort. Der Mann hat nicht einmal verstanden, was ich meinte. Es stellte sich heraus, dass niemand eine Wette verloren hatte – das Einzige, was verlorenging, war die Chance auf ein Kennenlernen, und als ich endlich begriff, dass der Flirtversuch ernst gemeint war, biss ich mir fast in meinen Hintern und ärgerte mich über mich selbst.

Diese Art, über sich selbst zu urteilen, ist ein Teufelskreis. Wenn du davon ausgehst, dass du niemanden verdient hast, der umwerfend ist, dann nimmst du dir selbst die

Chance, glücklich zu sein. Deine Körperlichkeit, die Zahl auf der Waage, deine Nase, deine Oberweite, dein Sprachfehler, all das sagt nichts darüber aus, wen du für dein Herz wählen darfst.

Die Annahme, du müsstest «nehmen, was du kriegen kannst», so wie Mütter es gerne mal formulieren, ist nicht nur falsch, sondern auch fatal und beleidigend, dir und auch demjenigen gegenüber, dem man sich widmet. Denn wer möchte der Partner zweiter Klasse sein, ganz gleich, wie man aussieht? Jeder von uns möchte den einen Menschen finden. Sei es für eine gewisse Zeit, für eine Affäre oder den Rest des Lebens. Aber es soll auf jeden Fall der für diesen Moment beste Mensch sein.

Sei du dieser Mensch für jemanden!

Sei eine Frau, die von sich selbst sagt, sie sei eine gute Wahl.

Nicht weil das so gut klingt, sondern weil das so ist.

Dein Wert, deine Attraktivität, der Sex, den du ausstrahlst, all das hat nichts damit zu tun, ob du «dick» oder «anders» bist.

Du bist einzigartig. Nicht einmal, wenn du wolltest, könntest du etwas dagegen tun.

Du musst nicht «nehmen, was du kriegen kannst», sondern das, was du dir wünschst.

Weil du ein Recht darauf hast, glücklich zu sein.

Es ist nicht deine Aufgabe, dich für den Rest deines Lebens dafür zu schämen, dass du bist, wie du bist. Du darfst Ansprüche haben! Du musst sogar. Du musst dich bei deiner Partnerwahl weder verstecken noch bescheiden sein. Warum auch? Dein Partner wird es auch nicht sein.

Denk daran, wenn dich das nächste Mal jemand anflirtet: Er meint dich.

So, wie du bist.

Mach dein Glück nicht von deiner Körperform abhängig.

Vielleicht bist du nicht jedermanns Typ, aber soll ich dir mal ein Geheimnis verraten? Ich stehe nicht auf George Clooney und finde Brad Pitt in etwa so anziehend wie einen Wäscheständer. Geschmäcker sind und bleiben verschieden.

Daher eine Bitte von Herzen, von einer Frau, die weiß, wie wichtig es ist, sich selbst wertzuschätzen: In dem Moment, in dem du das Leben eines anderen bereicherst, weil er dich haben darf, bist du das Beste, was ihm oder ihr passieren kann. Ausnahmslos. Darum fang bitte an, gut von dir zu denken. Denn das, was du zu geben hast, was du bist und was dich ausmacht, all deine Facetten und Farben sind nicht nur auf deine Erscheinung reduziert. Du bist so viel mehr als ein Spiegelbild. Du kannst es vielleicht nicht immer sehen, aber du kannst es versuchen.

Bitte hör damit auf, zu glauben, du seist es nicht wert, eine gute Beziehung mit einem Menschen zu führen, der dich für die geilste Sau auf diesem Planeten hält. Verletze dich nicht selbst, indem du von dir sagst, dass dich niemand wundervoll finden wird. Es stimmt einfach nicht. Verramsch dich nicht, sondern beschütze dich und deine Emotionen vorm Ausverkauf. Du bist kein Objekt, auf das man «stehen muss», um dich anziehend zu finden. Du bist kein Fetisch.

Du bist kein Mängelexemplar und keine beschädigte Ware.

Du bist eine Frau, und dich «haben» zu dürfen sollte immer ein Geschenk sein.

Ausnahmslos.

Diese Online-Datingseite gibt es übrigens noch immer. Der Firmensitz ist in Deutschland, und irgendwann schnappe ich mir 500 dicke Mädels, fahre dorthin, und wir pinkeln denen 5 Sterne an die Hausfassade!

Die emotionale Bettkante

Liebeskummer ist wie sterben, habe ich vor einiger Zeit auf einer Postkarte gelesen und mich gefragt, wer denn bitte solche Karten verschickt.

«Hey! Du leidest an gebrochenem Herzen? Hier, eine schöne Karte, die dich noch ein bisschen mehr runterzieht. Gern geschehen!» Warum nicht gleich einen Karton mit toten Katzenbabys drin verschicken? Versenden solche Menschen dann auch «Glückwunsch, deine Krankheit passt zu deinem Sternzeichen!»-Karten an Krebskranke oder «Träume nicht dein Leben, sondern nimm deine Tabletten»-Sinnsprüche für Depressive? Die gibt es dann in der Geschenkverpackung mit zwei Flaschen Rotwein und einer Packung Rasierklingen.

Mit Schleife.

Der Spruch ist falsch, zumindest dachte ich das, als ich dort stand und die Karte in der Hand hielt. Liebeskummer ist nicht wie sterben. Der eigene Tod ist die Tragödie der anderen. Man selbst bekommt davon nicht viel mit.

Liebeskummer ist viel schlimmer, als zu sterben, weil es sich anfühlt, als wäre in dir etwas mit einem sehr stumpfen, rostigen, abgebrochenen Messer erstochen worden.

Liebeskummer ist das vernichtendste Gefühl, das mir jemals begegnete. Eigentlich ist es auch gar kein Gefühl, sondern eine Mischung aus Scham, Wut, Verzweiflung,

Demütigung, Enttäuschung, Hoffnungslosigkeit und der gnadenlosen Überzeugung, von jetzt auf gleich nicht mehr liebenswert zu sein oder es sogar verdient zu haben, weil man irgendwie irgendwas falsch gemacht hat oder nicht gut genug war, sich nicht genug Mühe gab. Liebeskummer ist die Summe all der Emotionen, die uns von innen auffressen, ganz langsam. Keine Krankheit des Herzens allein, sondern eine der Seele. Liebeskummer ist allumfassend, lähmend und fühlt sich an wie etwas, das man mit so einer Scheißkarte nicht beheben kann.

Liebeskummer macht unehrlich. Mich zumindest. Zwangsweise wird man zum Lügner, wenn man nicht alle zehn Minuten wie die letzte Heulsuse zusammenbrechen will, nur weil jemand fragt, wie es einem heute wohl geht.

«Wie es mir heute geht? Ich bin verzweifelt. Wirklich schlimm verzweifelt. Ich weiß nicht genau, ob man das jemals wieder heil machen kann in mir!» Das zumindest hätte ich damals gesagt, wenn man mich gefragt hätte. Vorausgesetzt, ich wäre ehrlich gewesen und hätte nicht wie immer «Ja, ach, geht schon» geantwortet und gelächelt. Eine alltägliche Frage, die zu einer echten Herausforderung wird, wenn man gerade frisch getrennt ist. «Ich weiß es nicht. Ich habe keine Ahnung, wie es mir geht, ich habe keine Ahnung, ob das jemals wieder aufhört, dieser Liebeskummer, weißt du, oder ob ich einfach daran oder damit sterben werde. Ich weiß es genau, ich werde nie wieder lieben. Nie wieder!» Das hätte ich so gern gesagt. Damals. Als er meinte, «Du, es liegt nicht an dir ...», und mir dann irgendeinen Quatsch auftischte, der sagen wollte «Ich ficke eine andere», aber natürlich hübsch verpackt war als «Ich brauche Abstand».

Mr. Abstand nahm dann auch Abstand, und ein paar Stunden später setzte ich meinen Facebook-Status zurück auf «Single».

Laut schluchzend, mit roten Augen und einer Hasskappe auf ihn, mich und die Welt, die derart groß war, dass man ein Hochhaus hätte daraus basteln können.

Liebeskummer fühlt sich immer gleich an, ganz egal, wo man gerade ist oder wie die Ausgangssituation war. Man kann den Mist auch überall bekommen. Wie eine richtig miese Grippe. Sogar innerhalb von Beziehungen. Dieses Gefühl, gemeinsam einsam zu sein, während der eine nicht mehr mit dem anderen ins Bett will, man auf dem Sofa sitzt und sich nichts mehr zu sagen hat außer «Reichst du mir mal die Chips?» oder «Ist noch Wein da?». Oder dann, wenn man spürt, dass derjenige, der einen einst angeblich liebte, es nicht mehr tut. Wenn Gespräche belanglos werden und die Liebesschwüre leiser, dafür die Vorwürfe immer lauter. Man kann das an Kleinigkeiten festmachen. An fehlenden Gesten, fehlenden Berührungen, einem Mangel an Aufmerksamkeit und an respektlosen Äußerungen und Verhaltensweisen. An winzigen Dingen, die anfangs gar nicht so schlimm sind, bis man merkt, dass das, was man da gemeinsam erlebt, keine Beziehung mehr ist, sondern eine WG, und dass Liebe ein anderes Wort für Gewohnheit geworden ist.

Ich kenne das gut. Ein wenig zu gut sogar. Ich habe schon so manche Beziehung oder das, was ich dafür hielt, gegen die Wand gesetzt, saß an Heiligabenden schreiend im geparkten Auto und konnte stundenlang nicht aussteigen, weil mir die Kraft fehlte, nachdem er angerufen und ich aus Versehen gehört hatte, dass er bei einer anderen war. Es schneite, und bin noch heute fürchterlich stolz auf mich, dass ich es noch schaffte, ohne Blechschaden einzuparken, ehe ich vor lauter Tränen nichts mehr sehen konnte. Ein anderes Mal bekam ich einen Anruf von einer Frau, die «eine gute, alte Schulfreundin» von ihm war. Ein Gespräch wie eine Szene in einer Seifenoper.

Sie: «Hallo, wir kennen uns nicht, aber ich glaube, wir sollten reden.»

Ich: «Bist du nicht XY, wo ‹er› gerade zu Besuch ist?»

Sie: «Ja.»

Stille.

«Ich weiß auch gar nicht, wie ich es dir erzählen soll.»

Ich: «Lass mich das für dich tun: Fickst du meinen Freund?»

Sie: «Ja.»

Ich: «Okay. Ähm. Danke?!»

Sie: «Es tut mir leid.»

Ich: «Ja. Mir auch.»

Ich trennte mich. Man trennte sich von mir. Man trennte sich im beiderseitigen Einvernehmen, wie es immer so schön heißt, was nichts anderes bedeutet, als dass man sich gemeinsam dazu entschließt, lieber alleine unglücklich zu sein als miteinander. Ich trennte mich oft nach Wochen. Manchmal, seltener, nach Jahren. Ab und an nach Tagen. Manchmal viel zu spät, und manchmal wurde ich verlassen.

Ich bin erwachsen geworden. Na ja, zumindest sehe ich so aus, und ich habe mir schon allen möglichen Beziehungskram angeschaut. Verliebt, verlobt, verheiratet, das volle Programm. Ich bin groß und stolz und mutig, eine waschechte Diva bisweilen und bekomme mein Leben einigermaßen auf die Reihe. Ich lebe und genieße mein Leben, aber was ich auch mache, egal wie viel Erfahrungen ich sammle oder wie gefestigt ich auch bin, ich werde, glaube ich, nie lernen, mit Herzschmerz umzugehen.

Ich bin abhängig. Einer dieser ganz schlimmen Junkies. Nur, dass ich mich nicht nachts um 2 an Bahnhöfen auf der Suche nach meinem nächsten Schuss herumtreibe, sondern stattdessen mein Herz auf den Strich schicke, um für meine nächste Überdosis Gefühl anschaffen zu gehen. Ich bin emotional, und das klingt besser, als es oft ist. Wobei es oft toll ist. Sehr toll sogar. Nur manchmal eben auch nicht.

Manchmal, morgens um 5, wenn man eine Stecknadel fallen hören kann und schon wieder wach liegt, dann ist das gar nicht so toll. 5 Uhr morgens, ich hasse diese Uhrzeit. Nichts Gutes passiert um 5 Uhr morgens, und alles, was schlimm ist, ist noch schlimmer in dieser dunkelsten Stunde vor dem Sonnenaufgang. Es ist meine Grübelstunde. Zwischen 4 und 5 Uhr 30. Die Zeit, in der ich mich innerlich am allerbesten selbst zerfleischen kann. Eine Zeit, in der ich auch aufstehen und irgendwas Produktives tun könnte, mich beispielsweise mit Kaffee ertränken, die Hausfassade neu streichen oder mir die Fußnägel rausziehen, irgendetwas, das weniger zerstörerisch ist, aber dafür müsste ich aufstehen können, und das kann ich nicht. Nicht morgens vor 5 Uhr 30, denn da muss ich grübeln. Grübeln und mich fürchterlich fühlen. Nicht immer. Nicht einmal oft. Eher sehr selten, aber wenn, dann richtig. In solch einem elendigen Liebeskummermoment beispielsweise. Wenn ich im Bett liege und darauf warte, dass die Sonne aufgeht, in der Hoffnung, dass es heute ein bisschen besser wird als gestern.

Es. Es, das dafür sorgt, dass ich mich seit Tagen jede verdammte Nacht in den Schlaf heule wie ein Baby. Es, das mir den Magen auf die Größe eines 10-Cent-Stücks hat zusammenschrumpfen lassen, weswegen ich seit Tagen nichts mehr esse. Es, das wie Blei auf mir liegt und es mir jeden Morgen fast unmöglich macht, aufzustehen, und wenn ich es dann tue, dann komme ich nur bis zur Bettkante, und auf der sitze ich dann und heule mir die Augen aus dem Kopf, bis ich kaum mehr Luft bekomme. Es hat einen Namen. Es heißt Liebeskummer, es heißt «Wir passen nicht zusammen», es heißt «Ich brauche meine Freiheit», es heißt «Ich will dich nicht mehr», und es ist des versuchten Mordes schuldig – in allen Anklagepunkten. Zumindest versucht es mich, glaube ich, umzubringen. Es schneidet mir die Luft ab, nimmt mir jede Kraft, zerreißt mich innerlich so sehr, dass ich stundenlang auf dem Boden meiner Dusche sitze und hoffe, dass das Wasser irgendwas von diesem Gefühl wegspülen kann, das sich in mir festgebissen hat.

Es sorgt dafür, dass die Zeit fließt wie zäher Leim, dass jedes Geräusch viel zu laut ist und sich alles anfühlt, als hätte man Watte in den Ohren. Es fühlt sich schlimm an und so, als würde es niemals aufhören. Als wäre dieses Mal wirklich etwas endgültig nicht zu reparieren. Herzbruch. Totalschaden. Nicht zerbrochen, sondern pulverisiert.

Dieser eine Tag noch. Heute wird es bestimmt besser. Bestimmt.

Es, das dafür sorgt, dass man nicht mehr antworten möchte auf die Frage, wie es denn so geht oder was man heute denn Schönes macht, denn wenn man ehrlich wäre, würde die Antwort so klingen:

Ich?

Ich liege im Bett und schaue durch das Rollo in meinem Schlafzimmer hinaus. Draußen ist es noch dunkel. Es ist still, und in mir tobt ein Tornado, der allem Anschein nach nur Glasscherben hochgewirbelt hat, um möglichst viel Schaden anzurichten.

Es ist jetzt wie lange her, dass wir uns getrennt haben? Eine Woche? Zwei? Noch nicht lang genug. Immer noch nicht lang genug.

Das Schlimmste ist der Moment, in dem ich ins Bett gehe. Ein Moment, den ich seit Tagen zu vermeiden versuche. Ich schlafe im Wohnzimmer auf der Couch, ich gehe die halbe Nacht spazieren, ich liege auf dem Teppich im Flur und ziehe die Beine an, weil das Ding so klein ist. Alles ist mir recht, solange ich nicht ins Bett gehen muss. In unser Bett. Zumindest war es das mal. Wenn ich dort liege, dann ist mir alles zu groß. Der Raum, das Bett, die Decke, der Canyon in meinen Eingeweiden. Alles ist zu laut. Alles ist so erbärmlich normal, und das ist nicht auszuhalten. Diese Leere ist nicht auszuhalten. Dieses Gefühl, dort allein im Bett, es fühlt sich nach Einsamkeit an, und das ertrage ich nicht. Einsamkeit ertrage ich nicht.

Ich habe so einige Phobien. Ein paar davon haben mehrere Beine. Einige sind absurd, andere naheliegend, und über meine größte Angst spreche ich am liebsten gar nicht erst. Weil sie riesig ist und ich immer befürchte, wenn ich sie einmal ausspreche, dann könnte sie sich angesprochen fühlen, sich von hinten in mein Leben schleichen und, ehe ich mich's versehe, wirklich da und dann so groß sein, dass ich sie nicht wieder verscheucht bekomme. Aber wir sind ja unter uns, du und ich, also lass uns darüber sprechen.

Ich habe Angst vor Einsamkeit. Panische Angst manchmal. Nicht vorm Alleinsein, nicht davor, Zeit mit mir verbringen zu müssen, und ich habe auch keine Angst davor, mich dem Leben allein zu stellen. Das alles ist okay, das

179

alles kann ich, ich bin ein großes Mädchen, aber vor Einsamkeit fürchte ich mich, und ich glaube, dass ich das auch nicht mehr loswerde.

Augenblicke wie diese, in denen ich mir wünschte, mein Herz gegen einen Backstein tauschen zu können, machen mir Angst, weil sie sich so vernichtend anfühlen.

So war das damals. Nach dieser Trennung. Eine Trennung, die das Ende eines Liedes war, das wie ein Ohrwurm nachwirkte. Immer und immer wieder die gleiche schlechte, melancholische Melodie. Eine Trennung, die das Ende einer Beziehung markierte, die vom ersten Tag an ein Ablaufdatum hatte. Eine dieser Beziehungen, die man lieber bleibenlassen sollte, aber ich wollte es nicht bleibenlassen. Ich wollte auf Teufel komm raus verliebt sein. Vielleicht wollte ich auch nur vergeben sein. Immerhin wurde es langsam mal Zeit. Ehe, Kinder, Haus, Apfelbaum, Gartenzaun, Rasensprinkleranlage. Kuchen backen am offenen Fenster. Wäscheleinen und «Wie geht es dir, Schatz?». Das musste her. Dringend. Zu dringend. Weil ich es so gelernt hatte. So hat es zu sein. Irgendwann im Leben einer Frau muss der eine Mann her, und der muss der richtige sein. Auch wenn er es vielleicht nicht ist. Für immer. Und wenn er es ist, dann baut man ein Nest, und man gibt sich Versprechen, die irgendetwas mit «für immer» und «auf ewig» zu tun haben sollen.

Er war nicht der Richtige, und vermutlich konnte er nicht einmal etwas dafür. Wir konnten beide nichts dafür. Er war nicht das, was ich brauchte, ich war nicht das, was er brauchte. Er wollte eine Frau am Herd, ich wollte Lagerfeuer. Er wollte Routine, ich wollte den Überraschungsmoment. Er wünschte sich ein Leben auf dem Land, ich kann nicht ohne meine Stadt. Wir waren füreinander nicht gut, aber wir wollten es sein, also zogen wir es durch. Wir simulierten, und für einige Zeit war es okay.

Dann, irgendwann, bekam ich eine Nachricht aufs Handy. Sein Name auf dem Display, und ich wusste, was drinsteht, noch ehe ich sie öffnete. «Mache jetzt Feierabend. Komme nach Hause. Soll ich noch einkaufen? Dann musst du sagen, was wir essen wollen.»

Ich saß noch am Schreibtisch. Ich arbeitete jeden Tag länger als er. Er hasste alles daran.

Ich schaute mir die Nachricht an, die er davor geschrieben hatte. Einen Tag zuvor, um die gleiche Zeit. «Bin auf dem Heimweg. Weißt du, was wir essen wollen? Ich kaufe dann noch was ein. Was soll ich mitbringen?»

Einen Tag davor: «Bin bald zu Hause. Soll ich was kochen? Wenn ja, was?»

Ich scrollte hoch. Tage, Wochen zurück. Jeden Tag eine Nachricht. Jeden Tag die gleiche Nachricht. Manchmal mit einem «Ich liebe dich» dahinter, manchmal ohne.

Alltag. Zusammengefasst in der Frage, ob es Nudeln geben soll. Jeden verschissenen Tag, seit Monaten.

Ich starrte auf mein Handy und seufzte. Ich sollte antworten. Irgendwas Wahres. Vielleicht so etwas wie: «Lass uns eine Flasche Wein öffnen und dann vögeln, bis wir wund sind! Lass uns viel zu spät ins Bett gehen und morgen beide verschlafen. Lass uns irgendwas tun, das sich nicht nach 300 Jahren Ehe mit einer Sockenpuppe anfühlt.»

Aber wir hatten längst keinen Sex mehr. Er wollte nicht. Er war zu müde nach der Arbeit. «Es liegt nicht an dir», sagte er, «es liegt an dir», hörte ich. «Mir egal, was immer du magst», tippte ich ins Handy und löschte es wieder. Das funktionierte nicht. Er wollte keine Entscheidungen treffen. Ich wollte einen Mann, der Entscheidungen traf.

«Bring Tomaten mit, ich mache uns Pasta.» Ich legte das Handy weg. Zeit, Feierabend zu machen. Zeit, nach Hause zu gehen. Zeit, das immergleiche Gespräch zu führen, das aus bemühter Freundlichkeit bestand, weil keiner sagen mochte, was ihn ankotzte, denn irgendwie gehört man doch zusammen. Oder?

Es war unser Jahrestag, als es dann schepperte. Gar nicht laut. Ganz leise. Es zerbrach im Stillen.

Ein Hallo. Ein Kuss. Ein «Wie war dein Tag?», «Wie immer und deiner?».

«Oh Gott, es ist wie bei meinen Eltern», dachte ich in diesem Moment nicht zum ersten Mal.

Er war grantig. Das war er fast jeden Abend.

Ich war genervt. Das war ich fast jeden Abend.

Er beschwerte sich über seinen Job, über seinen Chef, über die zu kleine Wohnung, über Dinge, die nicht so liefen, wie er es wollte, und über mich. Vor allem über mich.

Ich war «immer so lang weg», und «außerdem könne ich ja auch mal», wenn «er schon immer» und ich «nie».

Ich immer, du nie. Du immer, ich nie.

«Warum kannst du nicht einfach mal ...»

«Der Badezimmerschrank, dahinter müssten wir auch mal saugen ...»

«Wärest du mehr zu Hause, würde dir auch auffallen, dass ...», monierte er, während ich Tomaten schnitt und nickte. Ich war zu wenig da. Er war überfordert von meinem Job. Es war mir egal. Wir waren mir egal. Ein Gedanke, der mich traf wie ein Kieselstein direkt auf die Nasenwurzel.

Ein Wort gab das andere, und irgendwann fragte ich ihn, ob er glücklich sei. Mit mir. Mit «dem hier», mit der Art, wie es lief oder vielmehr stagnierte.

Er musste lange darüber nachdenken, sagte Sätze wie «So habe ich mir das nicht vorgestellt ...».

Ich antwortete «Ich mir auch nicht ...», und Stunden später stand fest, dass er ausziehen würde. Wir lagen in der Nacht nebeneinander. Er schlief. Ich nicht. Ich musste an die Decke starren und weinen und mich fragen, wann es angefangen hatte schiefzugehen.

Es folgten ein paar eklig anstrengende Wochen, in denen ich noch länger arbeitete, damit ich nicht nach Hause musste, und er schuldbewusst durch die Räume schlich, so als könne ich jeden Moment hochgehen wie eine tickende Zeitbombe, wenn er zu viel Lärm machte. Wir waren freundlich zueinander, aber wir waren uns über Nacht fremd geworden. Wir redeten. Ich legte den Ring ab. Wir redeten nicht mehr. Und dann, eines Morgens, saß ich im Schlafanzug auf der Bettkante und schaute ihm dabei zu, wie er die Wohnung leer räumte. Komplett leer, nur das Bett, auf dem ich saß, das blieb. Nicht, weil er es nicht haben wollte, sondern weil ich sagte, er bekäme es nur, wenn er es schaffe, es mit mir drauf rauszutragen. Ich saß dort auch, als er die letzte Kiste raustrug, voll mit unseren gemeinsamen Sachen, sie im Treppenhaus abstellte, sich umdrehte, noch einmal reinkam, irgendein Werkzeug zückte und sich im Bad auf die Fliesen kniete, um zu guter Letzt die Klobrille abzuschrauben, die, wie er schuldbewusst meinen Freunden gegenüber beteuerte, die zu diesem Zeitpunkt bereits als moralische Unterstützung eingetroffen waren, seine Lieblingsklobrille sei. Und man bekäme sie in dieser Farbe – Manhattan Grau – so schwer, das müsse man verstehen, immerhin habe er sie ja auch gekauft. Klar. Man kennt das. Jeder von uns hat eine Lieblingsklobrille. Oder? ODER?!

Als die Tür hinter ihm ins Schloss fiel, blieb von dem, was uns einst ausmachte, noch eine leere Wohnung, die man als «besenrein» bezeichnen konnte, ein Klo ohne Brille und eine Packung Tiefkühlbaguettes der Sorte Hawaii im Gefrierschrank, die er so gerne aß. Ich hasse warme Ananas. Wie sollte es auch anders sein.

In jener Nacht saß ich im leeren Wohnzimmer auf dem Boden und heulte wie ein Baby, bis ich keine Luft mehr bekam, und genau das tat ich in den folgenden Nächten auch. Ich war nicht tapfer. Ich war nicht heldenhaft und steckte es nicht «einfach so weg». Ich war würdevoll bis zu dem Moment, in dem er außer Sichtweite war, und ab da brach ich innerlich wie äußerlich zusammen.

Ich verbrachte Stunden auf der Bettkante. Ich stellte den Wecker zwei Stunden früher, weil ich wusste, ich würde losflennen, sobald ich wach wäre. Ich saß so lange auf der Bettkante, bis mir die Füße einschliefen, ging duschen, wenn ich arbeiten ging, ging nicht duschen, wenn ich nicht rausmusste. Ich schlief kaum noch, ich aß nicht mehr und verlor acht Kilo in den ersten drei Wochen. Die Liebeskummer-Diät. Ich schlich zur Praxis und hoffte, dass keine meiner Klientinnen fragen würde, wie es mir ginge, weil ich immer losheulte, wenn das jemand tat. Egal wer. Egal wo. Und ich saß zwischen zwei Terminen am Schreibtisch und heulte immer dann, wenn niemand schaute.

Ich igelte mich zu Hause ein, was nicht schwer war, dafür hatte ich ja nun ausreichend Platz, und ich wartete. Ich wartete auf den einen Moment, in dem es besser werden würde.

«Irgendwann muss doch dieser verdammte Morgen kommen, an dem ich nur noch eine Stunde heule anstatt zwei ...», sagte ich irgendwann frühmorgens am Telefon zu einem meiner liebsten Freunde. «Irgendwann kommt der Moment, da musst du morgens gar nicht mehr weinen», entgegnete er. Er hatte recht.

Irgendwann wachte ich morgens auf, und es war ein bisschen weniger schlimm, und irgendwann später kam der erste Morgen, an dem ich nicht mehr losheulte, dann der erste Tag, an dem ich es nicht mehr tat, und viel später musste ich eines Tages einen kurzen Augenblick nachdenken, als ich gefragt wurde, wie er eigentlich mit vollem Namen hieß.

Wenn du mich heute fragen würdest, warum das damals alles so schlimm war, so würde ich dir gern antworten: «Weil ich ihn so geliebt habe», aber das stimmt leider nicht. Wir haben uns nicht geliebt. Ich habe ihn nicht geliebt, und ich glaube, er mich auch nicht. Das, was mir so das Herz brach, war genau diese Erkenntnis. Ich war nicht verliebt in diesen Menschen, ich liebte diesen Mann nicht, sondern die Vorstellung von ihm. Meine Vorstellung. Mein Idealbild. Meine Wünsche, meine Bedürfnisse, meine Vorstellungen, projiziert auf diesen einen Menschen, den es so aber in Wirklichkeit nie gab. Ich habe etwas Bestimmtes gesucht, und er hat versucht, dieses Bestimmte zu sein. Er wiederum suchte auch etwas, und ich versuchte, das zu sein. Am Ende bekamen wir beide nicht, was wir wollten, und zerschellten daran.

Darüber hinaus war es einfach scheiße. Die Beziehung war Mist. Wir nervten uns ständig an. Er ging mir auf die Eier, die er nicht hatte, und ich war die Frau, die nie Klarspüler in den stets falsch eingeräumten Geschirrspüler nachfüllte. Er war mir zu viel Lappen, ich war die Frau, die nicht genug wie seine Mutter war. Es war so entsetzlich banal. Unser Sex war erst okay, dann semi, dann nicht mehr vorhanden. Es war nervig. Es war unnötig, und es war Zeit, die wir besser damit verbracht hätten, jemand anderen glücklich zu machen. All das, und ein kleiner geplatzter

Traum, den ich mir selbst einredete haben zu wollen oder zu müssen. Beides war falsch, aber hinterher ist man immer schlauer, nicht wahr? Dieses Mal zumindest bin ich es, und wenn all dies für irgendetwas gut war, dann dafür, heute zu wissen, was ich alles nicht will, was ich alles nicht bin und was ich alles nicht haben will oder nicht brauche und umgekehrt ganz dringend haben muss, um mit einem anderen Menschen glücklich zu sein. Das ist viel wert. Sehr viel sogar, aber mal im Ernst, es wäre nicht schlimm gewesen, hätte ich das auf sanftere Art herausgefunden.

Ich weiß, dass ich nicht allein damit bin, dass ich dachte, ich sei die einzige Bescheuerte, die so etwas durchmachen müsste. Ich weiß auch, dass man sich allerhand fiesen Kram einreden kann in so einer Phase, und deswegen möchte ich dir ein Geheimnis verraten. Von einer Frau, der man das Herz bereits in tausend Teile brach, an dich. Ein wichtiges Geheimnis, eines, das aus dem Scherbenhaufen meines mühsam zusammengeflickten Herzens kommt.

Liebeskummer ist schlimm. Ich weiß nicht, ob irgendwas so weh tun kann wie ein gebrochenes Herz. Es ist, als hätte die Seele plötzlich eine Wurzelentzündung, und man kann nicht anderes tun, als das auszuhalten. Ich weiß das sehr genau, und vermutlich hat auch dein Herz Narben. Aber ich kann dir etwas versprechen: Man überlebt. Liebeskummer ist nicht wie Sterben, Liebeskummer ist, als fiele man aus dem 11. Stock und bliebe dann mit dem Auge an einem Nagel hängen.

Es ist manchmal nicht auszuhalten, es macht uns kraft- und hilflos und manchmal auch ganz klein, aber Liebeskummer hört wieder auf.

Es wird wieder gut.

Nein, es wird sogar besser, denn du wirst besser werden. Liebeskummer ist nämlich nicht nur hart, sondern auch lehrreich. Später. Wenn du wieder die Kraft hast, nachzudenken.

Du wirst dich irgendwann bücken, die Bruchstücke, die von dir übrig sind, zusammensetzen und die Lücken, die bleiben, neu auffüllen. Mit anderen Dingen, mit neuen Erinnerungen, mit anderen Gefühlen.

Dass du dich auf die Matte geschickt fühlst, heißt nicht, dass du aufhören wirst, tief zu empfinden. Du darfst nicht zulassen, dass dir jemand die Gabe nimmt zu lieben. So kitschig das auch klingen mag. Männer und Frauen rauben einem den Verstand, wenn sie phantastisch sind, das Herz, wenn sie es in dem Moment wert sind, und manchmal den letzten Nerv, aber: Wenn sie gehen, dann geben sie dir das alles zurück. Ob sie wollen oder nicht. Manchmal am Stück, manchmal in Scherben, aber sie lassen es da, und du kannst Neues daraus bauen.

Als ich damals auf dieser Bettkante saß, Morgen für Morgen für Morgen, und sich mir vor Kummer der Magen umdrehte, da hätte ich jemanden gebraucht, der nicht müde wird, mir zu sagen, dass es irgendwann wieder gut wird, egal, wie es sich gerade anfühlt, und dass uns allen das passiert. Und wenn du gerade auf einer Bettkante sitzt, egal ob körperlich oder emotional, und vielleicht einen Augenblick Gesellschaft willst, dann rutsch ein Stück beiseite und mach Platz für meinen dicken Hintern, denn ich setze mich dazu und sage dir Folgendes:

Du bist nicht allein. Ich weiß, dass sich das manchmal so anfühlt, aber du bist es nicht. Und dass es dich trifft, dass du verlassen wirst oder dein Herz bricht, hat nichts damit zu tun, dass du immer alles falsch machst oder es gar verdient hast. Auch dann nicht, wenn du es dir einredest. Vermutlich trifft es dich einfach, weil das Leben manchmal mit geschlossener Faust zuschlägt, und manchmal schlägt es dich dabei k. o. Das passiert dir, das passiert mir und vermutlich jedem anderen auch, und vielleicht, nur vielleicht, ist es irgendwie, irgendwann auch okay, weil es keinen Wert gehabt hätte mit diesem einen Menschen, wenn es nicht weh tun würde, und weil es manchmal einen Vorschlaghammer braucht, um wachsen zu können.

Die Gründe, warum man verlassen wird oder jemanden verlässt, sind vielfältig, grausam, manchmal komplex, aber oft schrecklich banal. Erliege nicht dem Trugschluss, dass diese eine Trennung eine Prognose für alle künftigen Beziehungen ist. Zieh dir nicht jeden Schuh an, der dir im Streit verbal gegen den Kopf geworfen wird. Glaube nicht, dass, nur weil man dir das Gefühl gibt, für diesen einen Menschen nicht mehr gut genug, schön genug, schlank genug, jung genug, aufregend genug zu sein, dies auch nur irgendein anderer so sehen wird.

Für einen neuen Menschen wirst auch du neu sein, wann immer du so weit bist.

Lass nicht zu, dass Liebeskummer und der Trennungsschmerz dir einreden, dass alles im Streit Gesagte wahr ist. Das stimmt nicht. Egal, wie es sich in diesem Moment anfühlt.

Manchmal ist der Mensch an deiner Seite nicht der Richtige, und ein anderes Mal verliert man sich an einen Menschen, der einen gar nicht finden will. Manchmal ist alles einfach nur ätzend. Ganz egal, wie viel Glamour der Abend hat, wie gut die Haare sitzen, wie perfekt das Make-up ist, wie erfolgreich, schön oder klug du auch bist. Manchmal gibt es nicht genug Glitzer für all den Mist, und man kann nicht so viel essen, wie man kotzen möchte. Es ist okay, wenn du damit nicht immer klarkommst, nicht immer die Herrin der Lage bist, nicht immer über allen Dingen stehst und nicht immer alles erwachsen regelst. Manchmal musst du den Aufstand proben und laut sein.

Also, los, wenn es nicht anders geht, dann lass dich einlullen von deiner eigenen Traurigkeit. Sei hemmungslos unglücklich, solange du das sein musst, und suhle dich in deinem Herzschmerz, im Selbstmitleid und in all den Gefühlen, die dazugehören. Schäme dich, solange es sein muss, und heule dir die Augen aus dem Kopf, bis du endlich einschläfst. Iss tonnenweise Eiscreme, schneide dir die Haare ab und färbe den Rest in irgendeiner Farbe, die «Er» oder «Sie» schon immer scheiße fand. Triff deine Freunde und lass sie deine Tür eintreten, wenn du zum dritten Mal sagst «Nee, ich will niemanden sehen», und dann flenne wie ein Baby bei jedem Katzenvideo. Zerschneide all eure Fotos, lass dich von jedem Typen vögeln, der dir irgendwie guttut, und das mit einem Mund voll Schokolade und Rotwein. Mach all das, was du machen musst in dieser Zeit. Weil du es darfst. Du darfst verletzt sein, und du musst nicht immer so tun, als wärest du kugelsicher. Eine Trennung ist schlimm. Verlassen zu werden ist manchmal unerträglich. Du musst nicht so tun, als wäre das nicht so, du musst nicht immer stark sein, nicht immer gelassen, nicht immer diejenige, die das «schon irgendwie hinbekommt». Nicht in dem Moment, nicht in den ersten Tagen. Du darfst traurig sein. Ja, du darfst sogar am Boden zerstört sein und auf selbigem liegen und die Welt hassen. Mach das. Mach das doll und mach das laut. Lass die Welt wissen, dass es dir nicht gutgeht, damit die Welt antworten kann, dass sie für dich da ist.

Und wenn du dann eines Tages selbst die Faxen dicke hast, immer wunde Wangen, verquollene Augen und eine rote Nase zu haben, dann steh vom Boden auf, hoch vom Sofa, raus aus dem Bett, runter von der Bettkante. Geh duschen, auch wenn du keine Lust hast. Kämme dir die Haare, auch wenn dich das mehr Kraft kostet als das Ziehen eines Lkw. Mach Musik an, damit es die Stille aus den Räumen vertreibt. Gröle die dümmsten Lieder mit, auch wenn du dich so gar nicht danach fühlst. Finger weg von «Eurer Playlist». Die musst du eh noch löschen. Aber nicht jetzt, jetzt zieh dir erst mal etwas an. Etwas Schönes. Etwas, das dir steht oder sich einfach nur gut anfühlt. Setze dir die größte Sonnenbrille auf, die du finden kannst, wenn du keine Lust hast auf Make-up, oder scheiß auf beides und sei einfach du, wie du dich gerade fühlst. Vergiss nicht zu atmen. Das ist wichtig. Du musst nicht stark sein. Nicht kämpfen. Du musst nur atmen. Dann nimmst du dir deine Jacke vom Haken. Ziehst irgendwelche Schuhe an. Schluckst den Kloß im Hals runter und ignorierst den Drang, dich wieder auf dem Sofa einzurollen. Dann wird es einmal kurz ganz, ganz schwer, und ich weiß, dass du spätestens jetzt denken wirst, dass es doch sowieso nichts bringen wird. Was soll dieses Geschwafel von der Fetten auf meiner Bettkante? Die kennt mich doch gar nicht. Stimmt. Ignoriere diesen Gedanken trotzdem. Ignoriere einfach jeden Gedanken. Nur atmen. Atmen und die Klinke der Wohnungstür runterdrücken. Einen Schritt nach draußen. Dann noch einen. Schnapp dir dein Handy. Nimm dir vor, nicht nachzusehen, ob er oder sie geschrieben hat. Sieh dann am Ende doch nach, aber nur ganz kurz, dann kannst du so tun, als würde es nicht zählen, und melde dich bei irgendjemandem. Bei irgendeinem Menschen, den du gernhast, der dich gernhat, und sag, dass du Gesellschaft willst. Wahrscheinlich hast du eigentlich keine Lust drauf, aber das ist egal, denn glaube mir, ein Freund ist eine bessere Gesellschaft als die ewig gleichen Gedanken auf einer Bettkante. Triff dich mit Menschen und erzähle immer wieder, wie schlimm und schmerzhaft gerade alles ist, höre dir dabei zu, wie du dich selbst fertigmachst, und dann höre anderen dabei zu, wie sie dir sagen, dass du falschliegst. Glaube ihnen die ersten Male selbstverständlich kein Wort. Was wissen die eigenen Freunde schon von einem. Und dann, irgendwann, wenn du es noch mal erzählst, verspreche ich dir, wird es weniger schlimm sein, du wirst weniger weinen, du zuckst nicht mehr bei jeder eingehenden Nachricht auf dem Handy zusammen, du hoffst nicht mehr bei jedem Klingeln, dass er es ist, du hasst ihn nicht mehr, oder du fängst endlich damit an.

Such dir Hilfe, wenn du welche brauchst. Sei dir nicht zu schade oder zu verschämt, um zu sagen, dass du in den Arm genommen werden willst, und wenn es hart auf hart kommt, dann frag bei einem Profi nach und unterhalte dich mit einem Therapeuten, deinem Friseur, dem Schlachter, deinem Pastor, deiner Mama oder deinem Papa oder meinetwegen quatsch einem völlig Fremden in der Bahn eine Frikadelle ans Knie, aber gib deinen Gefühlen eine Stimme. Ein Herz heilt fast immer. Versprochen.

Ich war fest davon überzeugt, dass ich nicht wieder tief empfinden werde, dass ich allein bleiben muss, weil ich bin, wie ich bin, weil ich tue, was ich tue, und weil ich irgendwie zu verschroben bin. Weil ich zu dick bin, weil ich zu anstrengend bin, weil ich einen so komischen Beruf habe, weil ich ständig über alles nachdenken muss oder weil ich den Scheiß-Geschirrspüler nie richtig einräume.

Ich habe mein Hochzeitskleid in eine Mülltonne gestopft, ich habe Bilder vernichtet, ich habe Geschenke exekutiert, ich habe Nummern gelöscht, Kontakte blockiert und die Kontakte der Kontakte blockiert, ich bin weggezogen, umgezogen, ausgezogen, ich habe mir geschworen, «nur noch Sex, keine Emotionen», und ich hätte in all den Momenten meine Hand dafür ins Feuer gelegt, dass ich nie wieder auf die bescheuerte Idee kommen würde, jemanden in mein Leben zu lassen, und wenn, dann unter Garantie nicht allzu emotional, aber weißt du, was? Das ist Bullshit. Genau das Gegenteil ist der Fall, und ich werde lieben auf Teufel komm raus, weil es sich einfach so sehr lohnt und verliebt zu sein, zu schwärmen und mit Herzklopfen einen Namen auf dem Handydisplay zu lesen einfach gnadenlos schön ist. Wenn Liebeskummer dafür manchmal der Preis ist, na ja, dann sitze ich halt wieder auf irgendeiner Bettkante, aber solange mein Herz noch schlägt, wird es wohl gegen jede Vernunft die Liebe feiern, sich in Abenteuer stürzen und sich hoffnungslos an einen Mann verlieren, der es wert ist, weil mein Kopf zwar schlauer, meine Ansprüche präziser, meine Wünsche genauer und meine Bedürfnisse klarer erkennbar für mich sind, aber mein Herz groß ist und bleibt, verletzlich und bis zum Rand angefüllt mit den tollsten Gefühlen. Gut so, und wenn das auch bei dir so ist, dann lass dir das nicht dauerhaft wegnehmen. Von niemandem.

Also, wann immer du so weit bist, runter von der Bettkante, Krone zurechtrücken, Schwert ziehen, Pflaster aufs Herz und mit aufrechtem Haupt losziehen und dir das Leben auf die Haut rieseln lassen.

Cheers!
To the people who love us,
the lovers who leave us,
the losers who lost us,
and the lucky bastards who get to meet us!

Rapunzel, Rapunzel!

Okay. Ich muss dir etwas gestehen.

Du musst jetzt sehr stark sein, hörst du?!

Also ...

... puh ...

Tief einatmen.

Bist du bereit?

Sicher?

Okay, okay ...

Du hast es ja nicht anders gewollt!

Also:

Ich bin in Wirklichkeit gar keine Rapunzel!

So. Jetzt ist es raus.

Mein bestgehütetes Geheimnis, welches überhaupt kein Geheimnis ist: Ich trage eine Perücke. Mehrere, um genau zu sein. Nacheinander. Nicht zeitgleich. Dann würde ich aussehen wie ein sehr dicker Wookiee oder wie Cousin Itt aus der Addams Family.

Ich trage eine Perücke, und das schon seit einer ganzen Weile. Das war nicht immer so, bis vor nicht allzu langer Zeit trug ich noch Haarteile in meinem eigenen Haar, und noch viel früher hatte ich gar nichts mit sogenanntem Haarersatz zu tun.

Ich habe durchaus eigene Haare, aber die rasiere ich

alle paar Tage bis auf wenige Millimeter ab. Ich muss das nicht tun, ich mache das freiwillig. Mein Haar, das echte, ist dünn und sehr wenig. Jahrelange Ernährungsdesaster, Diäten, abstruses Übergewicht und ein Schilddrüsenleiden haben meinen Hormonhaushalt durcheinandergebracht. Die Folge waren Haarausfall, brüchige Nägel und ähnliche Scherze. Mein Körper hat sich mittlerweile wieder erholt, meine Hormone tun im Großen und Ganzen, was sie sollen, meine Haare allerdings wurden nicht wieder besser, und meine semiguten Haar-Gene sind auch nicht gerade eine Hilfe.

Ich habe es gehasst, dass meine Haare ständig aussahen, als wäre auf meinem Kopf ein Kissen geplatzt. Das ist morgens ja noch vertretbar, aber für den Rest des Tages eher nicht. An der rechten Seite meines Kopfes hatte ich eine handtellergroße Stelle, an der kaum Haare wuchsen, und der Rest war so dünn, dass man die Kopfhaut sehen konnte. Sexy geht anders.

Ich rettete mich mit Haarteilen aller Art. Es war nicht perfekt, aber besser als ohne Haarteile, und ich fühlte mich wohler. Dann, eines Abends, saß ich bei meiner Friseurin. Haare aufhellen. Ich stehe auf mein Pornoblond, aber es ist nicht echt. Eigentlich bin ich viel dunkler. Es wurde beim Aufhellen nicht so wie gewohnt, also legte sie nach. Noch eine Runde aufhellen, und gleich danach noch einmal. Die Haarfarbe blieb unverändert, scheckig und irgendwie komisch. «Das lassen wir ein bisschen ruhen und machen in zwei Wochen noch mal was rein, vielleicht wird es dann besser», sagte meine Friseurin. Am nächsten Morgen waren meine Haare allesamt auf eine Länge von 5 Zentimetern abgebrochen. Der klägliche Rest lag auf meinem Kissen. Ein Friseurunfall, wie er im Buche steht. Ich verliere nur selten in meinem Leben die Fassung, aber das war so ein Moment.

Ich ging zu einem Spezialisten, der mir sagte, es sei nichts mehr zu machen, aber bei meiner maroden Haarstruktur sollte ich doch mal überlegen, ob ich nicht ohnehin lieber Perücke tragen wolle. Er sei sich sicher, mir würde das gefallen. Ich war mir sicher, dass er log.

So oder so müsse man die Haare aber nun einmal abrasieren, damit die Kopfhaut sich von der Chemie erholen könne, sagte er.

Ich ging nach Hause, rief einen meiner Jungs an, fragte ihn, ob er mich auch ohne Haare noch liebhaben würde, stellte mich unter die Dusche und rasierte mir, bitterlich weinend, die Haare ab. Das Ganze ist nun ein knappes Jahr her, und in Sachen Wohlfühlen im eigenen Körper war das eine der klügsten Entscheidungen. Aber leicht war es nicht.

Ich bin eine Frau. Meine Haare waren mir wertvoll, fast schon heilig. Selbst als sie Mist waren, waren es dennoch meine mistigen Haare, und Frauen müssen doch Haare haben. Unbedingt. Lange, schöne, gepflegte Haare, die man den ganzen Tag bürsten kann.

So habe ich es gelernt. Eine Frau ohne lange Haare ist quasi keine ganze Frau. Und was ist dann eine Frau, die gar keine Haare mehr hat, so wie ich in dem Moment unter der Dusche? Es war ein emotionales Desaster.

Allerdings ein gut aussehendes emotionales Desaster, wie sich herausstellen sollte, denn mir stehen keine Haare ungleich besser als die Fusseln, die ich zuvor auf dem Kopf hatte. Und ganz egal, was ich mit denen auch angestellt hätte, sie hätten niemals das erreicht, was jetzt die Perücken erledigen.

Ein komischer Moment in meinem Leben. Ich dachte nicht zum ersten Mal darüber nach, was es wirklich bedeutet, eine Frau zu sein, und ob ich durch das Tragen von Perücken weniger Frau bin, obgleich es mich viel besser aussehen lässt und mir vor allem ein besseres Gefühl gibt.

Ich liebe es, Perücken zu tragen. Wirklich. Wenn ich die Teile heute abnehme, dann sehe ich einfach aus wie eine Frau, die sehr kurzes Haar trägt, und nicht mehr wie «Riff Raff ist heute Ihr Kellner!». Für mein Selbstbewusstsein und mein Körpergefühl hat das so viel bewirkt. Mir nicht mehr ständig Gedanken darüber machen zu müssen, was meine Haare wohl tun und ob man sieht, dass ich so wenig davon habe. Ich empfand das als belastend. Sehr sogar; ich bin über Jahre mit schütterem Haar herumgelaufen, habe vor dem Spiegel gestanden und mir gewünscht, es wäre anders. Aber auf die Idee, einfach eine Perücke aufzusetzen und mir den Ärger mit dem eigenen Haar zu ersparen, kam ich nicht.

Ich habe lieber alles andere versucht. Shampoos und Spülungen, Haarkuren und Tonika und einmal sogar eine Lotion, die man täglich zweimal auftragen musste und in deren Beipackzettel stand, man müsse dabei Handschuhe tragen, da man sonst Gefahr laufe, dass einem Haare auf den Fingerkuppen wachsen. Mir ist einmal beim Auftragen ein Tropfen danebengegangen und über die Brust gerollt. Ich habe noch nie so panisch geduscht wie in diesem Moment. Danach habe ich den Rest weggeschüttet. Ins Klo. Wenn dir also irgendwann einmal eine sehr, sehr haarige Ratte begegnet, dann ist dann wohl meine.

Ich werde ständig auf meine Haare angesprochen, ich antworte immer ehrlich, und meistens ist die Reaktion: «Ich würde das auch so gerne tragen können. Aber ich traue mich nicht.» Oder aber: «Ich habe dann das Gefühl, nicht mehr richtig weiblich zu sein. Haare gehören doch irgendwie dazu.»

Paradox, nicht wahr? Wir rennen zum Waxing und lassen uns von der Nasenwurzel bis zum kleinen Zeh derart enthaaren, dass selbst Babys neben uns aussehen wie eine Fusselbürste, wir rasieren uns die Augenbrauen ab, um sie nachzumalen, aber wenn es um das Kopfhaar geht, hängen wir plötzlich an jedem einzelnen eigenen Haar. Ich verstehe das. Sehr gut sogar, denn bei mir war es auch so. Dennoch möchte ich zur Haarrevolution aufrufen.

Ich möchte dir sagen, dass du keine Angst vor Haarproblemen haben musst. Es gibt Lösungen. Gute Lösungen, schöne und alltagstaugliche. Ich weiß, wie erschütternd Probleme und Unzufriedenheit mit dem eigenen Haar sein können und wie sehr es am Selbstbewusstsein nagt, wenn die Haare nicht sind, wie man es sich wünscht. Gepflegtes und schönes Haar ist ein Aushängeschild, und Frauen beneiden sich untereinander nur allzu gern um ihre wallende Haarpracht. Das Gemeine an Haaren: Wenn sie nicht so sind, wie man sie sich wünscht, kann man kaum etwas dagegen unternehmen. Dünnes Haar wird nicht plötzlich dick. Glattes nicht von allein lockig, und jemand, der nur wenige Haare hat, kann von einer vollen Mähne nur träumen. Das ist belastend. Manchmal sogar sehr. Denn für viele gehören die Haare absolut zum Sich-schön-Fühlen dazu. Ich bin so eine Frau, und genau deswegen möchte ich dir empfehlen, wenn du unglücklich bist mit deinem Haar oder auch nur gelangweilt vom ewig gleichen Aussehen, du aus welchen Gründen auch immer Hormonprobleme

hast oder in den Wechseljahren – oder auch schon früher –
mit Haarausfall kämpfst: Runter mit der Mähne!

Wenn deine eigenen Haare dich unglücklich machen,
dann musst du nicht auf Teufel komm raus damit leben.
Setze dir eine Perücke auf und habe keine Angst vor Ver-
änderung. Ich stehe mit Perücke Abend für Abend auf der
Bühne. Ich gehe damit aus und lerne damit Männer kennen. Im Übrigen finden Männer Perücken weitaus weniger
eigenartig, als Frauen immer denken. Ich habe bislang
ausschließlich positive Reaktionen bekommen, und wenn
man offen damit umgeht, es genau so normal behandelt,
abends die Haare abzunehmen wie die Brille, dann ist es
weitaus weniger schwierig, als man denkt.

Dass es so ungewöhnlich erscheint, als Frau freiwillig
eine Perücke zu tragen, ist ein sehr deutsches Phänomen.
In vielen anderen Teilen der Erde ist man da schon viel
weiter, und ganz unter uns, die berühmtesten Frauen der
Welt tragen Perücken, Schauspielerinnen, Sängerinnen, It-
Girls und Politikerinnen. Warum also nicht auch du oder
ich? Probiere es aus und traue dich, dich wohlzufühlen. Es
ist am Anfang immer eine Hürde, am Ende aber oft eine
Befreiung.

Du musst deine Haare ja nicht gleich abrasieren, so
wie ich es tue. Perücken kann man auch mit eigenem
Haar tragen, und die Zeiten, in denen hübsche Perücken
drei Monatsgehälter und eine Niere kosteten, sind längst
vorbei.

Ganz wichtig bei alldem: Schlag dir aus den Kopf, dass es
dich im Wert mindert, dass deine Haare nicht toll sind.
Was soll's, dafür gibt es doch Ersatz. Es ist keine Schmach,
sein eigenes Haar gegen unechtes zu tauschen, es ist ein
Privileg. Wir können zwar nicht im Stehen an den Garten-

zaun pinkeln, zumindest nicht ohne nasse Schuhe, aber wir können binnen Minuten zur Rapunzel werden, und das ist ebenso einfach wie legitim.

Und es macht Spaß. Ich habe Perücken in den unterschiedlichsten Farben, Längen und Arten. In Lila und Pink, in Blond, Rot und Brünett. Mal spottbillige, mal sündhaft teure, und weil ich keine Angst haben muss, dass ein Friseur zu viel oder zu wenig abschneidet, kann ich über Nacht meinen Style verändern, wenn mir danach ist, oder über lange Zeit den gleichen tragen.

Ich weiß, es heißt Haarersatz, aber ich finde, das Wort ist unangemessen. Es ist kein Ersatz, sondern eine Alternative und eine Bereicherung. Wenn man zuvor unglücklich war und dann das erste Mal mit langen Haaren in der Wunschfarbe vor dem Spiegel steht, ist das kein Ersatz, sondern ein Neuanfang. Haare machen viel aus, sie verändern den Typ und das Gefühl zu sich selbst. Du darfst dir dieses Gefühl nach Hause holen. Du darfst Perücken tragen, und du musst dich dafür weder schämen noch rechtfertigen. Wir tragen doch auch unechte Fingernägel, Schmuck, Brillen und Silikonkissen in den Brüsten, warum dann nicht auch Schmuck für den Kopf?

Es ist an dir, alles zu tun, damit du dich in deinem eigenen Körper wohlfühlst, und wenn du nicht durch reine Willenskraft sein kannst, wie du sein möchtest, dann hole dir Hilfe von außen. Und manchmal ist diese Hilfe blond, gewellt und geht bis zum Po, und am nächsten Tag ist sie kurz und rot oder lockig und pink.

Wir leben im 21. Jahrhundert. Wir entwickeln künstliche Gliedmaßen. Künstliche Organe. Wir modifizieren, gleichen an und verbessern, wir stechen uns Schmuck in die Haut, schummeln Pfunde mit Shapewear weg, wir lassen uns Make-up und die Namen unserer Kinder tätowieren, aber vor Perücken schrecken wir zurück, weil zum Frausein auf jeden Fall gehört, dass man sein eigenes Haar kämmt?

Klingt das nur in meinen Ohren blödsinnig?

Ich glaube nicht!

Trau dich. Lass dich beraten. In den meisten Shops kann man Perücken probieren und bekommt erklärt, wie es geht. Online bekommt man zum Ausprobieren auch sehr günstige Exemplare. Erfinde deinen Blick in den Spiegel neu. Du bist nicht der Sklave deiner launischen Haarfolikel. Sei, wer auch immer du sein möchtest, und wenn du Rapunzel sein willst, dann sei Rapunzel!

Licht an

Ich finde Sex toll.

Nein, warte, das ist nicht ganz richtig formuliert. Ich finde Sex phantastisch. Es ist nicht die schönste Nebensache der Welt, es ist einfach das beste Hobby, der beste Zeitvertreib, das Spannendste, was es neben Gefühlen zwischen zwei Menschen geben kann, und ich bin verliebt ins Sexhaben und süchtig nach all diesem dunkeldreckigen Kram, den man so miteinander anstellen kann. Wenn man mit Sex Geld verdienen könnte, ich glaube, ich würde ... ach nee, Moment.

Im Ernst, ich liebe es, mit einem Mann ins Bett zu gehen, und ich bin, glaube ich, ein sehr unverblümt sexueller Mensch. Dabei beschränkt es sich nicht allein auf den Akt an sich oder nur auf das Anschauen nackter Körper, sondern schließt auch alle Erotik und jeden Flirt mit ein. Ich schwärme für diese Momente, die es manchmal zwischen zwei Menschen geben kann, in denen die gegenseitige Anziehungskraft derart groß ist, dass die Luft vibriert. Ich finde alles toll am anderen Geschlecht und genieße es bis über beide Ohren, betont weiblich zu sein.

Das war allerdings nicht immer so. In meinem Kopf gibt es einen riesigen Palast, der zum Bersten mit den gängigsten Vorurteilen gegenüber dicken Frauen gefüllt ist, weil ich sie selbst seit Jahren zu spüren bekomme. Ein Raum in diesem Palast ist vollgestopft mit Aussagen, die Partnerschaft, Beziehungen und vor allem Sex betreffen. So etwas wie «Dicke haben es schwerer, einen Partner zu finden» oder «Um auf Dicke zu stehen, muss man schon pervers sein» oder «Das ist bestimmt schwieriger, mit einer dicken Frau Sex zu haben» und so weiter.

Das Problematische an all diesen Vorurteilen ist, dass sie bei mir dazu beitrugen, dass ich mich selbst die meiste Zeit meines Lebens überhaupt nicht als sexuelles Wesen wahrnahm, geschweige denn als eine Frau, für die Sex auch außerhalb des Kopfes eine Rolle spielt. Zwar hatte ich durchaus Sex, aber der war nicht sonderlich erfüllend und vor allem voller Scham. Nicht wegen der Vorlieben, sondern weil ich mir Gedanken machte, wie ich wohl dabei aussehe oder was mein Gegenüber wohl denken könnte.

Meine eigene Überzeugung, ich würde gewiss keinen Partner finden, und selbst wenn, würde der mich unter Garantie lieber nicht so gern nackt sehen, war derart manifestiert, dass ich es nicht einmal versuchte. Flirtete mich doch mal jemand an, bekam ich es nicht einmal mit. Sexy sein, anziehend auf Männer wirken, Erotik und ein reges Sexleben, das war immer nur etwas für die anderen. Ich selbst fühlte mich stets, als säße ich auf der Ersatzbank und schaute dem regen Treiben vom Spielfeldrand zu. Und ich war überzeugt, genau dort hinzugehören. Schade, schade, aber wenn ich erst einmal schlank bin und all die tollen Dessous und sexy Sachen tragen kann, dann wird das bestimmt anders werden, und bis dahin schaue ich halt weiter den anderen beim Flirten zu.

Der Glaube, nicht gut genug zu sein, um einen Partner zu finden, und sei es nur für eine Nacht, war das eine. Das andere allerdings war fast noch prägnanter. Denn selbst wenn ich mich auf den Markt geworfen hätte, um jemanden zu finden, wäre irgendwann der Moment gekommen, in dem ich mich hätte ausziehen müssen. Und das ist ja wohl der schlimmste aller schlimmen Momente, wenn der zukünftige Lieblingsmensch einen das erste Mal nackt sieht.

Für mich war das derart belastend, dass Sex jeder Art, so er denn aus Versehen stattfand, ein fürchterlicher Krampf war.

In meinem Kopf war Offenheit nie ein Problem; ich zucke bei keiner sexuellen Spielart zusammen, ich stehe zwar nicht auf alles, aber ich respektiere alle Arten von Sex, egal, ob sie für mich in Frage kommen oder nicht. Ich bin eine aufgeklärte Frau, ich weiß, was Masturbation bedeutet, und ich finde Männerkörper unglaublich wunderbar. All das war also niemals ein Problem. Ich bin nicht verklemmt, nicht frigide, nicht sonderlich ängstlich oder eindimensional in meiner Vorstellung von Sex. Ich bin nur eines: ein Körperkomplex-Vollidiot. Oder zumindest war ich es einmal.

Die schönste Nebensache der Welt wurde für mich zur anstrengendsten Nebensache der Welt. Zwar wollte ich schon damals wirklich immer gern, aber diese Sache mit dem Körper war wirklich beschwerlich.

Denn was soll er nur von mir denken, wenn ich mich ausziehe? Was, wenn ich mich nackt bewege und sich alles an mir mitbewegt? Mir ist schon klar, dass ein Mann durchaus in der Lage ist, zu sehen, dass ich übergewichtig bin, wenn ich noch angezogen bin. Aber nackt sehe ich anders aus. Da ist nichts mehr, was kaschiert, stützt, betont oder wegschummelt. Nackt bin ich eben nackt, und das bedeutet, dass er all das sieht, was vielleicht nicht einmal ich schön finde. Und das ist eine Menge.

Wie soll ein Mann das jemals attraktiv finden können?

Ich versteckte mich unter Decken, schaltete das Licht aus, behielt ein Kleidungsstück an oder war bemüht, einigermaßen klug auszusehen. Ich zog den Bauch ein und machte mir Gedanken darüber, ob man mit mir überhaupt Sex haben könne.

Sind meine Oberschenkel zu dick, oder muss er einen extra langen Schwanz haben, damit es mit mir überhaupt geht? Und was ist, wenn ich ihm nicht gefalle? Oder wenn mein Gewicht irgendwie im Wege ist? Und ist seine Ex wohl auch dick gewesen? Dicker? Oder bin ich seine Dickste? Oh Gott! Was ist, wenn er bisher nur schlanke Frauen hatte oder welche, die nackt besser aussehen? Denn gefühlt sehen natürlich alle nackt besser aus, als ich es tue. Nicht, dass ich sonderlich oft nackte Frauen sehen würde, aber in meinem Kopf ergibt das durchaus Sinn. Darf ich mich wohlfühlen in meiner Haut, obwohl ich nicht so perfekt aussehe? Darf ich mich fallen- und gehenlassen? Darf ich Spaß an Körperlichkeit haben, auch wenn es mir gesellschaftlich abgesprochen wird?

Fragen über Fragen – und ein Garant dafür, dass ich, selbst wenn ich mich mal traute, Sex zu haben, es nicht sonderlich genießen konnte. Ich war zu sehr damit beschäftigt, möglichst alles richtig zu machen und die bestmögliche Figur abzugeben.

Und ich hatte Angst. Angst davor, dass ich mich ausziehe und er geht. Angst davor, dass ihm missfallen könnte, was er sieht. Dass er mich mit dem vergleicht, was er in seinem

Leben schon hatte, und ich deutlich schlechter abschneide. Als ginge es bei Sex oder Emotionen um einen Wettbewerb. Ich hatte Angst vor einem harten Urteil, Angst davor, dass seine Art, mich anzusehen, all das bestätigt, was ich selbst über mich denke, und mich das Urteil dann so hart trifft, dass ich emotional k. o. gehe.

Am allermeisten jedoch fürchtete ich den Moment der ersten Berührung. Ich hatte Angst davor, was es mit mir machen würde, wenn er mich berührt und seine Hand wieder wegzieht. Weil ich vielleicht zu weich bin oder zu viele Dellen und Rollen habe, die er nicht gern anfassen mag. So abstoßend, dass er wegzuckt und das in mir so viel kaputtmacht, dass ich es nie wieder heilen kann. Dieser Moment, dieser gefürchtetste aller gefürchteten Augenblicke, er war es, der mich davon abhielt, ein erfülltes Liebesleben zu haben.

Für mich war Sex gleichgesetzt mit Attraktivität, und die sprach ich mir selbst ab. Wo ich heute das Gefühl von Weiblichkeit empfinde, war früher ein bodenloses Loch.

Merkwürdigerweise mangelte es in meinem Leben nie an Männern. Ich hatte immer eine Beziehung, eine Affäre oder irgendeine sonst wie geartete Art der Zweisamkeit. Gut war es jedoch selten, und ich verstand die meiste Zeit nicht, was der Mann von mir eigentlich wollte. Aber wie sollte ich das auch verstehen?

Wenn du dich selbst als Trostpreis wahrnimmst, wie kannst du dann auf die Idee kommen, für jemand anderen der Hauptgewinn zu sein?

Der Wendepunkt war eine eher zufällige Begegnung mit einem Mann auf einem Festival. Ich stand mitten auf einer Wiese neben meinem Zelt, als jemand auf mich zukam und rief: «Schöne Schuhe! Ficken?»

Ich hatte den Mann noch nie gesehen.

«Ähm ... was?» Ich schaute ihn fragend an, fest davon überzeugt, mich verhört zu haben.

Er seufzte theatralisch und sagte dann: «Meine Ex-freundin hat gesagt, ich müsse freundlicher sein und dass Frauen auf Konversation stehen vor dem Sex und auf Komplimente. Na ja also: Schöne Schuhe! Ficken?»

Ich weiß nicht, wie oft er diesen Spruch in seinem Leben schon gebracht hatte, und ich weiß auch nicht, wie gut er funktionierte, aber bei mir traf er voll ins Schwarze. Nicht wegen Konversation und Komplimenten, sondern weil er mich zum Lachen brachte. Schallend. Der Spruch war so dreist, die Erklärung dazu so grandios, dass ich ihm fast applaudiert hätte.

«Jetzt sag nicht, der Spruch funktioniert bei dir!», sagte er begeistert.

«Doch. Tut er tatsächlich. Chapeau.»

«Krass! Dann haben wir jetzt gleich Sex?», fragte er und schaute mich erwartungsvoll an.

«Nein.»

«Was? Aber warum denn nicht?»

«Ich bin barfuß!», antwortete ich und lachte ihn an.

Wir haben uns einige Zeit später wiedergetroffen. Genau-so zufällig, in einem Club in meiner Heimatstadt.

«He! Wir kennen uns!», rief er freudestrahlend.

«Stimmt. Zumindest haben wir uns schon mal gese-hen.»

«Heute Abend hast du aber Schuhe an. Sehr gut, meine Chancen sind gerade einen Hauch gestiegen.»

Schon wieder musste ich lachen. Als wir uns dann draußen unterhielten, konnte ich nicht an mich halten und musste einen dieser vernichtenden Sprüche bringen, die ich in den Jahren danach noch sehr häufig von anderen Frauen hörte.

«Du musst mir ganz dringend verraten, warum du bei all der Auswahl hier ausgerechnet die Dicke anflirtest. Mit dir stimmt doch was nicht!»

Tatsächlich sehe und höre ich es immer wieder, dass Frauen von sich selbst glauben, in jedem Fall die schlechtere Wahl zu sein. Und sie glauben ihrem Gegenüber nicht, wenn er ihnen sagt, sie seien nun einmal in seinen Augen die Schönste von allen. Selbst Frauen, die seit Jahren den gleichen Partner haben, sprechen diesem noch immer den eigenen Geschmack ab. Ich kenne das. Ich habe genauso reagiert.

«Du bist dick?», fragte er mich ernsthaft erstaunt.

«Ein bisschen vielleicht», sagte ich und guckte in meinen Plastikbecher voll Cola light.

«Komisch. Das ist mir gar nicht aufgefallen.» Er schien es genau so zu meinen.

«Sehr witzig.»

«Nein, wirklich. Mir ist aufgefallen, dass du dich bei einem Song immer zum Beat bewegst und nicht zum Gesang. Du bist Rechtshänderin und hast deine Hände immer auf Höhe deines Magens, wenn du irgendwo rumstehst. So wie die Kanzlerin, nur ohne die Raute der Macht. Du knabberst Fingernägel, und wenn du so in die Menge guckst, würde ich gerne wissen, was du denkst. Ich würde gern wissen, wie du lebst, was du machst, wie du küsst. Okay, zugegeben, vor allem, wie du küsst, aber was du wiegst, interessiert mich nicht.» Er zuckte mit den Achseln.

«Du stehst demnach auf dicke Frauen?»

«Nein. Ich stehe auf Frauen. Mal sind die dick, mal sind die dünn, mal irgendwas dazwischen.»

Ich sagte gar nichts.

«Außerdem ...», fuhr er fort, «... dick kann man nicht geil finden. Dünn auch nicht. Es geht doch darum, dass es insgesamt irgendwie stimmig sein muss. Meinetwegen kannst du auch einen Pferdehuf haben, wenn du sonst geil bist, dann stehe ich sehr wahrscheinlich auf dich. Ihr Frauen macht euch da immer viel zu viele Gedanken. Ist das nicht scheißanstrengend, immer unzufrieden zu sein? Du bist doch hübsch. Knallergroßer Arsch, Oberweite, und ein bisschen merkwürdig finde ich dich auch. Was braucht man denn mehr, um sich zu freuen, man selbst zu sein?»

Ich sagte noch immer nichts.

«Außerdem bin ich auch zu dick.»

«Bist du nicht!», entgegnete ich ernsthaft entrüstet.

«Doch, bin ich. Ich wiege 30 Kilo zu viel.»

«Ich finde dich nicht zu dick. Im Gegenteil.»

«Aber ich bin es. Und ich weiß es. Und es ist mir scheißegal und dir anscheinend auch.»

«Ja. Natürlich. Aber ...»

«... aber was? Aber das ist was anderes? Ist es nicht. Du bist nur zu verkopft.»

«Und du bist ein Klugscheißer.»

«Stimmt. Oh, und ach ja, bevor ich mich nachher ausziehe, musst du noch wissen, ich habe nur ein Bein. Das andere ist mir abgefallen. Quasi. Ein Unfall. Tja. Also nicht wundern.»

«Du ziehst dich nachher aus?»

«DAS ist das Einzige, was du interessant findest an meiner Aussage? Nicht, dass ich Captain Hook bin?»

«Hatte der nicht eine Hakenhand?»

«Und ein Holzbein!»

«Ach so.»

«Also, dass ich ein Krüppel bin, interessiert dich null,

aber dass ich deinen Körper nicht als abstoßend empfinde, findest du merkwürdig?»

«Ja, irgendwie schon. Ist ja nur dein Bein.»

«Alter. Mädchen. Mir fehlt eine ganze Gliedmaße. Du bist nur dick. Komm mal klar. Du bist halt übergewichtig. Und? Jetzt mach mal das Fass wieder zu. Wenn du nicht ständig drauf aufmerksam machen würdest, dass du dich nicht ausziehen magst, würde das wahrscheinlich noch weniger auffallen. Komplexe sind unsexy. Mach das weg.»

«Du bist der totale Spinner!», entgegnete ich amüsiert.

«Spinner mit Karbonbein! Oh, ach, übrigens, schöne Schuhe!?» Er guckte mich stolz an.

«Ich dachte schon, du fragst nie», sagte ich und nahm ihn mit nach Hause.

Er war ein tolles Erlebnis. Nicht nur der Sex, sondern vielmehr das, was er mit sich brachte. Dieser Typ mit dem Karbonbein. Irgendwann morgens saßen wir zusammen auf dem Sofa. Frisch geduscht, und ich in eine Decke gewickelt. Ich fragte ihn, wie es zu dem Unfall gekommen war, und vor allem, wo er dieses gute Gefühl für sich hernahm. Kurzum, wieso er so frech war, derart viel Selbstbewusstsein zu haben. Er erklärte mir, dass das nicht immer so war. Anfangs habe er sich nicht einmal aus dem Haus getraut. Auf der Straße guckten im Sommer alle, wenn er kurze Hosen trug, und in Restaurants wurde er schon gebeten, sich woanders hinzusetzen, weil der Anblick anderen das Essen verdarb. Für ihn änderte sich das erst, als er anfing, über alles zu sprechen und offen mit seinen eigenen Schwächen umzugehen.

«Ich glaube, mein Wert, mein Sex und so, das hängt ja wohl kaum an meinem Bein, oder? Also, was soll's, und im

Ernst, jemand, der sich daran stört, der hat dann halt Pech, weil er mich ultraheißen Typen nicht kennenlernt.»

Ich mochte diese Art sehr, und er hatte ja recht. Mich interessierte sein Bein nicht mehr oder weniger, als die meisten anderen Beine es tun. Bis darauf, dass es mich faszinierte, wie er darauf laufen konnte, während ich es schon schaffe, barfuß auf einem Teppich umzuknicken, wenn ich nur stehe. Die Nacht blieb eine einmalige, aber sie brachte mir ein Geschenk mit. Eine andere Sichtweise. Denn am Ende bin ich es doch, die mich selbst davor bewahrt, Männer kennenzulernen und guten Sex zu haben, also bin ich es auch, die das ändern kann.

Es kam nicht über Nacht. Es war ein Prozess. Ich lernte, mich mitzuteilen. Auf eine gute Art. Auf eine unbeschwerte Art, und ich stellte fest, dass es auch meinem Gegenüber hilft, wenn ich sage, wie ich mich sehe oder was ich befürchte. Natürlich beginne ich so kein Gespräch. Kein «Hallo, mein Name ist Nicole, du, für den Fall, dass wir mal vögeln sollten, ich habe da so ein paar komische Gedanken.» Das wäre dann doch etwas merkwürdig, schätze ich. Aber ich arbeitete viel daran – und tue es noch –, das abzubauen, was in meinem Kopf passiert, dieses ganze «Sex ist mit Dicken schwieriger. Als Frau ist man eine Schlampe, wenn man Spaß hat an Sex. Nur schöne Körper dürfen sich freizügig geben ...» und all den ganzen anderen hinderlichen Kram.

Es stimmt nämlich einfach nicht, dass dicke Frauen es schwerer haben, einen Partner zu finden. Wahr ist, dass wir uns in unseren eigenen Komplexen verirren und dann glauben, wir wären nicht gut genug. Das strahlen wir dann auch aus, ziehen uns zurück, sind überschüchtern oder überlaut, um es zu kaschieren. Wir hüllen uns in Säcke statt in die Sachen, die wir wirklich gern tragen würden, weil wir uns verstecken. Das Problem ist nur, dass uns niemand sieht, wenn wir uns verstecken. Und dann werden wir übersehen.

Es ist ein Märchen, dass Männer ausschließlich auf schlanke Frauen abfahren und dass Sex mit einer dicken Frau irgendwie merkwürdig wäre. Jeder einzelne Mann, mit dem ich etwas hatte und den ich fragte, ob es schwieriger, anstrengender oder weniger spaßig mit einer Frau meiner Statur sei, sagte: Nein. Es ist nur anders.

Es stellte sich heraus, dass nicht die Figur im Weg steht, sondern der Kopf. Das, was beim Sex Spaß macht, ist, wenn beide Lust aufeinander, aber auch auf sich haben.

Männer berichten mir immer wieder, dass es nicht viel gibt, was erotischer ist als eine Frau, die Lust hat auf Sex, und das auch zeigt.

Wie Captain Hook so schön sagte: Komplexe sind unsexy. Das stimmt. Und unnötig sind sie auch. Versteh mich bitte richtig, denn nicht das Aussprechen der Befürchtungen und Ängste ist unsexy. Dein Partner wird es höchstwahrscheinlich sogar als angenehm empfinden, wenn du mit ihm sprichst und ihm zutraust, deine Bedenken aufzufangen. Du darfst und du musst sogar sagen: «Ich habe Angst, ich könne dir nicht gefallen», damit er die Chance hat, diese Befürchtungen zu verneinen. Was aber unsexy ist, ist klemmiges Verhalten und das ewige Wegdrehen oder Verstecken des eigenen Körpers.

Der Mensch, der mit dir ins Bett geht, der will dich sehen, riechen, anfassen, schmecken, förmlich in dich reinkriechen und am liebsten alles von dir verschlingen. Ekstase kann und will das, und damit das so sein kann, braucht es Offenheit.

Für Männer ist es oft vollkommen unverständlich,

warum wir uns nicht einfach gehenlassen können; immerhin müsste doch die Tatsache, dass er mit uns ins Bett geht, Beweis genug sein, dass wir ganz schön geil sind. Und weißt du, was? Das stimmt! Es ist Beweis genug. Wir müssen nur anfangen, das auch zu verstehen.

Wenn er dir sagt, dass du schön bist, dann widersprich nicht, nur weil du in deinen eigenen Komplexen festhängst. Nimm es an, nimm Berührungen und Begehren an. Er meint dich! Und wenn er dich meint, dann meint er auch deinen Körper! Alles daran. Jede Falte. Jede Speckrolle. Jedes hässliche Knie!

Es hat viel Zeit gekostet, und ich ging mit mir und meinem völlig verkorksten Selbstbild ordentlich ins Gericht, bis ich es selbst so wahrnehmen konnte. Denn seien wir ehrlich: Was gibt mir und dir denn das Recht, einem anderen Menschen abzusprechen, dass er uns schön findet, oder sexy oder anziehend? Warum gestehen wir es anderen nicht zu, dass wir für sie die erste Wahl sind, und sei es nur für diese Nacht? Und bringen uns unsere Komplexe wirklich weiter?

Ich weiß, es ist nicht leicht, nackt und exponiert zu sein, aber je mehr du dich mit deinem eigenen Körper anfreundest, je besser du dich kennst und je mehr du dich traust, dich mitzuteilen, desto einfacher wird es.

Denn eines ist enorm wichtig: Du hast ein Recht auf ein verdammt gutes Sexleben, und das geht in erster Linie von dir aus. Nimm dir selbst den Druck. Es geht beim Sex nicht darum, gut auszusehen. Sehr wahrscheinlich sieht man sogar sehr bescheiden aus, aber hast du so je über deinen Partner gedacht? «Ach du meine Güte, wie sieht der denn aus, wenn er kommt?!» Denkst du so beim Sex?

Vermutlich nicht.

Warum sollte jemand so über dich denken?

Gerade dann, wenn er an dir interessiert ist, dann sieht er, schon lange bevor ihr miteinander im Bett landet, dass du vielleicht nicht an jeder Stelle deines Körpers absolut perfekt bist.

Hey, wir haben Sex mit Männern, oder? Viele von uns zumindest, und diese Männer haben im Regelfall schon so manche Frau nackt gesehen und wissen in etwa, was auf sie zukommt. Die werden schon nicht verblüfft feststellen, dass wir doch nicht aussehen wie Barbie, wenn wir uns nackig machen. Und es gibt ein ganz sicheres Zeichen dafür, dass es ihm gerade so was von egal ist, wie viel du wiegst, und das befindet sich direkt zwischen seinen Beinen.

Denn im Ernst, Mädels, wenn du mit einem Mann in einem Raum stehst und er vor dir steht – und steht –, dann steht er auf dich. Dann musst du dir mit deinen Körperkomplexen nicht noch selbst das Gefühl nehmen, begehrt zu werden. Denn das ist es, was ein Mann in diesem Moment tut. Er begehrt dich. Er und sein bestes Stück tun es gleichermaßen, und ich habe festgestellt, dass der Sex besser wird, wenn man sich traut, sich zu zeigen, sich zu bewegen, auch in unschönen Posen einfach zu akzeptieren, dass das der Körper ist, den man mitbringt, und dass dieser ein Recht darauf hat, sich sagenhaft begehrenswert zu fühlen.

Darum möchte ich zur Matratzenrevolution aufrufen. Schnapp dir deinen Partner oder deine Partnerin und sage ihm oder ihr, was du dir wünschst, aber auch, was in deinem Kopf vorgeht, wenn du dich nicht wohlfühlst. Gib anderen Menschen die Chance, dich zu verstehen. Männer können nicht hellsehen. Auch dann nicht, wenn du es noch so intensiv von ihnen erwartest. Sag, was du willst, und sag, was du brauchst, um dich wohlzufühlen.

Hier ist ein kleines Geheimnis: Begehrenswert zu sein und sich so zu fühlen ist der Schlüssel zu einem guten Körpergefühl. Nichts hat mir jemals so viel gebracht, mich so gestärkt und dafür gesorgt, dass ich manchmal mit mir und der Welt im Einklang bin, wie ein zupackender Mann, der Lust auf mich hat und von Kopf bis Fuß vibriert. Das Gefühl, angefasst zu werden, überall, und dass das bei einem anderen Menschen Lust auslöst. Lust auf dich, Lust auf das, was kommen wird, Lust auf diese Zweisamkeit; es ist das phantastischste Gefühl der Welt, und du darfst dir das nicht selbst nehmen.

Sei im Bett, wer auch immer du sein magst. Nimm dir, was du dir nehmen willst, und sieh es nicht als eine krampfige Aktion, die dich leider mit deinem eigenen Körper konfrontiert, sondern als Spiel. Schnapp dir deinen Partner und probiert euch aus. Alles, was mit einer schlanken Frau geht, geht auch mit einer dicken Frau. Und für alles andere gibt es Hilfsmittel und Spielzeug. Du musst keine Akrobatin werden, du musst nur herausfinden, was bei dir am besten funktioniert, und was deinen Körper angeht – lass es mich so sagen: Du siehst blöd aus beim Sex. Wirklich komplett bescheuert. Ich übrigens auch. Von hinten hängt der Bauch. Auf dem Rücken liegend machen meine Brüste, was sie wollen. Ich bekomme meine Beine gefühlt nie weit genug auseinander, und wenn ich sie anziehe, nun ja, ist da noch ein Bauch im Weg. Ich schwitze, wenn er es auch tut, und ich muss mich bei einigen Stellungen mehr verdrehen als andere, weil mal meine Beine im Weg sind, mal mein Bauch, mal meine Fledermausflügel. Ich glaube, ich habe ein Doppelkinn, wenn ich auf dem Rücken liege, und Orgasmen lassen jeden von uns aussehen, als hätte etwas in unseren Gesichtern geparkt.

Ich bin keine Augenweide beim Sex, das ist mir vollkommen klar, aber weißt du, was? Das ist so was von scheißegal! Sex muss nicht gut aussehen, Sex muss sich gut anfühlen, und das geht nur dann, wenn du dich berühren lässt, wenn dein Partner zugreifen darf, ohne dass du dir Gedanken darüber machst, dass er gerade deinen Speck zu fassen kriegt. Er fasst dich an, und wenn ihr im Bett seid, ist das ein eindeutiges Indiz dafür, dass er das gerne tut. Sehr gerne sogar.

Dein Körper übrigens liebt Sex, und nichts schüttet so viele Glückhormone aus wie guter, erfüllender Sex. Was du dafür brauchst, kann ich dir nicht sagen, aber ich kann dir verraten, dass alles erlaubt ist. Du darfst auf alles stehen, und du darfst darüber sprechen. Du würdest dich wundern, wie befreiend es auch für deinen Partner sein kann, wenn du sagst «Du, ich habe da folgende Phantasie ...».

Traue dich und bringe deinen Körper mit. Sei sexy, denn ob du es bist oder nicht, bestimmt nicht dein Gewicht, nicht deine Größe und auch nicht dein Alter, sondern die Art, wie du dich gibst. Du wirst niemals für jeden die Geilste sein, klar, aber du kannst es für so manchen sein.

Du bestimmst, wie gut dein Sex ist, und wenn er nicht gut ist, dann sprich mit deinem Partner auch hierüber. Ohne Vorwürfe, sondern mit Offenheit. Sex ist nun einmal ein Feld voller Optionen, und du darfst alles mal versuchen. Auch etwas, das du bisher noch nie getan hast, wer weiß, vielleicht gefällt es dir ja?

Und bleibe entspannt. Sex ist keine Jagd nach Orgasmen, kein Abarbeiten von ewig gleichen Standards, keine Frage von Anstand, Alter, Körper oder Geschlecht. Sex ist ein gemeinsames Erleben. Oder alleiniges!

Sex darf laut und dreckig und nass und schamlos sein. Er darf voller Experimente stecken, reich an Ideen sein und an Phantasie. Sex darf schiefgehen und sollte dich dann zum Lachen bringen und nicht zur Verzweiflung. Sex darf ab und an auch einfach mal nicht klappen. Bei dir genauso wie bei ihm. Sex darf blöd aussehen, dich in komische Posen bugsieren und individuell angepasst werden. Sex darf schamlos, obszön, pornographisch und grenzenlos sein.

Sex darf und kann alles, nur eines sollte er niemals sein: ein Grund, sich schlecht zu fühlen.

Dein Körper ist nicht ungeeignet für ein schönes Liebesleben. Egal, wie du aussiehst, du hast keine Erwartungen zu erfüllen und keinen zu entsprechen. Schon gar nicht denen, die es nur in deinem Kopf gibt. Sei im Bett, was du sein willst. Laut oder leise, hemmungslos oder sinnlich, lass dich auf die Matratze werfen und dich derart rannehmen, dass du vergisst, wie du heißt, oder tue das mit einem anderen, der darauf steht. Probiere mal was anderes aus als das ewig gleiche Auf-dem-Rücken-liegen-und-Beine-Anziehen. Dreh dich, bewege dich, traue dich in neue Posen.

Wenn er nicht tief genug reinkommt, weil du zu viel Speck hast, dann schiebe dir ein Kissen unter den Hintern, das macht es für euch beide einfacher.

Wenn dir deine Beine zu schwer sind, um sie allein ewig lange hochzuhalten, dann stelle deine Füße auf seine Schultern oder besorge dir Spielzeug, das dich unterstützt. Es gibt Gurte, die speziell dafür in jedem guten Sexshop zu erwerben sind und die es dir enorm erleichtern, deine Beine zu halten, wo sie sind. Oder wie wäre es mit Seilen?

Sex darf anstrengend sein, aber nicht, weil du dich abmühen musst, sondern weil es so gut ist.

Wenn du nicht auf Penetration stehst, dann probiere andere Dinge aus. Es muss auch wirklich nicht immer nur eine Sache von Penis und Pussy sein. Die wenigsten Frauen kommen überhaupt zum Orgasmus durch die bloße Penetration. Die Mehrheit braucht dazu die Stimulation der Klitoris. Also stimuliere, was das Zeug hält! Sag ihm, wie es geht, oder zeig es ihm, er wird sich freuen, jede Wette. Besorgt euch Spielzeug, das euch die «Arbeit» erleichtert. Die Welt der Erotik ist riesig, also geh endlich auf Reisen, denn begehrt zu werden ist heilsam, schön und einfach verdammt grandios.

Es gibt keinen Körper, der für Sex ungeeignet ist.
    Deiner auch nicht.
    Niemals.

Also komm raus aus deiner Komfortzone und mach endlich das Licht an. Und sei es nur in Form einer Kerze, denn Sex ist zum Anfassen, Riechen, Schmecken und nicht zuletzt auch zum Angucken da. Erotik und Sex sehen vielleicht nicht immer gut aus, aber machen dich schön.

Ich für meinen Teil bin jedenfalls in keinem Moment schöner als in jenem, in dem mich ein Mann begehrt. Das heißt nicht, dass ich ohne Mann nicht begehrenswert bin, aber manchmal braucht es einen anderen Menschen, um sich selbst sehen zu können. Es braucht manchmal andere Hände, um sich selbst fühlen zu können, und es braucht einen anderen Körper, um den eigenen unter diesem winden zu können.

Sex ist grandios und frei von Vorurteilen, solange du keine hineinlegst. Wie schon gesagt, ich liebe alles an Sex, zu jeder Tages- und Nachtzeit, an jedem Ort (außer im Smart, das wird nichts), auf jede erdenkliche Art.

Nicht, obwohl ich dick bin, nicht, weil ich dick bin, nicht einmal, weil ich bin, wie ich bin.

Sondern weil ich eine Frau bin.

Denn manchmal, nur manchmal, gibt mir nichts auf der Welt so sehr das Gefühl, eine Frau zu sein, wie ein Mann, dessen Augen voller Gier sind und dessen Körper mit jeder einzelnen Bewegung nur zu mir will. Und, ganz unter uns, frisch gefickt sehen Frauen eh immer am besten aus. Und Männer auch!

Also raus aus den Klamotten, Licht an – und liebt euch laut und dreckig!

Das böse Wort mit F

«Diese Emanzenscheiße geht mir so dermaßen auf den Sack», höre ich einen Typen, der neben mir an der Bar steht, zum Barkeeper sagen. «Was bildet die sich denn ein, hier einen Aufstand zu proben?»

Seit geraumer Zeit streitet er sich mit seinem Handy oder vermutlich eher mit seiner Freundin via WhatsApp.

«Was stimmt nicht mit euch Frauen?», fragt er mich halb ironisch, als er merkt, dass ich ihn ansehe.

Er versucht schon den ganzen Abend zu flirten, immer dann, wenn er mal fünf Minuten lang nicht in sein Handy starrt und wütend Nachrichten tippt. Jetzt wittert er seine Chance. Klar, warum auch nicht, schließlich ist ja nichts geiler als ein Typ, der sich eben noch mit seiner Freundin zofft und dann glaubt, in mir den Ersatz zu finden.

«Du zum Beispiel», sagt er und rutscht auf 'n Meter ran, «du bist doch ein Knallerweibchen.» Stimmt, denke ich und warte ab, was nun kommt.

«Arsch, Titten, schöne Haare, alles dran. Von dir hört man sich so ein Gesülze von wegen ‹Mimimi, ich hab auch meine Rechte und Bedürfnisse mimimi› und so nicht an, hab ich recht?»

Ich sehe aus, als hätte ich keine Lust auf gleiche Rechte? Was sagt ihm das? Dass ich keinen Hosenanzug trage?

«Was macht so ein Mäuschen wie du wohl in einer Bar

wie dieser?» Oooooha. An dem Spruch muss er lange gearbeitet haben. Mäuschen sagt nichts.

«Sag schon. Was machst du so? Beruflich, meine ich?»

«Ich bin Autorin und Comedian», antworte ich wahrheitsgemäß.

«Ach was?! So siehst du gar nicht aus», stellt er fest. Ich frage mich, wie Menschen meiner Berufsgruppe denn sonst aussehen. Rollkragenpullover, Schal auch im Hochsommer, Nickelbrille auf der Nase und eine abgesägte Schrotflinte im Mund?

«Und über was schreibst du so?»

«Emanzenscheiße», antworte ich und stelle mein Glas ab.

«Was?» Er ist verblüfft.

«Ob du Bock zu vögeln hast, habe ich gefragt», antworte ich mit todernster Miene.

Ihm fällt fast sein Getränk aus dem Gesicht.

«Holla. Du gehst ja ran. Das mag ich», sagt er und rutscht grinsend näher.

«Tatsächlich?», frage ich erstaunt nach.

«Klar. Mir gefallen Frauen, die wissen, was sie wollen, total.»

«Neeeeeiiin, tun sie nicht.»

«Doch, klar!», widerspricht er.

«Nein, nicht wirklich. Denn weißt du, wie man das nennt, wenn eine Frau äußert, was sie will, was ihre Bedürfnisse sind, wen sie will oder was sie alles nicht will?»

«Eeeeeeemanzenscheiße! Tja, Alter, verkackt!», knallt der Barkeeper ihm über den Tresen hinweg an den Kopf und lacht laut, während ich mich Richtung Tanzfläche drehe, um mich von der zappelnden Menge verschlucken zu lassen.

«Dich blöde Schlampe hätte ich eh nicht ...», höre ich

ihn sich noch mit meinem Hinterkopf unterhalten, ehe das Dröhnen der Bassbox noch ein paar Beleidigungen verschluckt, die mit Sicherheit irgendetwas mit meinem Gewicht oder mit ein paar meiner Geschlechtsorgane zu tun haben.

Als ich zurückkomme, ist er weg. Dafür wurde mein leeres Glas gegen ein volles ausgetauscht. Darunter eine Serviette mit einer Telefonnummer. Sie gehört dem Barkeeper.

Dieses Erlebnis ließ mich zum ersten Mal darüber nachdenken, was genau ich denn wirklich mit Emanzen und Feminismus am Hut habe oder ob das überhaupt etwas mit mir zu tun hat. Was bedeutet denn das, und wer ist eine Emanze? Brauche ich einen Batikrock? Und wie wird man emanzipiert, und bin ich Feministin, wenn ich emanzipiert bin, und vor allem, warum klingen «Emanze» und «Feministin» in meinen Ohren wie angestaubte Schimpfwörter? Und das nicht nur in meinen.

Mir begegnen diese Worte fast ausschließlich im negativen Kontext, entweder als Schimpfwort und Beleidigung, um eine Frau in eine bestimmte Schublade zu stecken, die verdächtig nach Reformhaus und Mottenkugeln riecht, oder aber auf penetrant-nervige Art, wenn Frauen in meiner Umgebung Sätze mit «Ich als Emanze» beginnen oder «Gib mir mal bitte die Salzstreuerin» sagen. Und: «Warum heißt es eigentlich der Mann im Mond und nicht die Frau im Mond?!» Gähn.

Das Bild, das bei den Begriffen Emanzipation und Feminismus in vielen Köpfen entsteht, ist durch eine Menge Vorurteile geprägt. Keifende Frauen, die sich darüber definieren, besser sein zu wollen als Männer, allen damit auf den Sack gehen, die sich für das «stärkere Geschlecht» halten und meinen, ausnahmslos alles besser zu können als ein Mann – und jede Frau, die da nicht mitzieht, die sich rasiert oder einen kurzen Rock trägt, verrät die Sache und muss missioniert werden.

An dieser Stelle ein von Herzen kommendes: BULL-SHIT!

Ja, dieses Bild gibt es tatsächlich in so manchem Kopf, und ja, es gibt auch Frauen, die genauso sind. Ich glaube übrigens, dass nicht einmal die Frauen, die so unterwegs sind, sich selbst leiden können.

Feminismus ist nicht die Umkehrung der Geschlechterrolle. Es geht dabei nicht darum, «besser» als ein Mann zu sein. Es geht um Gleichheit.

Es geht nicht darum, mit seinen Achselhaaren wedelnd zu skandieren, wie unterdrückend es ist, in einer Welt zu leben, in der die anderen einen Penis haben, und wie gemein es ist, selbst keinen zu haben.

All das hat nichts mit Emanzipation und schon gar nichts mit Feminismus zu tun, das ist einfach nur Müll. Zumindest, wenn man mich fragt.

Aber was bedeuten denn Emanzipation und Feminismus? Hier eine winzige Begriffskunde, denn es gibt einen feinen, aber bedeutenden Unterschied zwischen «Emanze» und «Feministin», auch wenn beide Begriffe nur allzu gern in einen Topf geworfen werden.

EMANZIPATION

Das Wort «Emanzipation» stammt vom lateinischen Wort «emancipatio» und bedeutet in etwa so viel wie die «Freilassung eines Sklaven» oder aber auch die «Entlassung aus der väterlichen Gewalt». Es erklärt sich ganz schön, wenn man weiß, dass das Wort «emancipatio» eigentlich eine Zusammensetzung aus drei Worten ist, nämlich «e», was «aus» bedeutet, «manus», Hand, und «capere» für nehmen. Aus Hand nehmen. Ursprünglich war es im antiken Rom nämlich so, dass durch das Auflegen der Hände ein Mensch aus einer bestimmten Lebenssituation entlassen werden konnte, so beispielsweise ein Sohn vom Vater in die Selbständigkeit oder auch ein Sklave durch seinen Herrn in die Freiheit. Das Wort stammt aus Zeiten, in denen man Menschen noch wie Dinge besitzen oder freigeben konnte. Im Ursprung war die Emanzipation eines Menschen also kein Akt des freien Willens, sondern bedurfte des guten Willens eines anderen Menschen. Man war auf diesen Willen angewiesen.

Etwa im 17. Jahrhundert änderte sich dann die Bedeutung dieser Begrifflichkeit und wurde von einem äußeren Akt der Gnade durch einen anderen zu einem inneren Prozess des Menschen selbst. Ab da war die Emanzipation etwas, was ich mir selbst zugestehen kann, indem ich mich zu einem selbständigen und freien Menschen erkläre und meinem eigenen Willen folge, frei bin und für meine Rechte einstehe.

Der Auszug eines Jugendlichen beispielsweise aus dem Elternhaus ist die Emanzipation von den Eltern. Gruppen, die darum bemüht sind, als gleichwertig anerkannt und nicht länger unterdrückt zu werden, die gleichen Rechte wie alle anderen zu genießen und am gesellschaftlichen Leben teilzunehmen wie die Allgemeinheit, versuchen, sich zu emanzipieren.

Emanzipation hat also erst einmal gar nichts mit einem Geschlecht zu tun, sondern mit einer Klasse. Männer und Frauen können gleichermaßen emanzipiert sein.

Es geht um Gleichberechtigung an sich. Emanzipation bedeutet also Gleichheit, Selbstbestimmung und Freiheit.

Wenn derjenige, der Gleichberechtigung, Freiheit und Selbstbestimmung fordert, aus Versehen eine Frau ist, dann ist sie eine «Emanze». Geht es bei den Forderungen dann explizit um die Gleichberechtigung von Frauen, dann sprechen wir von:

FEMINISMUS

Das Wort ist ebenfalls aus dem Lateinischen abgeleitet, von «Femina», Frau, und bezeichnet, etwas salopp formuliert, die obengenannte Emanzipation bezogen auf die Rechte einer Frau. In der Encyclopaedia Britannica steht als Definition schlicht, dass der Feminismus der «Glaube an die gesellschaftliche, politische und ökonomische Gleichheit der Geschlechter» beschreibt und dieses Recht ebendiese Gleichheit einfordert. So geht es dem Feminismus ebenso um Gleichberechtigung, Freiheit und Selbstbestimmung, nur eben bezogen auf die Frau.

Dass es hierbei überhaupt eine Unterscheidung geben muss, dass es zur Emanzipation an sich noch einmal einen «Sonderpunkt» explizit für Frauen geben muss, ist allein schon Grund genug für den Feminismus. Frauen sind auch im 21. Jahrhundert noch nicht gleichberechtigt und somit dem Mann nicht gleichgestellt. Das ist nicht jedem immer sofort klar, allerdings sieht man es am ehesten bei den Gehaltsunterschieden von Mann und Frau und der unterschiedlichen Behandlung von Geschlechtern im beruflichen Leben. Dass Frauen wählen dürfen, ist beispielsweise das Resultat emanzipatorischer (alle dürfen wählen) und feministischer (ja, alle! Also auch Frauen) Bemühungen, um nur eines von vielen Beispielen zu wählen. Und nicht zuletzt geht es auch um die Selbstbestimmung der Frau über ihren eigenen Körper. Eine Frau darf tragen, was sie will, sich treffen, mit wem sie will, über ihren Körper bestimmen, wie sie will. Und schaut man über den Tellerrand hinaus in den Rest der Welt, wird deutlich, dass es um die Stellung der Frau in anderen Ländern oft noch deutlich bescheidener steht: Es gibt Vorurteile gegenüber Frauen, die auf Aberglauben basieren, Mangel an Rechten in Bezug auf das gesellschaftliche Leben (Wahlrecht, Recht auf Bildung, Recht auf Berufstätigkeit etc.) – und Frauen wird das Recht auf körperliche und emotionale Selbstbestimmung abgesprochen (durch Zwangsehen, Beschneidung von Frauen und jungen Mädchen, Zwangsprostitution etc.).

Aha. Zusammengefasst könnte man also sagen, dass ich, wenn ich dafür bin, dass alle Menschen gleich sind und somit gleiche Rechte und Freiheit genießen sollen, im Grunde eine emanzipatorische Haltung habe, und wenn ich dann auch noch der Meinung bin, selbst bestimmen zu wollen, wer mich flachlegt und wie viele Kinder ich bekomme oder eben nicht, welchen Job ich ausübe und für diesen bei gleicher Leistung auch gleiches Gehalt haben möchte wie ein Mann, und ich finde, all diese Rechte stünden allen Menschen und so eben auch allen Frauen zu, dann bin ich, ohne es zu merken, Feministin.

Das ist ja schrecklich!

Das Image der Begriffe Emanze und Feministin ist ziemlich muffig. Schlimm verstaubt, und etwa so gut wie das von Veganern und iPhone-Besitzern. Feminismus klingt nach Spielverderber, nach großen, bunten Ohrringen, einseitig getragen, nach ganz viel schlechter Laune und nächtlichen Problemgesprächen bei einem Becher Kamillentee.

Mein Kopf ist voller Klischees über Feministinnen, und fast alles daran ist ausgemachter, aber leider weitverbreiteter Müll.

Aber wenn wir schon mal hier so gemütlich zusammensitzen und darüber nachdenken, ob wir trotz Dildosammlung und Mutterschutz, Minirock und High Heels, rasierter Achseln und Intimbereiche und des Spaßes am Leben mit einem Mann Feministinnen sein können oder vielleicht sogar sein müssen, dann lass uns doch bei einem Gläschen lauwarmem Tee auch gleich klären, ob du und ich nicht, ohne es zu wissen, es vielleicht längst sind.

Was bedeutet Feminismus?

Feminismus bedeutet das Recht auf Gleichheit, aber auch das so wichtige Recht auf Weiblichkeit. Wenn ich blute, will ich dafür weder ausgelacht noch in eine Hütte gesperrt werden. Ob ich eine Hose, einen Rock oder gar nichts tragen will, sollte mir überlassen werden. Nur weil ich Ausschnitt zeige, heißt das nicht, dass jemand reingreifen darf. Ich will nicht, dass man mir die Klitoris abschneidet, nur weil ich im «falschen» Teil der Welt geboren wurde und meine Vorfahren sich da irgendwelchen Irrsinn zusammengereimt haben, der mir als Frau die Lust am Sex untersagt. Ich will nicht auf offener Straße gesteinigt werden, nur weil ich einen Mann geküsst habe. Ich will generell nicht gesteinigt werden. Ich will gut bezahlt werden für einen Job, den ich gut mache. Ich will selbst bestimmen, ob ich meinen Uterus benutzen will oder nicht. Ich will über meine Reproduktion selbst nachdenken, ebenso wie über die Wahl meines Mannes und der Kleidung, die ich trage. Ich will mir nicht anhören müssen, ich sei selbst schuld, wenn ich sexueller Gewalt ausgesetzt bin, «warum läufst du auch so aufreizend herum, ist doch klar, dass dann was passiert». Nein, ist es nicht. Es ist ein Verbrechen und keine Kleidersünde meinerseits. Ich will nicht dumm von der Seite angemacht werden aufgrund meiner Körperlichkeit, nur weil Frauen angeblich irgendwie auszusehen haben, wie andere sich das vorstellen. Ich will nicht «Schlampe» genannt werden, nur weil ich promiskuitiv lebe oder frigide, nur weil ich Monogamie sexy finde. Ich will keine Diskriminierung erfahren. In keinem Bereich meines Lebens. Nicht, weil ich ein Mensch bin. Nicht, weil ich eine Frau bin. Aus keinem Grund.

Was bedeutet Feminismus nicht?

Auch wenn die Meinung weit verbreitet ist, bedeutet Feminismus nicht, dass Frauen besser sein wollen oder sollen als Männer. Feminismus bedeutet generell nicht, sich über einen anderen Menschen zu stellen. Weder über einen Mann noch über eine Frau. Denn sobald andere Menschen ausgegrenzt werden, ganz gleich ob Frauen oder Männer, oder sich über andere erhoben wird, hat das nichts mehr mit Emanzipation zu tun. Frauen sind keine Männer, und sie sollten es auch nicht sein müssen. Es geht lediglich darum, die gleichen Rechte zu haben. Nicht mehr, aber auch nicht weniger. Nicht die Unterdrückung des Mannes ist das Ziel des Feminismus, sondern die Augenhöhe. In dem Moment, in dem Männer nicht mehr Kerle sein dürfen und Frauen dafür welche sein sollen, läuft meinem Erachten nach etwas ganz fürchterlich schief. Die Entmannung des Mannes macht uns nicht zu besseren Frauen, sie macht uns zu Frauen, die ängstliche Waschlappen daten müssen, die glauben, wenn sie einer Frau die Tür aufhalten, handeln sie politisch inkorrekt.

Das ist grauenvoll, und es ist falsch. Überall dort, wo die Erhebung eines Menschen auf der Unterdrückung eines anderen beruht, läuft etwas schief, und mal im Ernst, Männer sind schon ganz schön grandios. Die können Marmeladengläser aufschrauben und umwerfend aussehen und durch lautes Schnarchen Bären vertreiben. Das alles können Frauen auch, sagst du? Gut, dann ist in diesen Fällen die Gleichberechtigung der Frau ja schon mal geglückt.

Gleichberechtigung heißt, dass jeder sein darf, wie er sein möchte, innerhalb eines gesetzlichen Rahmens, aber eben mit den gleichen Rechten für alle Geschlechter.

Ich will nicht besser sein als ein Mann. Ich will nicht gleicher sein als gleich. Ich will auch nicht, dass Männer aufhören, Männer zu sein. Bitte nicht, dafür finde ich Männer viel zu toll. Ich möchte nur das gleiche Recht. Wenn ich mich dann dazu entscheide, es nicht wahrzunehmen, dann soll auch das meine Entscheidung sein.

Bedeutet dies, dass man aufhören muss, sich wie ein Mädchen zu verhalten, oder dass man nicht Hausfrau und Mutter sein darf? Muss ich Männer als Feind betrachten, und darf ich mich jetzt nicht mehr nuttig kleiden, wenn ich das doch gern tue?

Nein! Genau das bedeutet es nicht.

Du darfst ebenso in kurzen Röcken herumlaufen wie in Nonnentracht. Du darfst mit jedem ins Bett springen, der nicht bei 3 auf den Bäumen ist, oder ein Leben lang ohne Sex leben. Du darfst auf Glitzer stehen und auf rasierte Beine, ebenso wie du es sprießen lassen darfst, so wie du willst. Du darfst selbständig und finanziell unabhängig sein, du darfst Geschäftsfrau oder hauptberuflich

Ehefrau, Hausfrau und Mutter sein oder all dies zugleich. Du darfst das berühmte «Heimchen am Herd» sein oder Weltenbummlerin. Du darfst in einer Beziehung den Takt angeben oder dir den Po versohlen lassen, wenn du darauf stehst. Du darfst prüde sein, anschaffen gehen, lernen und lehren, und du darfst Pilotin sein oder Idiotin, wenn es sein muss. Du darfst das alles, und genau das bedeutet Feminismus. Du musst nicht besser sein als ein Mann, sondern darfst Frau sein, das Frausein genießen und die gleichen Rechte haben wie ein Mann.

Feminismus bedeutet nicht, dass du zu sein hast wie andere Frauen. Feminismus bedeutet, dass du dein Leben selbst bestimmen darfst, egal wie deine Beziehungsform, dein Erscheinungsbild, deine Religion oder dein Weg auch aussehen mag. Wenn es deine Wahl war und es dein Wunsch ist, so zu leben, wie du es tust, dann ist es emanzipiert, ob du willst oder nicht.

Realitätscheck:
Ob du eine emanzipierte Frau oder Feministin bist?
Nun, lass uns mal kurz schauen.
Bist du eine Frau?
Bist du ein Mann?
Bist du der Meinung, dass Menschen, egal ob Mann oder Frau, egal welchen Alters und welcher Statur, welcher Herkunft, Hautfarbe oder Religion, überall auf der Welt die gleichen Rechte haben sollten?
Bist du der Meinung, dass eine Frau über ihren Körper selbst bestimmen sollte? Dass niemand sie gegen ihren ausdrücklichen Willen sexuell bedrängen, belästigen, missbrauchen, misshandeln oder versklaven darf? Dass Frauen die gleiche Schulbildung und Jobchancen haben sollten? Dass Frauen gleiches Mitspracherecht haben soll-

ten und über sich, ihr Leben und ihren Umgang selbst entscheiden sollten, ganz egal, was du oder ich oder irgendjemand anderes von diesem Lebenswandel hält?

Bist du der Meinung, eine Frau darf tragen, was sie will, sprechen, mit wem sie will, schlafen, mit wem sie will, lieben und heiraten, wen sie will, wiegen, was sie will, reisen, wenn sie will, sich duschen, wann sie will, Sex haben, wie sie will?

Bist du der Meinung, dass das ungerechte, unfaire und menschenunwürdige Behandeln eines Mannes oder einer Frau unrecht ist?

Wenn du all diese Fragen bejahst, dann bist du sehr wahrscheinlich eine Feministin oder ein Feminist.

Wenn du sie verneinst, dann bist du sehr wahrscheinlich ein unaufgeklärter Wichser.

Tja. Da haben wir nun den Salat.

Ich bin von der Bedeutung dieses Wortes begeistert, trotz aller Vorurteile, die in meinem Kopf stecken. Weil der Feminismus mir ermöglicht, meine Rechte zu nutzen, und dafür kämpft, dass ich all jene Rechte bekomme, die mir noch zustehen. Man mag über erklärte Feministinnen sagen und denken, was man möchte, aber wir verdanken selbst den unangenehmsten Zeitgenossinnen unter ihnen, dass wir heute stehen, wo wir stehen.

Du musst nicht auf Kundgebungen gehen und keine Stuhlkreise in deinem Garten veranstalten, wenn du nicht willst. Du kannst ganz woanders anfangen. Bei der Basis. Bei dir und bei jenen, die in deiner Obhut sind. Bei deinen direkten Mitmenschen und deinem Umfeld. Denn ich glaube, emanzipiert und vielleicht sogar feministisch ist nicht allein die, die alles darüber weiß und es wie eine

Fackel vor sich herträgt, sondern die, die emanzipiert und feministisch handelt.

Beginne bei dir und frage dich, was du willst und was du für die Zukunft aller dir wünschst. Es ist ein Gedanke – mehr erst einmal nicht. Erziehe deine Kinder zu gleichberechtigten Menschen. Bringe ihnen bei, dass es Tausende Unterschiede zwischen Männern und Frauen gibt und dass das gut ist, aber dass alle gleiche Rechte haben. Lehre deine Kinder, dass sie schön sind und dass sie mit ihrem Körper machen dürfen, was sie möchten, dass sie nur sich allein gehören und niemandem sonst. Bring ihnen bei, dass Menschen sich untereinander bereichern, anstatt sich zu bekämpfen. Lehre sie, dass jeder lieben darf, wen er will, und leben darf, wie er es bevorzugt. Bringe ihnen bei, dass sie nicht den gleichen Geschmack haben müssen, nicht die gleichen Meinungen und Vorlieben teilen müssen, dass sie nicht immer einer Meinung sein müssen und nicht alle die gleichen Wege gehen müssen, aber dass sie ihrem Gegenüber Respekt und Akzeptanz entgegenbringen.

Lehre sie Solidarität. Unter Menschen, unter Frauen, unter Männern.

Wir sind nicht alle gleich. Aber wir haben die gleichen Rechte, und wir sollten keine Angst vor Emanzipation oder Feminismus haben. Gleiches Recht für alle bedeutet nicht weniger Recht für Männer. Gleichberechtigung ist kein Kuchen, den wir uns teilen müssen, also plädiere ich dafür, mal ein wenig lockerer durch die Hose zu atmen. Es ist genügend Kuchen für alle da, und mir wächst auch kein Penis, nur weil ich auf den gleichen Kuchen abfahre, den auch Männer mögen. Und das ist auch verdammt gut so.

Ich bin in einigen Punkten Erscheinung und meine Persönlichkeit betreffend ein wandelndes Klischee.

Ich stehe auf Glitzer. Ich mag meine Haare lang. Bei einer Sternschnuppe sage ich «ooooooh» und bei Katzenbabys auch. Ich finde Korsetts toll. Ich trage gerne Kleider. Ich mag Nagellack, und meine Lieblingsfarbe neben Schwarz ist Fuchsia. Ich bin gern feminin. Ich mag schnelle Autos. Ich stehe auf maskuline Männer, und ich liebe es, sie anzuhimmeln. Ich will Nägel nicht selbst in die Wand hauen, auch wenn ich es kann. Ich muss keine schweren Sachen tragen. Ich mag Gentlemen und wenn man mir die Tür aufhält. Ich will in manchen Bereichen einfach nicht das Sagen haben. Ich will nicht immer alles entscheiden müssen. Ich mag das Mitspracherecht, nicht das Bestimmerrecht. Ich mag das Wort «Weib» sehr und bin gern eine Diva, ein Mädchen, Prinzessin und Königin und manchmal sogar Mäuschen. Ich mag meine Achseln rasiert, ich bin für den Erhalt des generischen Maskulinums, und ich hasse Batikklamotten.

Und trotzdem bin ich eine Feministin. Oder nein, nicht trotzdem, sondern deswegen. Weil ich es mir aussuchen konnte, zu sein, wie ich sein möchte, weil ich daran arbeite, meine Rechte auszuweiten auf das, was mir im Sinne der Gleichheit zusteht, und weil ich gewillt bin, dafür zu streiten. Weil ich mein Recht behalten möchte und der Meinung bin, dass eine jede Frau das gleiche Recht hat, welches auch ich genieße.

Mir muss nicht gefallen, was andere Frauen machen. Ich darf eine differenzierte Meinung haben. Die ist nicht wertend, die ist nur anders. Ich nehme für mich in Anspruch, rasierte Beine haben zu wollen, das heißt aber nicht, dass ich der Meinung bin, alle Frauen müssten rasiert sein. Ich möchte keine Kinder und habe nicht vor, meinen Uterus zur Reproduktion einzusetzen. Das heißt aber nicht, dass ich Kinder nicht leiden kann oder Mütter verachte. Ich verstehe Frauen, die Hausfrau sein möchten, genauso wie ich Frauen verstehe, die das in keinem Fall wollen. Ich verstehe Frauen, die in ihrer Beziehung den Ton angeben, und jene, die es nicht wollen. Diese Liste könnte ich endlos weiterführen, und am Ende bliebe der Kern der Aussage immer der gleiche: Solange es dein freier Wille war und ist, sollst du dein Leben so leben dürfen, wie es dir gefällt, weil du als freier Mensch geboren wurdest und ich an Gleichheit und Selbstbestimmung glaube.

Und solange das noch nicht so ist, solange ich mir auf der Straße dumme Kommentare gefallen lassen muss, sei es zu meiner Figur, zu meinem Geschlecht oder zu irgendwas, das mich ausmacht. Solange man der Meinung ist, ich als Frau habe einem bestimmten Ideal zu entsprechen. Solange man der Meinung ist, mich gesellschaftlich auszugrenzen, weil ich eine Frau bin, weil ich individuell bin, weil ich einen Weg gehe, den ich mir selbst erarbeite, oder weil ich bin, wie ich bin, so lange gibt es noch einiges zu tun.

Erinnerst du dich noch an die Begegnung mit dem Typen, von der ich eingangs berichtete? Ich hatte nicht eine Sekunde lang vor, mit diesem uncharmanten Mann irgendwo hinzugehen und schon gar nicht ins Bett, aber ich hätte gekonnt, wenn ich gewollt hätte.

Dafür, für dieses Recht und für alle anderen Selbstverständlichkeiten, die andernorts und in vielen Köpfen noch immer keinen Boden haben, haben Frauen wie auch Männer gekämpft und werden es noch oft tun müssen.

Ich mag das Wort Emanze nicht, ich mag das Wort Feministin noch viel weniger, ich mag den staubigen Klang nicht, den diese Worte in meinen Ohren haben, aber das Wort Feminismus ist, wenn du mich fragst, nichts weiter als ein Synonym für Menschlichkeit. Und ob ich ein Verfechter der Menschlichkeit bin?

Ich glaube, die Antwort ist klar.

Epilog

Hier stehen wir nun. Du und ich. Etwas ratlos, wie zwei gut aussehende Idioten, die am Bahnhof auf ein Schiff warten und sich wundern, dass keines kommt. Und währenddessen überlegen wir, was es braucht, um glücklich zu sein, denken aber von morgens bis abends so missbilligend über uns, dass es schwer wird mit dem Glück.

Wir stolpern von Diät zu Diät und suchen unser Glück im Weglassen von allem, was uns bereichern könnte, weil wir glauben, es noch nicht zu dürfen, noch warten zu müssen, denn noch sind wir nicht perfekt genug.

Und wir üben Verzicht. Verzicht auf Liebe, Verzicht auf Sex, Verzicht auf Urlaub, Verzicht aufs Tanzengehen, Verzicht auf Flirts, Verzicht auf schöne Kleider, Verzicht auf Schwimmbäder, Verzicht auf Sonne, weil man mit kurzen Ärmeln ja die dicken Arme sehen könnte, und nicht zuletzt natürlich Verzicht aufs Essen.

Einige essen gar nicht, andere essen bio, vegan, Low Carb oder glutenfrei.

Ich esse Krümel aus meinem BH, während ich diese Zeilen schreibe, und ich lache darüber, weil ich mittlerweile weiß, dass der Körper mehr ist als nur sein Gewicht und dass Wohlfühlen nichts mit einer Kleidergröße zu tun hat.

Ich habe in meinem Leben abgenommen, ich habe zugenommen, ich habe wieder abgenommen, und sind auch noch so viele Kilos von meinen Hüften verschwunden, so ist es nicht das, was mich glücklich gemacht hat.

Ich arbeite an mir, ich arbeite an meinem Gewicht, ich freue mich, wenn ich von der Waage steige und sie nett zu mir war, und ich möchte sie gegen die Wand werfen, wenn dem nicht so ist. Ich bin exzessiv. In nahezu allem, und manchmal ist das wirklich etwas Gutes. Mich wohlfühlen, damit konnte ich erst beginnen, als mein Lebensinhalt nicht mehr daraus bestand, mich zu wiegen und darüber nachzudenken, wie ich es anderen recht machen könnte.

Keine Zahl macht mich schön, keine Kleidergröße weiblich, keine noch so straffe Haut macht mich zufriedener, wenn ich in meinem Kopf damit beschäftigt bin, anders sein zu wollen. Und mal im Ernst, glauben wir denn wirklich, dass das Heil darin liegt, Idealgewicht zu erreichen, wenn sich auch Idealgewichtige zu dick fühlen?

Es ist nicht das Abnehmen, das mich bereichert hat, es hat mir nur mein Leben erleichtert und mich gesünder und fitter gemacht, und alles daran ist gut. Natürlich.

Dein Maßstab sollten nicht «die anderen Frauen» sein.

Der Maßstab bist du.

Denn es gibt dich nun einmal nicht in besser. Vielleicht in leichter, flacher, üppiger oder glatter, aber nicht in besser. Du bist schon ein Geschenk, ob du willst oder nicht. Also stell dich vor den Spiegel und sieh dir an, was das Leben dir schenkt. Mit offenen Augen und offenem Herzen. Guck hin, was an dir ist. Und dann schließe die Augen und erfühle all das, was du abgesehen von deinen Pfunden, deiner Haut, deinem Alter bist.

Weißt du, was das Beste daran ist, eine Frau zu sein?

Steh auf, jetzt sofort, stell dich vor den Spiegel, nimm dieses Buch meinetwegen mit oder lege es beiseite, und dann mach die Augen auf. Siehst du das? All das?

Die Haare, die nicht immer machen, was sie sollen. Die Arme, die manchmal Flügel haben, manchmal sehr lang sind, manchmal knochig. Die Brüste, die der Schwerkraft nicht immer trotzen, die kein Doppel-D-Körbchen oder so groß sind, dass du keine BHs findest. Der Bauch, von dem du immer denkst, er müsse flacher sein, der Hintern, von dem du glaubst, er wäre anders irgendwie besser, die Oberschenkel, die im Sommer aneinanderscheuern, wenn du keine Leggings trägst, die Knie, diese hässlichen Knie, die Haut, die manchmal nicht straff genug ist und Dellen hat, die Hände mit den Nägeln, die immer dann abbrechen, wenn du eine Verabredung hast. All das. All das ist das Beste an dir. Weil Fingernägel nun einmal brechen, weil Haut nun einmal hängt, weil Brüste, die groß sind, es irgendwann auch tun, und wenn sie klein sind, Glückwunsch, dann müssen sie nicht hochgehalten werden. Dein Hintern ist nicht der rundeste, vielleicht, aber er begleitet deinen Hüftschwung, dein Bauch ist nach 200 Diäten, nach der ersten Geburt, nach nächtlichen Kühlschranküberfällen, nach Gewichtsschwankungen, nach all dem, was das Leben so bringt, nicht mehr der flachste, na und? Glaubst du denn wirklich, es macht dich liebenswerter, wenn du keine Schwangerschaftsstreifen, keine Dellen, keine Rollen, keine Augenringe hast?

Wohlfühlen ist eine Frage der Einstellung, und die beginnt im Kopf. Du darfst alles tun, was du brauchst, um dich zu verändern. Du darfst dich unters Messer legen, diäten, wenn es sein muss, dir die Brüste mit Silikon unterfüttern, die Nase verkleinern und von morgens bis abends im Fitnessstudio schwitzen. Du darfst all das. Vorausgesetzt, es macht dich wirklich glücklich. Wenn das aber nicht so ist, wenn du alles im Fitnessstudio hasst, wenn dein Leben an dir vorbeizieht, während du dich zu optimieren versuchst, dann höre endlich auf damit!

Wenn du etwas an dir verändern willst, dann sollte es zuerst deine Sicht auf dich selber sein.

Beginne bei dir. Ändere, was du ändern möchtest, aber fühle dich wohl in deiner Haut, egal, welche Größe du trägst.

Höre hin, wenn andere dir sagen, dass du schön bist. Denn die Wahrscheinlichkeit, dass sie lügen, ist gering.

Am Ende des Tages glaube ich nicht an das Märchen, dass man perfekt sein muss, um sich wohlzufühlen.

Erst redet die Dicke übers Abnehmen. Jetzt redet die Dicke übers Wohlfühlen. Frechheit! Das sagt die doch nur, damit sie selbst nichts mehr tun muss. So schaut das doch aus!

Ähm. Ja, eine schöne Idee, aber das setzt die Annahme voraus, dass ich überhaupt irgendetwas in meinem Leben tun muss, und eine Band namens «Stadtgeflüster» brachte es einmal sehr schön auf den Punkt: «Ich muss gar nichts außer schlafen, trinken, atmen und ficken und nach meinen selbstgeschriebenen Regeln ticken.»

Da ist viel Wahres dran, und tatsächlich wird in meinem Leben das Abnehmen immer ein Thema sein. So wie essen und nicht essen, Gesundheit und Weiblichkeit, Sex und Männer und dieses verdammte Körpergefühl, das mir gerne mal abhandenkommt. Weil ich nun einmal eine essgestörte, dicke Frau bin, die auf Kohlehydrate und dreckigen Sex mehr abfährt als auf Eiweißshakes und Zurückhaltung. Aber genau darum geht es – nicht um

BMI, Kleidergröße, Kontrolle. Das Leben ist zu kurz, um unglücklich zu sein und auf den Moment zu warten, der angeblich alles gutmacht.

Wir verschwenden unser Leben damit, unglücklich zu sein und uns zu verstecken. Wir lassen zu, dass Menschen, die wir gar nicht kennen, darüber entscheiden, wie wir uns zu fühlen haben. Wir fühlen uns schuldig, klein, minderwertig, weil wir randvoll sind mit den Meinungen anderer, die ihrerseits die gleichen Ängste und Unsicherheiten haben, es nur besser zu verbergen wissen. Dabei geht es uns am Ende allen gleich. Wir alle scheitern. Das ist verrückt, und es macht uns unglücklich. Es lässt uns hungern, fressen und erbrechen, stürzt uns in Lebenskrisen, die so tief sind, dass wir das Licht am Ende des Tunnels nicht mehr sehen.

Und das ist verdammt noch mal nicht richtig.

Also, ja, stimmt. Ich lehne mich weit aus dem Fenster und sage laut, dass ich dickes Weib mit Cellulite, Bauch, X-Beinen und Plattfuß, ich, die immer dann schnarcht, wenn sie friert, die ohne Perücke aussieht wie eine dicke Cousine von Buddha, ich, die schon 340 Kilo wog, die immer noch viel wiegt, die Schwangerschaftsstreifen ausgerechnet an den Schultern hat, ohne jemals ein Kind zur Welt gebracht zu haben, ich, die selbst nicht alles richtig macht, oft auf die Nase fällt und immer wieder aufstehen muss, ich, die hart daran arbeitet, sich in ihrem Körper wohlzufühlen, was oft klappt, manchmal auch nicht, gelernt habe, dass nicht Schlanksein, nicht Perfektion glücklich macht, sondern Zufriedenheit.

Ausgerechnet ich, genau. Das ist frech, ja, und es ist notwendig! Scheiß doch auf die Schönheitsideale anderer. Das ist es, was uns so fertigmacht? Ein Körper, der nicht ganz so aussieht wie der eines anderen? Du solltest dir über echte Probleme Gedanken machen. Wenn du nachts losziehst und arme Omas überfällst oder Kindern den Kopf abkaust, dann hast du vielleicht ein klitzekleines Problem. Aber nicht wegen eines vermeintlichen Makels. Wenn du durch die Weltgeschichte läufst, die Klappe aufreißt und andere wegen ihres Aussehens beleidigst, wenn du keine Ahnung hast von Körperlichkeit oder, schlimmer noch, wenn du selbst unzufrieden mit dir bist und dich über andere erhebst, damit diese sich schlechter fühlen, dann bist du einfach ein Wichser.

Alles andere ist kein Drama. Dein Körper ist ein Geschenk, auch dann, wenn er über die Jahre etwas gelitten hat.

Ich weiß, dass das alles nicht immer leicht ist. Eine Frau zu sein ist grandios, sexy und schön – von einfach war nie die Rede. Und manchmal braucht es unendlich viel Mut.

Also, lass uns mutig sein, und wenn du es alleine nicht schaffst, dann suche dir eine Frau, die auch ein bisschen Kraft gebrauchen kann. Geht gemeinsam hinaus. Zieht an, was ihr anziehen möchtet, seid, wer ihr sein möchtet, tut, was ihr tun möchtet, mit wem ihr es tun möchtet. Lebt. Laut und bunt und voller Emotionen. Heult, wann immer es sein muss, und schämt euch nicht dafür, weicher zu sein als vielleicht manch anderer, härter zu sein, maskuliner oder femininer.

Schäme dich niemals für deinen Körper, nicht für PMS, nicht für dein Verlangen nach Liebe, Lust oder jenem, in den Arm genommen zu werden. Manchmal ist es ätzend, eine Frau zu sein, manchmal ist es das Beste, und manchmal ist es irgendwas dazwischen.

Sei Mädchen, Prinzessin, Königin, Diva, Mutter,

Schwester, Geliebte, Ehefrau, Hure, Göttin – alles ist möglich, warum solltest du dich jeden Morgen aufs Neue entscheiden, unglücklich zu sein?

Ich gehe nun gleich raus. Auf die Bühne oder vielleicht auch nur auf die Straße, und ich nehme das alles hier mit. Meine Gedanken, meine Gefühle und natürlich meinen Körper. Meinen so phantastisch unvollkommenen Körper, der mir manchmal so gut gefällt. Manchmal auch nicht. Manchmal bin ich die Schönste von allen. Manchmal muss ich noch ganz viel an mir tun. Manchmal bin ich zufrieden. Manchmal bin ich auf dem Weg dahin. Manchmal bin ich viel zu dick. Manchmal bin ich ganz schön okay. Manchmal. Ich gehe mit alldem da raus, und wenn du möchtest, dann nehme ich dich mit.

Ich bin noch lange nicht am Ziel, aber ich zucke nicht mehr zusammen, wenn der Mann, den ich so toll finde, mich berührt. Ich habe Momente, in denen liege ich nackt auf dem Bett und fühle mich unwiderstehlich, obwohl ich genau weiß, ich sehe aus wie eine gestrandete Boje. Ich stehe ab und an vor dem Spiegel und denke, wenn ich jemand anderes wäre, ich würde mich haben wollen. Meine Oberschenkel werden sich immer aneinander wund scheuern, wenn ich einen Rock trage. Meine Haut wird immer Dellen haben. Meine Knie – lass uns nicht über meine Knie sprechen. Lass uns über Liebe sprechen und über Respekt vor dir selbst. Lass uns über die Frage sprechen, warum du es so weit geschafft hast und dennoch nicht glücklich mit dir bist, und wenn die Antwort lautet, du bist nicht gut genug, um glücklich sein zu können, dann hast du dir die falsche Frage gestellt.

Das Leben wird nicht einfacher, wenn du schlanker bist oder jünger oder weiß der Geier was. Es wird höchstens einfacher, in einen engen Stuhl zu passen. Aber bis es so weit ist, solltest du darauf achten, dass du immer bequem sitzt, und sei es auf dem Boden der Tatsachen. Nimm Glitzer mit, das hilft manchmal, und vergiss nicht, dass du über dich und mich lachen darfst. Vielleicht musst du das sogar. Weil es dir besser steht als jedes Krönchen.

Das Leben findet nicht auf der Waage und nicht vor dem Kühlschrank statt, und es wird einfacher, wenn wir aufhören, uns gegenseitig wie Abfall zu behandeln.

Du darfst so sein, wie du bist.

Wenn du das hier liest, hast du dein Leben bisher gemeistert, hast die schlimmsten Momente ausgehalten, hast Höhen gefeiert, hast gebrochene Herzen überlebt, hast das Chaos überstanden.

Und hier bist du nun.

Und du bist verdammt noch mal großartig.

Arbeite also nicht daran, perfekt zu sein, sondern daran, glücklich zu sein.

Denn ich glaube fest daran: Glückliche Frauen sind die schönsten Frauen!

Ich hoffe, du kommst irgendwann bei dir an.

In Ruhe, mit großem Auftritt, verliebt in dich selbst und ein klein wenig betrunken vom Leben.

Wir sehen uns, du Prachtweib!

Wenn ich ehrlich zu dir wäre

Wenn ich ehrlich zu dir wäre, dann würde ich dir sagen, dass ich lieber nicht die Treppen nehmen möchte.

Weil es mir nicht leichtfällt.

Nicht einfällt, so wie du wie ein junger Welpe dort hinaufzusteigen.

Bei mir tut das weh und sieht albern aus, und wenn du das dann siehst und mich anschaust, dann schäme ich mich. Für mich.

Für meine Unvollkommenheit, und wünschte, es wäre endlich so weit, dass ich auch sagen kann: Ich komme dort oben ohne Schwierigkeiten an.

Aber das kann ich noch nicht. Und ich arbeite daran, aber schwer bleibt schwer auch nach all den Jahren.

Wenn ich ehrlich zu dir wäre, dann würde ich dir sagen, dass ich mich nicht vor dir ausziehen mag.

Nicht, weil ich dich, sondern mich manchmal nicht genug mag. Weil ich so viel arbeite an mir, wog für vier, heut noch für zwei, und mich das ganz sachte zwar leichter, aber nicht hübscher machte.

Nackt.

Wenn meine Haut nicht mehr der Schwerkraft trotzt und ich mich dennoch meiner Kleidung entledige, während du mich anguckst, und ich trotz deiner Worte nicht fortkomme von dem Gedanken, wie ich wohl in deinen Augen aussehen muss.

Wenn ich ehrlich zu dir wäre, dann würde ich dir sagen, dass ich deine Berührungen auf meiner Haut manchmal nicht ertrage.

Nicht weil sie nicht sanft wären oder ich sie so ersehne. Das tue ich. Aber hinter dem was du berührst, da blute ich. Und ich habe Angst, dass du zurückzuckst, deine Hand wegnimmst und mich mit einem Blick anguckst, den ich dann nicht überleben könnte.

Wenn ich ehrlich zu dir wäre, dann würde ich dir sagen, dass ich manchmal vor dem Spiegel stehe und mich nur durch Tränen sehe.

Weil ich vieles so gern wäre und nichts davon je war.

So viel Zeit verging, in der ich Jahr für Jahr erst nichts, dann alles auf die Reihe bekam und doch irgendwie noch nicht an dem Punkt, den man Ziel nennt, ankam.

Wenn ich ehrlich zu dir wäre, dann würde ich dir sagen, dass mein Selbstbewusstsein harte Arbeit war und dass es überhaupt nicht klar ist, dass ich das alles schaffe.

Humor als Schwert und mein Wort als Waffe, ziehe ich jeden Morgen aufs Neue in den Krieg, und wenn es mich nicht eines Tages dann doch noch besiegt, komme ich vielleicht an. Vielleicht auch nicht.

Und schaue ich in dein Gesicht, so lese ich dort Zuversicht und manchmal sogar Heldenmut. Aber du siehst auch die Narben nicht. Unter meiner Rüstung aus spitzen Zungen die sehr dünne Mauer nicht. Die immer dann einbricht, wenn ich das Gefühl habe, mein Herz zu verlieren. Schlägt es doch nur noch, weil ich es zusammenhalte, mit

Gefühlen gut haushalte und meine Emotionen gut verwalte. Häppchenweise nur Nähe zulasse, weil ich sonst Gefühle aufesse, und das sieht dann, ganz freiraus, noch beschissener als eh schon aus.

Wenn ich ehrlich zu dir wäre, dann würde ich dir sagen, dass die vielen Menschen hier mir manchmal Angst machen.

Weil sie, auf der Straße stehend oder an mir vorbeigehend, mich vielleicht doch noch auslachen. Weil sie sich wie feige Pisser hinter Facebooks anonymen Synonymen verstecken und an ihrem eigenen Hass ersticken, welchen sie mir aber zuvor noch ungefragt entgegentragen, mir manchmal sogar den Tod wünschen, aber es mir nie ins Gesicht sagen und glauben, sie seien damit noch im Recht oder hätten was bewegt, weil ihre eigene Unzulänglichkeit in ihrem eigenen Weg steht, also spucken sie auf meinen.

Weil Neid eben doch von allen Seiten hässlich ist und die Community der «Zu-mir-Halter» allem Anschein nach vergesslich ist, wenn Worte wie Pflastersteine fliegen und die Luft brennt, ich dabei zusehen muss, wie der «Ich stehe hinter dir»-Fresseaufreißer wegrennt immer dann, dann, wenn ich einen Wingman bräuchte.

Weil die Horde an Dummheit, die einen umgibt, sich in gnadenloser Ignoranz übt und sich dabei den Verstand prellt, während sie Schimpfwort für Schimpfwort gegen jeden noch so schwachen Gegner bellt.

Weil ich Blicke nicht immer ertrage, auch wenn die Fassade eine harte ist, dahinter jemand wartet, der verletzlich ist und Ehrlichkeit vermisst. Weil mich zu bepöbeln, zu beschimpfen und zu verleugnen keine Ehrlichkeit, sondern einfach nur ein Scheißverhalten ist.

Wenn ich ehrlich zu dir wäre, dann würde ich dir sagen, dass ich irgendwo zwischen hier und dort kaputtging.

Nur unzureichend geflickt bin und heute manchmal ein Windhauch schon ausreicht, um mich von den Beinen zu fegen. Und manchmal, nur manchmal, so würde ich dir sagen, bliebe ich dort so gern liegen. Aufzustehen, die Krone zu richten und weiterzumachen, über all die Schmerzen hinwegzulachen, euch zum Lachen zu bringen und nicht an der Masse der Masse zu verzweifeln, aufrecht zu bleiben und nicht zu zweifeln, an mir, dir oder dem Sinn all dessen, was ich mache, das ist, so musst du wissen, manchmal echt so eine Sache.

Wenn ich ehrlich zu dir wäre, dann würde ich dir sagen, dass ich dich in meiner Nähe brauche.

Weil ich manchmal nicht stark genug bin und ständig nach Halt suche. Weil die Stille in meinem Herzen manchmal so ohrenbetäubend laut ist und ich Angst habe, dass man vergisst, wie es geht, mich für mich und nicht nur für eine Sache zu lieben, die ich zwar verkörpere, aber nicht immer bin, denn tief in mir drin, da möchte ich mich manchmal hinter dir verstecken. Wenn die Finger auf mich zeigen und sich Hälse nach mir recken, dann möchte ich manchmal ganz klein sein, nicht viel mehr als einfach ich, für dich und dein sein.

Wenn ich ehrlich zu dir wäre, dann würde ich dir sagen, dass ich es manchmal nicht ertrage, stark oder eben ich sein zu müssen und für eine Sache einzustehen, die wichtig ist.

Denn wichtig kommt vom Wortstamm «Wicht», und manchmal fühle ich mich schlicht nicht und sehe das Ende des freien Falls daher nicht, und so habe ich Angst davor, dass das Licht am Ende des Hoffnungstunnels sich im Schein meiner eigenen Ansprüche bricht und in alle Richtungen entschwindet, bevor man – also ich – den Weg aus dieser ganzen Scheiße hinaus hin zu dir und vielleicht auch zu mir findet.

Weil ein Kampf nach außen immer wie Erfolg aussieht, aber in mir ein Sturm tobt, bei dem es Verletzte gibt und ich längst verwundet bin. Was ist, wenn ich versag und nicht weitermachen mag, dann nicht weitermachen kann, was ist dann?

Ich sage immer, dass zu scheitern keine Option ist, aber was wäre, wenn ich mich schrecklich irre und dieser Satz reiner Hohn?

Wenn ich ehrlich zu mir wäre, dann würde ich mich fragen, ob ich mich traue, dir all dies zu sagen, wenn du irgendwann in mein Leben trittst, vor mir sitzt und mich ansiehst ...

... jede Wette, wettere ich doch Gott sei Dank, wette ich nicht.

Wenn ich ehrlich zu dir wäre, dann würde ich dir sagen, werde ich immer ehrlich zu dir sein.

Denn wenn du es bist, versprochen, dann bin ich dein. Ehrlich.

Danksagung

Es scheint alles klar zu sein, jede Idee, jedes Kapitel, jeder Satz, und dann soll man den ersten Buchstaben schreiben und ist hoffnungslos verloren zwischen Hunderten leerer Seiten. Es folgen Nächte voller Extreme, voller Phantasie, voller Erinnerungen, voller Zweifel und hemmungsloser Freude. Was am Ende dabei herauskommt, ist ein Buch. In meinem Fall eines, das mir so viel bedeutet, jede einzelne Seite.

Schreiben macht süchtig, am ersten Tag kann man es kaum erwarten loszulegen, am letzten Tag ist man ebenso dankbar wie traurig, dass man es tatsächlich irgendwie geschafft hat, und dazwischen stirbt man tausend Tode, verliebt sich in Buchstaben und geht jedem neuen Kapitel mit dem alten fremd. Eine Wahnsinnszeit, ein Privileg, überhaupt schreiben zu dürfen, und so ganz nebenbei der tollste Scheißjob der Welt.

Schreiben macht süchtig, und ich bin eindeutig abhängig.

Wenn ich vor dem Manuskript sitze und Zeile für Zeile auf virtuelles Papier banne, dann tue ich dieses allein. Ein Buch jedoch wird nicht nur von einem Autor geschrieben, sondern auch von den Menschen um diesen herum und deren unsichtbaren Federn, die Hilfe, Halt, Emotion, Freundschaft, Liebe, Arbeit, Glaube, Mut und Unterstüt-

249

zung heißen. Dass nur der Autorenname auf einem Buch steht, ist streng genommen nicht fair, denn all das hier gäbe es nicht, wenn es nicht die Menschen um mich herum gäbe, die dieses Buch erst zu dem machten, was es ist, und damit möchte und muss ich danke sagen.

Zuallererst möchte ich dem Rowohlt Verlag danken, welcher doch tatsächlich so wahnsinnig war, mir erneut die Chance zu geben, ein Buch zu veröffentlichen, das mit Herzblut und Leidenschaft als Tinte auskommen muss. Danke für das Vertrauen in mich und dass ich jedes Mal in den heiligen Hallen Rowohlts empfangen werde, als käme ich nach Hause. Wenn dieses weiße Haus die Heimat meiner Worte ist, dann sind all jene in ihm so was wie die wuseligste Familie der Welt. An diesem Buch sind so viele Menschen, Hände, Augen und Herzen beteiligt, und ich werde die wenigsten von euch jemals kennenlernen. Stellvertretend für jene danke ich Tessa Martin, Nora Gottschalk und all jenen, an denen ich vorbeilaufe, deren Hände ich schüttle und denen ich zulächle, euch Seitenpflegern, Schachtelsatz-Korrektoren, Argusaugen, guten Seelen und bunten Geistern, die ihr an jedem Schritt bis zum fertigen Buch teilhabt, euch gebührt alle Schokolade der Welt. Danke für Zeit, Können und Willen, für Aufmerksamkeit und große Herzen. Ich danke euch für all euren Einsatz.

Mein Wahnsinn hat Methode, und er wird schlimmer von Kapitel zu Kapitel. Niemand weiß das so gut wie die Frau, ohne die es weder dieses noch irgendein anderes Buch von mir in dieser Form gegeben hätte: meine treue Vasallin, Gefährtin durch den Dschungel der Schreibnächte und unerschütterliche An-mich-Glauberin, meine so wunderbare, böse und gnadenlos bezaubernde Lektorin Susanne Frank. Susanne, keine einzige Seite wäre vernünftig lesbar, hätte meine Feder nicht deinen Schliff.

Du bist die, die nachts auf meine Nachrichten antwortet, die immer sagt, ich würde niemals stören, obwohl das natürlich ausgemachter Humbug ist. Du kommst mit Spaghettieis und Schokokuchen, einem riesigen Herzen und mehr Verständnis für meine Künstlerseele, als ich sie habe. Für dies und dafür, dass du nicht im Ansatz so harmlos bist, wie du aussiehst: Danke, Puppe. Dieses Buch hier verdankt dir einen großen Teil der Inspiration, denn ich darf meine wirren Gedanken in deine blecherne Gießkanne sprechen, und wenn am Ende lustige Geräusche rauskommen, sagst du: «Das ist super! Schreib das auf!», und ich schreibe es auf, und es wird super. Für deinen Humor, deine niemals weichende, stets so kraftvolle Art, ein solch prächtiges Weib zu sein, gehört dir ein Teil meines Autorenherzens. Ein unaufgeräumter, mit Regalen vollgestellter, nach Staub und Büchern und sexy Katastrophen riechender Teil. Lass uns noch ganz viel im Garten sitzen, obszön sein und schimpfen, denn ich bin mit niemandem lieber ungeduscht und dabei so verdammt gut aussehend wie mit dir.

Es heißt, die einzigen Menschen, die es aus eigener Kraft schaffen, erfolgreich zu sein, sind Serienkiller, alle anderen brauchen dafür Hilfe, und ich weiß nur zu genau, dass dies mehr als nur stimmt. Ich wäre nicht im Ansatz in meinem Leben an dem Ort, an dem ich mich jetzt tummle, gäbe es nicht ein paar verrückte und ähnlich eigenwillige Menschen wie mich, die mich von allen Seiten halten, schieben, stützen und nicht zuletzt auch inspirieren.

Allen voran gilt daher mein Dank dem Mann, der mit Gelassenheit, Aufmerksamkeit und einem Meer aus schier unendlicher Kraft meine Künstlerspleens erträgt und stets dann meinen Geist entknotet, wenn ich mich zwischen dem Geschehen verheddere.

Meinem Manager und Ratgeber Mario «Mr. Mo.» Mosdzinski.

Mr. Mo., mit Ihnen zu arbeiten ist ein wenig so, als pokere man mit einem Menschen, der mit offenen Karten spielt und dennoch so viel Charisma hat, trotzdem zu bluffen – um dann zu gewinnen. Alles, was ich tue, worauf ich balanciere, jeder Weg, den ich gehe, ist sicherer, glitzernder, sortierter und unerschütterlicher, seit Sie wahnsinnig genug waren, diesen Job zu übernehmen. Ich danke Ihnen für diesen Mut, für Sprünge in kalte Gewässer, ohne mit der Wimper zu zucken, für Klarheit, für Detailverliebtheit, Gradlinigkeit, für den dunkelsten Humor und dafür, dass Sie überall dort fest auf dem Boden stehen, wo ich durch die Gegend flattere. Danke für den Glauben an die Sache und vor allen Dingen dafür, dass Sie auch dann noch an mich glauben, wenn ich es gerade mal nicht kann. Und niemand verdreht so schön die Augen über meine Macken, wie Sie es können. Ich halte jede Wette, ich werde das noch sehr häufig sehen, und das ist auch verdammt gut so.

Wenn es wahr ist, dass ein Künstler Wahnsinn braucht, um kreativ zu sein, dann ist dieser Wahnsinn in meinem Leben ziemlich häufig über 1 Meter 90 groß und heißt Marc M. Quambusch. Marc, du bist mein treuer Freund, Wegbegleiter, inspirativer Geist, Planer und kreativer Unruhestifter. Kein Mensch bringt mich binnen Sekunden derart zur Weißglut wie du, aber dennoch möchte ich mit kaum einem anderen lieber todmüde in Backstageräumen über winzigen Schnipseln Papier sitzen und Gags sortieren, Abläufe planen, an irgendeinem Kack-Gleis im Schneeregen stehen oder Pläne schmieden auf schier endlosen Bahnfahrten. Du erträgst an jedem Tag all meine Launen, und das sogar morgens vor dem ersten Kaffee, und jeder, der mich auch nur ein bisschen kennt, weiß, dafür gebührt dir vollster Respekt ebenso wie mein tiefer Dank. Wir sind wie Waldorf und Statler, und ohne unsere Verbundenheit wäre ich heute nicht da, wo ich bin. Deine Freundschaft ist bedingungslos, und du hast schon an mich geglaubt, als es sonst niemand auf diesem schönen Planeten tat, und du wirst es wahrscheinlich immer tun. Danke dafür, dass du mit mir diesen manchmal so arg schweren Weg gehst, niemals lockerlässt, von der ersten Stunde an, danke für jedes «Wir schaffen das» und dafür, dass deine Kreativität manchmal so ansteckend und fruchtbar ist.

Mit dir ist meine Welt einfach mehr Streuselkuchen, aber eines Tages werde ich dich vielleicht aus einem Flugzeug schubsen müssen und es wie einen Unfall aussehen lassen. Bis dahin aber lass uns die Weltherrschaft an uns reißen – und ein Bier. Aber heute nur ein ganz kleeeeeines!

Diese beiden Männer bilden meinen inner circle um alles, was ich mache, und damit den Kreis, ohne den ich mich nicht entwickeln könnte und auch nicht wollte. Ich danke euch beiden für eure Unermüdlichkeit, fürs So-verschieden-Sein, und dass ihr mir damit aus allen Welten so viel gebt. Ihr seid überall dort Rock'n'Roll, wo ich pinker Glitzer bin, und ich danke euch dafür, dass ihr beide es seid, die vor, neben und hinter mir stehen.

Um meinen inneren Zirkel herum gibt es eine ganze Reihe bunter Menschen, die mich allesamt mit viel Arbeit, Knowhow und Einsatz begleiten, bereichern oder bepuscheln, und das sind sie:

Die Master der Webverschönerung, Erbauer, Ratgeber und Ideenspinner rund um Social Media, kurzum die wunderbaren Jungs und Mädels von der Agentur «Goldene Generation». Markus Christmann, du bist schuld an meinem Grill, und du weißt es nicht einmal. Ich danke dir für offene Arme bei allen Ideen, für Kreativität und für das dreckigste Lachen im Publikum. Weber! Gas! Basta!

Ibi Michel, du wunderbare Frau und Herz auf zwei Beinen. Ich mag deinen Spirit und dass ich weiß, wenn ich nach Dortmund komme, hole ich mir immer eine Umarmung bei dir ab. Kasper Ryvig Johansson und Christine Johansson fürs Umsetzen und Verwirklichen all meiner Tausenden Wünsche, Ideen und noch mehr Wünsche, ohne jemals zu sagen, es wäre nervig. Danke dafür, dass ihr vier und all jene kreativen Köpfe, die namentlich nicht genannt sind, immer dafür sorgt, dass alles mit jedem Klick schöner wird. Ich liebe den Latte macchiato in eurer Küche, dass ihr mich stets willkommen heißt, jeden noch so kreativen Einfall und, ja, ich weiß, ich muss mehr Social Media. Ich verspreche, ich werde es versuchen. Danke, dass ihr es seid, die meine Wünsche bis zum letzten Pinselstrich umsetzen.

Meine PR-Agentur «Heiko Neumann PR». Ich danke euch für tolle Arbeit, für gute Einfälle, für Ideen, Textkorrekturen, Termine, das unermüdliche Lesen all dessen, was ich an Fragen beantworte, und dass ihr nicht lockerlasst, wenn es darum geht, Neuigkeiten in die Welt hinauszurufen. In diesem Zuge ein besonderer Dank an Kerstin Glage für glitzernde Weihnachtssocken-Gespräche, Mails, die nach Apfelkuchen riechen, und dafür, dass du mir so selten böse bist, wenn ich mal wieder nicht auf eine Mail antworte.

Stefani «Nani» Szczupuk, meine Make-up-Artistin, Schönmacherin bei Dreharbeiten, Shootings oder einfach dann, wenn ich aussehen muss wie ein Mensch an Tagen, an denen ich mich wie ein Pudding fühle. Liebes, ich habe immer Fieber, wenn wir uns sehen, und niemand schminkt es so gekonnt weg wie du. Danke, dass du mich mich besser bepuschelst, als es sonst jemand kann, und für jede aus dem Gesicht gestrichene Haarsträhne. Du bist eine Bereicherung, und es ist schön, dich in meinem Leben zu wissen.

Das wunderbar nackte Buchcover entstand in einem Fotoshooting mit der so unendlich talentierten und energiereich-farbenfrohen Antonina Gern. Liebe Antonina, es war mir ein echtes Fest, und ich mag die Shootings mit dir fürchterlich gern. Deine Art, mich zu sehen, schenkt mir einen anderen Blickwinkel, und ich mag es, mit welcher Power du mit mir Ideen entwickelst und dann in die Wirklichkeit holst. Ich hoffe, wir haben vor wie hinter der Linse noch oft das Vergnügen zwischen Blitzlicht und Gelächel.

Danke an all jene von Presse, Funk und Fernsehen, die in Minuten, Stunden und Tagen, Zeilen, Artikeln und Berichten, in Einladungen und Interviews ein Teil dessen sind, was ich mache. Ich danke euch fürs Zuhören, fürs Mitmachen, fürs Lesen, Schreiben, Anschauen, Ausstrahlen und fürs Immer-Weitermachen. Danke fürs manchmal echt nett sein, fürs stets gut vorbereitet und manchmal so abgefahren merkwürdig sein. Ihr seid Pioniere, alte Hasen, große Macher und detailreiche Kreative. Danke für euren Einsatz. Ich kenne den Wert dessen sehr genau.

Ein Buch zu schreiben ist eine harte Zeit, ganz besonders für diejenigen, die mich gernhaben, denn ich verschanze mich über Wochen hinter meinem Laptop, habe Zeit für gar nichts und verlange meiner Familie ebenso wie meinen Freunden Geduld, Nachsicht und ganz viel Herz ab. Ohne die Menschen um mich herum, denen es egal ist, wie ich aussehe, was ich anhabe, die mich auch dann ertragen, wenn ich unausgeschlafen im Schlafanzug durch die Räume schlurfe und wie ein Zombie die Kaffeemaschine anstarre, wäre ich schlicht kein vollständiger Mensch. Genau deswegen geht mein Dank an meine Familie und meine Freunde.

Mama und Papa, ihr habt es wirklich nicht immer leicht mit mir. Ich habe nie Zeit, bin nie da, und wenn, dann nötige ich euch dazu, euch mit mir die Nacht um die Ohren zu schlagen. Durch mich kommt ihr immer zu spät ins Bett, nie pünktlich nach Hause. Ihr sitzt bei Vorstellungen in der ersten Reihe, während ich Titten, Ficken, Fotze sage, und verzieht nicht eine Miene, wofür ich euch mehr liebe, als ihr es glauben mögt. Wo ihr seid, ist mein Nest, mein Fledermaushain, meine Bastelstube, meine Kochnische, mein Kuscheltier-Krankenhaus, mein Mamastrickt-dir-eine-Mütze und mein Papa-kann-alles-heilemachen. Bei euch bin ich für immer 14 Jahre alt, und egal, was ich auch mache, zu Hause ist und bleibt zu Hause. Ich danke euch für eure Unterstützung, fürs Ertragen, dass ich viel zu wenig da bin, und dafür, dass ich nachts um 4 Uhr betrunken vor der Tür stehen könnte und Mama nur kommentarlos das Sofa freiräumen und Papa nur fragen würde, wie viele Eier ich zum Frühstück möchte. Ein Ei, Papa, weich gekocht, und das niemals morgens um 6 Uhr. Ich habe euch sehr lieb.

Stefanie «Stan» Westphal. Meine kleine Schwester, mein Hörnchen und mein größter Fan. Du bist die Erwachsene von uns beiden, die Bodenständige und die, die einen Knopf annähen kann, ohne sich dabei ein Auge auszustechen. Du kannst 27-stöckige Torten bauen, aber lässt beim Kochen sogar Wasser anbrennen, und ich finde das gnadenlos gut an dir. Du bist die beste Mama der Welt, und wenn du eines noch besser kannst als das, dann die einzige Schwester sein, die ich jemals würde haben wollen, wenn ich dich nicht schon längst hätte. Danke, dass ich deine große Schwester sein darf, und das nicht nur im Sinne der Geburtenabstände. Du machst mich stolz, du machst mich zu einem Geschwisterkind, und ich verspreche dir, wir werden alles stets auf die eine wie andere Weise hinbekommen. Ich weiß, du liebst mir sehr, und du weißt, ich lieb dir mehr!

Jaan «WingBro» Westphal, mit dir zusammen habe ich immer das Gefühl, dass niemand von uns jemals alt werden wird und wir noch so unfassbar viele, grandiose, apokalypsenartige Abenteuer vor uns haben, bis du dann beim ersten Horrorfilm des Abends mit dem Kopf im Popcorn einschläfst und ich froh bin, zumindest an dem Abend nun doch nicht mehr die Welt gegen eine Horde Untoter verteidigen zu müssen. Du bist der beste Schwager, den sich ein so verquerer Geist wie meiner wünschen kann, und ich freue mich darauf, irgendwann einmal wieder mit dir auf einem Dach zu stehen, das Katana zu ziehen und extrem coole Sinnsprüche von mir zu geben, während du ... also, ich hole schon mal das Popcorn.

Marlene Iuna Westphal, du bist noch zu klein, um das hier lesen zu können, aber du musst wissen, dass ich schon jetzt die stolzeste Tante der ganzen weiten Welt bin. Ich bin blitzverliebt in dich seit deiner ersten Stunde, und du bist so voller Zauber. Ich will diesen ganzen Kinder-Kram mächtig doof finden, aber dann kommst du an, in deiner ganzen, riesigen Winzigkeit, und ehe ich mich's versehe, trage ich bunte Wackel-Fühler-Haarreifen, mache Seifenblasen, verstecke zentnerweise Ostereier im Garten und entferne Schoko-Handabdrücke von meinen Möbeln, und all das mit einem überlaufenden Herzen. Du bist wie eine Leuchtboje auf zwei Beinen, und wenn du dich jemals fragen solltest, ob ich dich liebhab, so lass dir gesagt sein: Du malst Regenbogen, die aussehen, als hätte eine Krake mit Buntstiften Schluckauf gehabt, und ich hänge sie an meinen Kühlschrank, so stolz, dass Picasso dagegen einpacken kann, und obwohl ich die meiste Zeit kein Wort verstehe, führe ich mit dir fachlich sehr intensive Gespräche über – na ja, ich weiß halt nicht worüber, aber das sehr gern. Ich hab dich sehr lieb, Kleines, und jetzt werde schnell eine megazickige Jugendliche, damit ich die coole Tante sein kann, bei der es viel geiler ist als bei den eigenen, langweiligen Eltern.

Während diese Danksagung hier entstand, lag mir ein kleines, haariges Familienmitglied zu Füßen und schnurrte sich in den Schlaf.

Kurz vor Fertigstellung des Buches musste ich sie gehen lassen. Schmerzlich. Meine treue Begleiterin, Gefährtin und fürchterlich sture Katze mit dem wohlklingenden Namen «Dickmaus». Die alte Dame hat mich all die Jahre ertragen und so manche Katastrophe ebenso miterlebt wie allerlei Höhen, und egal, was ich auch machte, es war ihr vollkommen egal, solange ich noch in der Lage war, eine Dose zu öffnen. Irgendwie ist dieser stoische Gleichmut sehr beruhigend gewesen. Du wirst mir fehlen, du kleines, divenhaftes Fellknäuel. Sehr sogar. Danke für all die Jahre voller Liebe und Kratzer. Ich wünschte, es wären doppelt so viele geworden.

Mir ist absolut bewusst, dass nahezu jeder der Meinung ist, er habe den besten Freundeskreis der Welt, und genau dieses Recht beanspruche ich auch für mich. Bei mir stimmt das nämlich. Wirklich! Ein bunter Haufen von Seelen, die unterschiedlicher kaum sein könnten. Einige von ihnen sind, seit ich denken kann, an meiner Seite, andere kürzer, aber allen ist gemein, dass sie ihren jeweils sehr eigenen Platz in meinem Leben einnehmen, und dafür danke ich euch nie genug.

Nina «Prinzessin Arschloch» Behlert, meine beste, lauteste und anstrengendste Freundin seit grob geschätzten tausend Jahren.

Mit niemandem lieber als mit dir stehe ich knietief im Matsch, liege ich in nach Waldmeister riechenden Pfützen, stehe ich nachts auf irgendwelchen Straßen oder zerstöre an Silvester Gläser, als wäre es unser Polterabend. Du tröstest, indem du sagst «Stell dich nicht so an», wenn du nett sein willst, wirkst du gruselig, und du bist der einzige Mensch, den ich jemals kennenlernte, der vom bloßen Draufstehen meinen Fußboden zerstören kann, aber du bist meine schlechte Trösterin, meine Gruselfreundin und meine Alles-kurz-und-klein-Steherin. Ich danke dir dafür, niemals eine Kissenschlacht machen zu müssen, dass du mein vollkommener Gegensatz bist, für Intellekt gepaart mit Eskalation und dafür, dass ich weiß, müsste ich nachts jemanden im Wald vergraben, du würdest, ohne nachzufragen, eine Schaufel mitbringen und dich über die Kälte beschweren. Ohne dich hätte ich immer so viel Luft im Glas und zu viel Platz auf der anderen Seite des Sofas.

Philina Herrmann, du Prachtexemplar eines Weibes, dir ist das Sex-Kapitel gewidmet, und deine Inspiration war Namensgeber von «Licht an». Ich weiß nicht, ob mir schon einmal eine Frau derart schnell ans Herz gewachsen ist, wie du es tatest, aber hättest du einen Penis, ich würde mich von dir daten lassen – ich weiß, du dich von dir auch.

Mit niemandem lässt sich so gut nichts tun wie mit dir, und egal, was wir machen, es endet immer in Eskalation. Ich liebe unsere Grillarien, vollkommen nerdiges Basteln von Kostümen, deinen so bösartigen, humorvollen Geist, und dass ich dich immer mit Steak und Kirschlikör aus jeder Ecke hervorlocken kann. Danke, dass du all den Scheiß mitmachst, der unsere gemeinsamen Zeiten so füllt, und dass du zwischendrin auch einfach mal die Klappe halten kannst. Mögen es noch viele Tage sein, an denen das Geräusch deines Rollkoffers deine Ankunft ankündigt.

Sarah Cruz Victoriano, Du großartigste und liebevollste Zicke in meinem Stall. Wie gern ich dich um mich habe! Du bist die Art Freundin, die einem Bilderbuch entsprungen sein könnte. Mit Kuschelsocken, Wärmflaschen, Einhorn-Glitzer-Likör, Eiscreme und all dem Mädchenkram, der die Welt ein bisschen kitschiger macht. Nur eben in Schwarz, mit toupierten Haaren und lauwarmer Milch. Halbfett. Natürlich. Igitt. Unsere Freundschaft ist bunt und reich, unbeschwert und so voller Klimbim. Und Mais. Mein Sofa ist dir immer zu klein, meine Haare dir immer zu lang, mein Kühlschrank immer zu voll mit Quark, und du bekommst nie wieder Jägermeister! Wir müssen viel mehr

Kerzen kaufen bei Obi. Dringend noch mehr Softeis essen. Und Pizza. Vom Fußboden, und hast du dich heute eigentlich schon über mein zu kleines Sofa beschwert?

Nico «Mr. Wayne» Jager, du, der du Sinnbild dafür bist, dass manche Menschen nur 12 Jahre alt werden und danach nur noch wachsen – ich mag das so sehr an dir! Mit niemandem gucke ich mir lieber Füchse an, die keine Katzen sind, sitze ich am Straßenrand und rede nur Müll oder verbringe den Abend zwischen gutem Essen, Gin und Gedankenweite. Ich liebe es, dass man neben dir immer so verdammt gut aussieht und dass du so ein Kerl bist. Einer mit einem riesigen Herzen, unermüdlicher Geduld für mich und Gin in Thermoskannen am Bahnhof. Danke, dass du dich und mich nicht immer allzu ernst nimmst, dass ich dich für jeden Scheiß begeistern kann und dass du Manns genug bist, meine Divenhaftigkeit sympathisch zu finden. Bleib mir noch lang erhalten, die Welt braucht mehr Freunde wie dich!

Johann «Brian» Gutjahr, jede Frau braucht einen besten Freund, und meiner bist du. Uns trennen manchmal Kontinente an Zeit, Hunderte Orte und genauso viele Tage. Manchmal hören wir monatelang nichts voneinander, und stehst du dann in der Tür, ist es, als wärest du nur kurz los gewesen, um direkt zurückzukommen. Du bist der Ruhigere von uns beiden, der Vernünftige und der, der irgendwie anständiger ist. (Ja, nee, das schreibe ich natürlich nur, falls deine Mama mitliest!) Unsere Freundschaft ist volljährig geworden im Laufe der Zeit, möge sie mit uns zusammen altern, damit wir auch in den nächsten Jahren noch «Nancy Boy» schmettern können. Schief. Laut. Aber von Herzen kommend.

Des Weiteren geht mein Dank an:

Birte Hellwage, du perfekte Mischung aus Prinzessin und Türsteher. Niemand reißt jemandem wohl so galant und liebevoll lächelnd den Hintern auf, wie du es im Ernstfall kannst, und ich mag das so sehr an dir. Bleib bitte so sagenhaft anders, mit steter Sehnsucht nach mehr Meer, mit mehr Abenden auf meiner Terrasse, und irgendwann gibt es für dich auch ein Teacup-Schweinchen. Vielleicht.

Inke «Inken» Reimer, du bezaubernde und zugleich stets so stille Frau. Ich danke dir für eine Freundschaft, die nun schon länger anhält als irgendeine sonst in meinem Leben. Ich sage es jedes Mal aufs Neue, wir sehen uns viel zu selten.

Caroline Snijders, weil ich in Vorbereitung auf dieses Buch die geilsten Dating-Geschichten von dir hörte und seither beruhigter schlafe, weil ich nicht die einzige Idiotin auf dieser Welt bin. Danke, dass wir es so lange und gut miteinander aushalten, und hey, irgendwann komme ich wirklich mal wieder auf deine Party. Wirklich. Vielleicht.

Katharina Borchert für den schönsten Ort zum Schreiben, den es gibt. Dein Haus und mein Zuhause.

Christina Bartheidel, weil du die menschgewordene Motzpuppe bist und ich mit niemandem lieber in warmem Wasser dümple als mit dir.

Cilia Neumann, weil ich dich einfach knutschen möchte dafür, dass du so obszön, laut, intelligent und schnell in Wort und Schimpfwort bist. Ich liebe die Art, wie du Menschen und Situationen sezierst, und wir müssen dringend wieder schaukeln gehen.

Frauke Schlüter fürs stets so warmherzig, offen und voller liebevoller Umarmungen sein.

Dörte Kuhn dafür, dass du mich verbiegst, bis ich quengelig werde, und dann in aller Seelenruhe sagst «Ja, ich weiß, das tut weh, nur noch dreimal». Es ist toll mit dir. Schmerzhaft, aber toll.

Runa Musiol, dafür, dass du nie aufgehört hast, eine so wunderbar intelligente, schöne und filigran schöne Frau zu sein. Du schuldest mir noch einen Schmetterlingsgarten und ich dir heißen Kakao!

Stephan Rauch, der Nachbar der Herzen. Kaum ziehe ich weg, sehen wir uns öfter. Was nun also heißt, zweimal im Jahr statt nur einmal. Wir machen Fortschritte. Ich habe dich gern in meiner Nähe, also bleib genau da.

Hilde «Hilli» Ehlers, wenn ich mit über 70 Jahren auch nur im Ansatz so gut aussehe und so sinnlich das Leben lebe, wie du es tust mit all seinen Farben und der Schönheit, die es zu bieten hat, dann habe ich einiges richtig gemacht. Jedes Mal, wenn wir uns sehen, ist die Welt ein kleines bisschen mehr in Ordnung. Danke, dass es dich, Herzchen-Postkarten und all die Sonnenblumen um dich herum gibt.

Leslie Bomba. Werteste, dass Sie in meinen Reihen sitzen und mir beim Vortanzen zuschauen, ist mir die größere Ehre als Ihnen, da bin ich mir ganz sicher. Es begann irgendwo dort, und nun sind wir hier, und dass Sie mir bei alldem dazwischen nie abhandenkamen, ist so wunderbar. Bitte bleiben Sie sonderbar, damit es neben Ihnen stets so wirkt, als sei ich eigentlich ganz normal. Für Ihren Kopf, Ihren Sanftmut, Ihren Kniefall am Bahnhof, für einen Kaugummiautomaten-Ring und dafür, dass Sie mich mit Ü300 Kilo genauso lieben wie am heutigen Tage, vielleicht heute sogar ein bisschen mehr, danke ich Ihnen. Bleiben Sie mir mehr als gewogen, bleiben Sie mein holdes Weib.

Meine bezaubernde Oma, die nie müde wird, über Kindisches zu lachen. Ich habe dich lieb, und du rockst nach wie vor!

Ralf Mirow fürs endlich mal wiedersehen und fürs immer wieder Anlauf nehmen.

Lotte Liebich für Sekt auf Balkonen und fürs mir erhalten bleiben.

Rainer Schneehorst dafür, dass du diese Straße besser kennst als ich das Haus, in dem ich lebe, und dafür, dass ich dir noch einen Abakus schulde.

Christian «Busi» Busemann fürs mit mir den Autorenwahn teilen, für Inspiration in Bühnenfragen und für Nachmittage voller bester Gespräche und tiefster Arbeit. Es ist mir immer wieder ein Fest.

Ich habe bestimmt so manchen vergessen, und ich möchte mich an dieser Stelle bereits arg dafür entschuldigen und versichern, es ist in keinem Fall Absicht. Viele Menschen, die meinen Dank verdienen, kenne ich gar nicht persönlich, bei anderen fehlen mir Namen, und von ganzen vielen Beteiligten weiß ich nicht einmal, dass sie beteiligt sind. Ihr alle aber habt bitte meinen Dank.

Als Autorin und als Stand-up-Comedian wäre ich nichts ohne all die wunderbaren Menschen, die dieses Buch lesen, mich vor der Bühne begleiten, mich auf Facebook verfolgen oder auf irgendeine Art meinen Weg mitgehen. Mein Dank geht also raus an euch!

Du, der du Fan bist, du, der du einfach nur mal reinschaust, du, der du aus Versehen das hier in den Händen hast, du, der du immer da bist, und du, der du immer wiederkommst, ich danke euch von Herzen. Für euren Beistand, eure Stärke, euren Mut, eure Energie, euren Beifall, eure Posts, eure Ideen und für jedes einzelne liebevolle Wort, das mir immer so viel bedeutet. Ich darf machen, was ich mache, weil ihr seid, wie ihr seid, und dafür bin ich wahrscheinlich euer allergrößter Fan. Danke!

And last but not least:

Wenn sie nicht wäre, wäre ich nicht ich.

Nicht, weil ich nicht existieren könnte ohne sie, sondern weil meine Welt dann nicht vollkommen wäre. Sie ist die Stärke, die mir oft fehlt, die Ruhe, die ich nie habe, die Energie, die nie zu versiegen scheint, die Sinnlichkeit, die mich sinnlich sein lässt.

Sie ist Idee und Gedanke, sie ist Halt und Schutz, sie ist der reichste Moment, der schönste Augenblick und die Quelle meiner Kraft, Inspiration, und sie herrscht über all meine Sinne.

Wenn es mir zu dunkel ist, säumt sie meinen Weg mit Knicklichtern.

Wenn ich nicht schlafe, dann am liebsten, weil ich mir mit ihr die Nacht um die Ohren schlage. Wenn ich zweifle, gebietet sie Einhalt, und wenn ich frage, antwortet sie.

Sie macht mich schön, sie macht mich heile, sie macht aus mir etwas, das ich sein will. Für sie, für mich, für das Gefühl, das sie trägt.

Von allen Möglichen ihrer Art würde ich immer und immer und immer wieder sie erwählen.

Weil sie in ihrer Einzigartigkeit die Eine für mich ist.

Meine Muse.
Danke.

There is a crack in everything
That's how the light gets in

Leonard Cohen

Nicole Jäger
Die Fettlöserin

Eine Anatomie des Abnehmens

«Der Spiegel sagte, ich sei fett. Die Waage sagte: Bitte nicht in Gruppen aufsteigen! Mein Umfeld sagte schon lange nichts mehr. Im Krankenhaus sagte man mir, mein Gewicht läge bei weit über 340 Kilogramm. Dreihundert WAS? Das konnte einfach nicht sein. Ich kaufte mir also Waagen. Zwei. Denn eine allein, selbst wenn sie bis 250 Kilo ging, zeigte mein Gewicht nicht an. Einen Heulkrampf später stellte ich mich darauf, einen Fuß auf jeder Waage. Es reichte nicht. Also begann ich, Kleinigkeiten zu verändern. Gute acht Monate später gab es endlich eine Zahl. Und was für eine: 315 Kilogramm! Seit diesem Tag habe ich über 160 Kilo abgenommen und bin noch lange nicht am Ziel – und erst recht nicht am Ende. Es geht eben doch! Und das will ich zeigen: ohne Operationen, ohne zu hungern, ohne dauerhaften Verzicht, ohne Pillen, dafür aber mit Sport, Ernährung, Wissen, Aufklärung, viel, viel Ehrlichkeit und vor allem einem Augenzwinkern. Ich bin die Fettlöserin. Und wenn ich es kann, dann kann es jeder.»

288 Seiten

Sb 115/1

Weitere Informationen finden Sie unter www.rowohlt.de